小学语文教学中的
品德教育

车晴霞 / 著

人民文学出版社　天天出版社

图书在版编目（CIP）数据

小学语文教学中的品德教育 / 车晴霞著. — 北京：
天天出版社，2023.12
ISBN 978-7-5016-2204-7

Ⅰ.①小… Ⅱ.①车… Ⅲ.①小学语文课—教学研究
Ⅳ.①G623.202

中国国家版本馆CIP数据核字（2023）第247155号

责任编辑：范景艳　　　　　　　　　美术编辑：曲　蒙
责任印制：康远超　张　璞

出版发行：天天出版社有限责任公司
地　址：北京市东城区东中街42号　　　　邮编：100027
市场部：010-64169902　　　　传真：010-64169902
网　址：http://www.tiantianpublishing.com
邮箱：tiantiancbs@163.com

印　刷：北京政采印刷服务有限公司　　经销：全国新华书店等
开　本：710×1000　1/16　　　　　　　印张：15.625
版　次：2023年12月北京第1版　　印次：2023年12月第1次印刷
字　数：260千字

书号：978-7-5016-2204-7　　　　　　　　定价：58.00元

序言

不知从什么时候开始，我有了想写一本书的奢望。这颗奢望的种子埋在我心里很多年了，从未破土而出，它一直在静静地等待，等待奇迹的到来。

上小学的时候，我和大多数小学生一样不喜欢写作文，甚至有点儿害怕写作文，总觉得写作文是一件很难的事情。可是作文在语文考试中占的分值很高，为了获得一个不错的成绩，我不得不去学习写作文。于是，我也和大多数小学生一样去看作文书。看了很多作文书，我发现自己还是不会写，怎么办呢？作文是万万不能不交的，学习成绩一直还不错的我，最后只能铤而走险，去抄，但抄作文绝不能一字不落地抄，那太容易被老师发现了。若是被老师发现抄作文，可不是重写一次那么简单的事情，可能还会被当众点名批评，那实在是得不偿失啊。所以在抄作文的时候，我还花了好多的功夫，动了好多的脑筋，力求这"高仿品"不会被发现。就这样写了几次高仿作文后，老师不仅没有发现我的作文是抄来的，还把我的作文当作例文读给大家听。我暗暗窃喜，看来我写作文还是有点儿天赋的嘛。长大后，我才明白那并不是什么写作天赋，只是我误打误撞领悟到了学习写作文的第一种方法——仿写。尝到仿写的甜头后，我就想既然高仿要花那么多的功夫，何必这么麻烦呢？干脆自己就大胆动笔写吧，作文无非就那几类，也没有那么难吧。后来，不知道是老师的表扬和鼓励起了作用，还是自己在写作文的道路上顿悟了。我慢慢地觉得写作文并没有想象中那么难，写作文就是把自己的所见所闻和一些经历与大家一起分享，是一个自然表达情感的渠道，自己怎么想的就怎么写，我手写我心不是挺好的吗？就这样，原本害怕写作文的我变成了喜欢写作文的我。渐渐地，我的作文越写越好。我把自己的一些高分作文集合起来装订成书，那便是我写的第一本书吧，我想出书的种子也从此埋下了。

上初中后，我接触了一些文学团体，有人推荐我去做小记者。我就加入了一家叫"小作家"的报社，当上了报社的小记者。我带着报社发给我的小记者证，装模作样地去做了一些采访，写了采访稿。只可惜稿件石沉大海，音讯全无。正当我垂头丧气地开始怀疑自己的写作能力，不打算再写的时候，我的另一篇文章《爱海的小女孩儿》见报了。这个意外的收获，不仅给我带来了一笔稿费，还给我带来了很多笔友的来信。从笔友的字里行间，我越来越肯定自己的写作能力。高中三年太紧张，我没有时间投稿，可作文还是帮了我不少的忙，良好的作文底子使我学习语文得心应手，那样我就可以把学习语文的时间分给其他科目。在读大学的时候，看到文学社的社长出了书，我羡慕得不得了。那是真正意义上的出书，书上带着书号，有正规的出版社名，还有售价。当她把新书送给我品读的时候，我盯着作者的名字，久久移不开目光，我甚至开始奢望自己什么时候也能出一本书呢。于是我开始疯狂地投稿，一来可以积累素材，二来能存下一点儿稿费。可我万万没想到，一直奋斗到大学毕业，出书也没能如愿。

　　带着心底出书的这颗种子，我走进了社会，考入了我的任教学校。然而作为教师的我，深刻地明白了在学校工作和在学校上学真的完全是两回事。每天，我除了完成日常教学工作外，还要花大量的时间钻研教材、备课、批改作业、跟进班级的各项事务，分身乏术的我已经无暇顾及出书一事了。偶有空闲想起来，我也觉得出书是一件很遥远的事情，放下的笔还能再次拿起来吗？出书这样的奢望，也许只能靠奇迹来实现吧。

　　默默努力工作了十年后，在学校领导和同事的帮助下，2017年，我成长为了茂名市的名班主任。2021年，我成立了茂名市名班主任工作室。奇迹也许就从2021年开始发生，在茂名市教育局领导的关怀和支持下，在其他老师的建议和鼓励下，我决定出一本关于品德教育的书。况且出书是我从小的梦想，现在奇迹出现了，我要美梦成真了。

　　终于可以出书了，二十年的梦想今朝圆，我的内心是无比亢奋的，可高兴之余我又开始害怕。我只是空有出书的想法，可真让我开始写，还真不知道该写些什么，总不能把以前写过的一些文章集合成册做成一本书吧。那样没有系统、没有主题的书算什么呢，何况我是名班主任工作室主持人，写的书代表着名班主任工作室的成果，肯定不能随随便便写。我是有责任引领成员学员们前进的，我写出来的书至少对他们来说是要有启发作用的。成员学员们大多是毕业没多久的年轻人，他们不仅需要在班主任工作上积累经验，还需要在教学上有所长进。我该如何去寻求一个契合点，将两者融合起来呢？我思索了很久，最终还是我的名班主任工作室"晴暖心 德满园"的理念让我下定了决心。我们每个教师都承担着教书育人的责任，教书是教给学生文化知识，这是智育；育人是培养学生良好品德，这是德育。"晴暖心"告诉我们要做有温度的教师，用我们的情怀去温暖我们的学生。万物生长靠太阳，教师要永远像晴天的太阳一样带给学生希望与能量。"德满园"则说明德育是要充满整个校园的，对学生进行德育不仅仅是班主任要做的事情，更是每一位教师要做的事情，这也是一岗双责对教师的要求。我们只有让整个校园都充满了德育，做到了德满园，才能够得圆满。

下定决心后，我和工作室的成员学员们交流了我的这个想法，得到了大家的充分肯定和支持。而成立工作室这一年多以来，工作室成员学员们在"晴暖心 德满园"的理念影响下，都明白了品德教育不单是道德与法治教师和班主任的事情，也不是只能在课堂上讲德育。他们还向我反馈，在日常的教学中融合德育可以收到事半功倍的效果，这也使我更加坚定要写好这本书。我是一名语文老师，所以我就从语文这个学科出发，探讨小学语文教学中的品德教育。这个主题既符合我们语文学科，也符合我名班主任工作室的理念。

在此，我衷心地感谢各位领导和同事朋友们的支持和帮助。如果没有你们，我肯定没有办法迈出这一步，没有办法和大家交流我教语文这十几年来的一些浅薄的经验。如果这本书能引起大家的共鸣，能给大家带来一些小小的启发，我也算是圆梦了。

祝愿大家身体健康，家庭幸福，万事如意！

车晴霞

2023年1月13日

目 录

上 篇

小学语文品德教育的理论研究

小学语文品德教育的重要地位 ···················· 2

小学语文品德教育的基本内容 ···················· 23

小学语文品德教育的基本原则 ···················· 36

小学语文品德教育的基本方法 ···················· 53

中 篇

小学语文品德教育的教学实践

小学语文写字教学中的品德教育 ···················· 110

小学语文阅读教学中的品德教育 ···················· 120

小学语文作文教学中的品德教育 ···················· 132

小学语文古诗文教学中的品德教育 ···················· 144

小学语文口语交际教学中的品德教育 ···················· 155

小学语文综合性学习中的品德教育 ···················· 166

下 篇

小学语文品德教育的案例分析

一年级上册品德教育案例 ···················· 178

一年级下册品德教育案例 ···················· 183

二年级上册品德教育案例 ………………………………………… 188

二年级下册品德教育案例 ………………………………………… 193

三年级上册品德教育案例 ………………………………………… 199

三年级下册品德教育案例 ………………………………………… 204

四年级上册品德教育案例 ………………………………………… 209

四年级下册品德教育案例 ………………………………………… 215

五年级上册品德教育案例 ………………………………………… 221

五年级下册品德教育案例 ………………………………………… 226

六年级上册品德教育案例 ………………………………………… 231

六年级下册品德教育案例 ………………………………………… 237

上 篇

小学语文品德教育的
理论研究

小学语文品德教育的重要地位

一、小学德育的重要性

德育是学校工作的灵魂，注重对学生思想品德和人格素质的培养，体现着学校教育的根本目的。德育贯穿于德、智、体、美、劳"五育并举"教育实践的各个方面，统领着整个学校的学科教育，对青少年学生健康成长起着导向和保障作用。德育是社会主义精神文明建设的奠基工程，是提高全民族思想道德素质的奠基性教育，是培养造就合格公民的起点。

"坚持德育为先"，把德育放在智育之前，说明了德育的重要性，而小学阶段的德育可以说是重中之重。德育自始至终都是学校教育工作的核心，抓好学生的思想道德素质教育是完成国家教育目标，培养社会主义事业建设者和接班人不容忽视的重要部分。心理学相关研究表明，在小学时期，大部分小学生已经养成了一些基本的道德习惯，而且随着年龄的增长，其稳定性在不断加强，道德动机也在不断成熟。不过小学生年龄小、知识少，各种能力都在培养阶段，各种思想都在启蒙时期，价值观念和道德观念的可塑性非常强。他们天真单纯，缺乏知识和社会生活经验，对人对事缺乏辨别能力，自身却具有强烈的求知欲和模仿性。如果在小学时期不注重加强学生的德育，一味地觉得他们年龄还小，什么都不懂，对他们的一些不良习惯和不文明行为不及时阻止和教育，他们就很容易受到不良因素的侵蚀，进而影响身心健康发展。因此，德育必须从小学生抓起。小学是人生的起步阶段，小学生发展的潜力是无穷的。只有抓好小学德育，让学生从小养成最基础的道德品质和道德行为习惯，才有助于其以后的道德发展，使其未来能成为合格的公民，从而不断提高中华民族的整体素质，形成良好的社会风气，为实现伟大的中国梦奠定坚实的基础。

教育部印发的《中小学德育工作指南》教基〔2017〕8号文中指出，中小学德育的总体目标是"培养学生爱党爱国爱人民，增强国家意识和社会责任意识，教育学生理解、认同和拥护国家政治制度，了解中华优秀传统文化和革命文化、社会主义先进文化，增强中国特色社会主义道路自信、理论自信、制度自信、文化自信，引导学生准确理解和把握社会主义核心价值观的深刻内涵和实践要求，养成良好政治素质、道德品质、法治意识和行为习惯，形成积极健康的人格和良好心理品质，促进学生核心素养提升和全面发展，为学生一生的成长奠定坚实的思想基础"。

这个德育目标该由谁来实现呢？说起德育，很多教师的第一反应是德育是道德与法治教师和班主任的事情，其他科目的教师只要教好本科目的文化知识就可以了。对于学生平时出现的各种不良习惯、不讲文明等问题，他们或是随便批评几句，或是交给班主任处理。可德育真的只是道德与法治教师和班主任的事情吗？德育只靠道德与法治教师和班主任就能做好吗？2022年版新课程标准的指导思想给了我们一个明确的答案。

坚持德育为先，提升智育水平，加强体育美育，落实劳动教育。反映时代特征，努力构建具有中国特色、世界水准的义务教育课程体系。聚焦中国学生发展核心素养，培养学生适应未来发展的正确价值观、必备品格和关键能力，引导学生明确人生发展方向，成长为德智体美劳全面发展的社会主义建设者和接班人。经过研读2022年版新课程标准的指导思想，我们从"落实立德树人根本任务""坚持德育为先"等关键词可以看出，学校要将德育放在教育的首位。无论哪个学科的新课程标准都是在这个指导思想下编写的，这也说明德育不只是道德与法治教师和班主任的事，更是全体教师要关注的事情，要共同去做好的事情。

小学德育对于整个国家和社会的发展至关重要，具有基础性地位，它直接关系到中华民族的整体素质，关系到国家前途和民族命运。中国未来的现代化建设和全球化发展需要有良好道德品质的优秀人才，小学生的德育正是在这样的背景下进行的。广大教师只有把德育扎扎实实落到实处，才能使学生成长为德智体美劳全面发展的社会主义建设者和接班人。

二、小学德育与学科教学的关系

2022年版新课程标准的指导思想指出"坚持德育为先，提升智育水平"，这提醒着广大教育工作者要重视德育，不能只盯着学科知识的传授。教育部2017年制定的《中小学德育工作指南》中第五条实施途径和要求的课程育人部分明确指出："充分发挥课堂教学的主渠道作用，将中小学德育内容细化落实到各学科课程的教学目标之中，融入渗透到教育教学全过程。"除了上好道德与法治课，还要"发挥其他课程德育功能。要根据不同年级和不同课程特点，充分挖掘各门课程蕴含的德育资源，将德育内容有机融入各门课程教学中"。这都说明了德育与学科教学是一个共同体，它们是相辅相成、共同发展的关系。

其实，学科教学融合德育是教学工作客观规律的反映，是由学科教学具有教育性这一特点决定的。在小学阶段，语文课要利用课程中语言文字、传统文化等丰富的思想道德教育因素，潜移默化地对学生进行世界观、人生观和价值观的引导。数学、科学课要加强对学生科学精神、科学方法、科学态度、科学探究能力和逻辑思维能力的培养，促进学生树立勇于创新、求真求实的思想品质。音乐、体育、美术、艺术等课要加强对学生审美情趣、健康体魄、意志品质、人文素养和生活方式的培养。英语课要加强对学生国际视野、国际理解和综合人文素养的培养。综合实践活动课要加强对学生生活技能、劳动习惯、动手实践和合作交流能力的培养。教师在向学生传授科学知识，培养其认识能力的同时，必将影响学生思想、品质、意志、性格的发展。教师在引导学生认识客观世界的同时，也影响学生对客观世界的观点和态度，以及思想品德和世界观的形成。

我们常说教师为人师表，身正为范。抛开学科教学的内容不说，教师的言行举止本身就是一种潜移默化的德育。小学生具有很强的模仿能力，但这种模仿往往是无意识的。教师是小学生模仿的直接对象，教师的形象对小学生具有强烈的暗示作用和感染力。小学生通过观察教师的行为就知道什么行为是可取的，什么行为是不可取的。所以，教师在开展教学工作时，就已经在进行品德教育。在课堂上，即使教师只是站在那里一声不吭，教师的穿衣打扮和精神状态对小学生来说就已经是一种德育，这就是教师的"讲台形象"。教师的"讲台形象"是教师素质的综合体现，是教师学识、才干、教学技巧、品德修养等多方面素质的集中表现。在教学中，如果教师在学识、思想、仪表、操行等方面都能显示出较为完美的"讲台形象"，这不仅可以充分发挥教师的主导作用，顺利完成课堂教学任务，提高课堂教学质量，还能对小学生产生实际的影响。

教师仪表端庄、笑容满面、精力充沛，学生受到感染便会喜欢上课，提高学习积极性；教师打扮得花里胡哨，穿着紧身裙，抹着大红唇，或是不修边幅，穿着大拖鞋，走路拖沓，必定影响学生的审美，也会分散学生的注意力；教师上课精神不振、哈欠连天、总看手机，学生也不可能专心听课；教师不按时上下课，会导致学生没有时间观念；教师不及时批改作业和试卷，学生也会不按时完成作业，做事拖拉；教师不认真备课导致上课频频出错，不仅会失去教师的权威性，还会使学生学会做事马虎应付；教师脾气暴躁，动辄责骂学生，甚至动手，学生也会采用暴力方式解决问题，甚至与教师发生肢体冲突。因此，每个教师都要注意自己的修养，以身作则，以文明和规范的行为为学生树立榜样，通过自身的优秀行为习惯和良好道德品质去影响学生，使学生在教师长期的影响下将这些行为习惯和思想道德品质融入自己的行为模式和思维模式中。

但是在传统教学中，小学品德教育主要还是在《道德与法治》这门课程教学和班主任的主题班会中进行。一方面，教师主要依靠说教式的灌输教育，忽视了学生的主体地位，学生只是被动地接受德育知识，不能有效激发学生的学习兴趣，难以引起学生的共鸣，更不可能让学生自觉地将优良的品德融入自己的日常生活中。另一方面，其他学科的教师总认为上好自己的课，把学科知识教给学生，提高学生考试成绩就可以了，没有同道德与法治教师和班主任的德育形成有效的德育合力。道德与法治教师和班主任的德育，不能有效引起学生的重视，难以提高学校的德育效果。因此，各学科教师应做到：一是根据学生年龄特征和心理特点，充分发挥教师的主导作用；二是注意激发学生的主观能动性，在引导学生知识学习的同时，加强德育指导；三是在教学中对教材深入研究和分析，充分挖掘教材中蕴含的德育资源，将德育内容有机融入学科教学中；四是积极创新教学模式，采取学习情境教学模式的理论和发展方法，在课堂上创设与教材内容相关的生活情境，在利用生活情境巩固学科知识的同时使学生能够更深入、更全面地体验教材中的德育内涵，完成教书育人的任务。

只有当学科教学融入德育，教师在教学中整合课程及各种德育因素，同道德与法治教师和班主任的德育形成互补，实现小学德育与学科教学的统一，学校的德育才能有立竿见影的效果。

三、小学语文教学德育的特殊性

语文是一门具有基础性、先导性与启蒙性的学科。工具性与人文性的统一，是语文课程的基本特点。工具性体现在教师进行语文教学时，要努力提高学生语文素养，这也是这个科目教学的目标。人文性则体现在提高学生人文素养、个人品德修养，也就是德育。语文教材中的语言文字是抒发内心情感、表达思想感情的重要工具。语文教学本身就带有陶冶情操、提升学生思想品德的重要作用，所以在语文教学中融合德育具有其他学科不可比拟的优越性。

小学语文教材内涵丰富，不仅包括丰富多彩的文化知识，而且蕴含深厚的思想教育内容，教材中有许多与小学生德育相关的内容，这些内容不仅提高了德育教学效率，拓宽了德育教学途径，同时也是开展德育教学的必要资源。在小学语文教学活动中加强品德教育，有助于为小学语文文化教学提供思想保障。小学语文教材中的每一篇文章都是经过专家精挑细选的，它带着温度，融合着作者的思想和感情，教师引导学生去阅读文本，感悟情感，和作者对话，这本身就是一个品德教育的过程。《义务教育语文课程标准（2022年版）》更是明确指出，"语文课程致力于全体学生核心素养的形成与发展，为学生学好其他课程打下基础；为学生形成正确的世界观、人生观、价值观，形成良好个性和健全人格打下基础；为培养学生求真创新的精神、实践能力和合作交流能力，促进德智体美劳全面发展及学生的终身发展打下基础。语文课程在推广普及国家通用语言文字、增强凝聚力、铸牢中华民族共同体意识，建立文化自信、培育时代新人，实现中华民族伟大复兴等方面具有不可替代的优势。"因此，每个小学语文教师都必须充分发挥小学语文教学融合德育得天独厚的优势，肩负起在小学语文教学中融合德育的任务。

　　小学语文教学包括阅读教学、古诗文教学、作文教学、口语交际教学、写字教学和综合性学习教学，不同课型教学方式不同，其教材中所蕴含德育的呈现方式也不同。阅读教学是最常见的，德育的教育资源就在课文的主题思想中，教师通过分析课文，指导学生朗读，让学生在感悟课文表达的情感时就能受到德育的熏陶。古诗文教学是学生在明背景、抓诗眼、读注释、知诗意、感情怀中去感受德育。作文教学则要围绕一个主题，拓宽学生的思路，在引导学生选材立意中融合德育。口语交际教学与学生的日常生活联系最为紧密，教师通过实践教会学生如何礼貌待人，与人相处，提高学生综合素质和道德水平。写字教学虽说重在教学生掌握汉字的间架结构和书写练习，但深挖汉字的演变过程、分析字形同为人处世的关系、借助组词衍生出的品德故事都是德育的过程。综合性学习教学内容丰富，主题鲜明，在活动中彰显德育。教师还可以在语文作业布置中融合德育，让学生仿写文段、续写故事、写读后感等都是很好的德育作业，这样就使得整个小学语文中的德育形成一个闭环，由课内延伸到课外，从语文教材延伸到日常生活。

　　随着新课程标准的深入学习，大多数小学语文教师都逐渐意识到在教学中融合德育的重要性。但有小部分教师的品德教育观念比较薄弱，还只是停留在抓基础训练的教学，注重学生的语文成绩，在教学过程中只是蜻蜓点水般地将课文的思想感情灌输给学生，这很难让学生真正领悟到课文中的德育内容。还有部分教师知道在小学语文教学中要融合德育，可是他们的教学方式比较单一，只是照本宣科地说要热爱祖国、团结同学、诚实守信、爱护环境等。还有些教师缺乏丰富的专业知识，没有能力挖掘教材中所蕴含的丰富品德教育资源，更不会根据不同的课型、不同年龄段的学生的心理特点采取合适的方式对学生进行品德教育，使得品德教育与社会现实要求脱离。这样不仅达不到德育的目的，知识传授效果也会大打折扣。因此，小学语文教师，一是要更新教学理念，掌握品德教育的基本内涵，积极寻求品德教育与语文教学二者之间的共通之处；二是要根据小学生的德育发展需求以及语文学习需求制订学习计划，设计更为科学合理的教学过程，提高语文教学中品德教育的实效。

　　在小学语文教学中，教师不仅要培养小学生的智育，还要肩负起提高小学生德育的重任。如今，在小学语文教材内容中已经显性或者潜在地包含着浓厚的德育思想，教师要在小学语文教学活动中体现这些思想，这就需要小学语文教师充分发挥学科优势，根据不同课型的授课方式落实和践行德育，使智育和德育相得益彰，让学校的德育工作更深刻，更有效。

四、小学语文教学中的品德教育现状

随着时代的发展，教师的教学理念在不断更新，加上对新课程标准的深入学习，大多数小学语文教师都逐渐意识到在语文教学中融合德育的重要性。德育教学工作也在小学语文教学过程中有效开展，发挥着小学语文教学融合德育得天独厚的优势。但是，由于受到传统教育观念、教师自身教研能力不足以及各方面原因的影响，小学语文教学中的品德教育工作做得还不够好，导致德育效果不明显，警醒着我们品德教育工作还存在着许多问题，有待我们进一步加强和完善。小学语文教学中品德教育的主要问题体现在以下五个方面：

（一）重智育轻德育

在新时期，虽然小学语文教师的教育理念发生了显著的变化，但仍然有部分教师受到传统观念和学生考试成绩压力的影响，存在重视学生智育、轻视学生德育的现象。加上德育的教学效果需要比较长的时间检验，很难在短期内作为学校评价教师某一学期教育教学水平的标准。然而教师某一学期的教学平均分和合格率很容易统计，而且可以同其他教师形成对比。因此，造成了部分教师认为只要在教学过程中不出安全事故，抓不抓德育不重要，提高学生的学科成绩才是关键。长此以往，由于教师不重视德育，对德育投入时间不够，没有能结合教材内容在教学过程中融合德育，忽视小学生良好道德素质的培养，学生没有养成良好的习惯，只会将精力集中在考试科目上，导致其德育水平偏低，难以真正发挥德育在其成长与学习中的作用。还有一小部分语文教师，在融合德育的过程中，对教材的品德教育定位不明确，导致在开展课堂德育工作时思路不清晰，落实也不到位，在教学过程中没有成功的体验，觉得自己在做着事倍功半的事情，也慢慢开始放弃德育的融合，转而抓学生的智育。

（二）品德教育方法单一

为提高小学语文教学中品德教育的效果，教师在德育中应根据小学生的心理特征，采取形式多样的教学方法，激发学生学习德育知识的积极性。但从实际情况来看，许多教师并未做到这一点。其一，教师在品德教育的过程中过于偏重理论教学，且在理论教学中以说教为主，忽视学生的主体地位，采取灌输的德育模式，缺乏情感的注入。其二，教师未能在讲授教材的基础上让学生提炼升华主题，用学生自己的感悟代替教师的说教，或者只是在总结全文的时候，轻描淡写地提一下文章的主题，机械地向学生灌输一定的德育知识，让学生牢牢记住什么应该做、什么不应该做，未能做到在教学过程中一步一步地融合。其三，教师未能根据教材中的德育内容给学生安排实践活动，即使安排了实践活动也不注重过程的表达以及结果的有效性，只是为了走过场，造成教师组织的活动多，参与的学生也很多，但是实际的效果并不明显。单一的教学模式使得小学语文教学中的品德教育陷入被动局面，学生无法感受到语文课堂上品德教育的乐趣，降低了对品德教育学习的积极性，导致德育成效大打折扣，不利于培养学生的德育素养。

（三）品德教育目标不明

在传统的语文教学中，小学语文的教学内容主要是学生听说读写能力的培养，学生要学习语文写作知识、阅读知识、与人交流的技巧以及基本的生字词等。这些知识虽然或多或少都会涉及德育教学内容，但是由于教师对德育理念的了解不够充分，无法全面掌握语文教材中德育的内容与重点，在语文教学中品德教育的目标不明确，导致这些德育内容很多时候都无法得到有效的应用，难以在语文教学中发挥其德育教学效能。部分语文教师不清楚德育的内容包括什么，备课时又过于依赖语文教学参考书，没有对语文教材进行深入探究，导致自己根本不知道应该在语文教学中融合什么德育内容，德育的目标无法实现，在语文课堂教学中融合德育成为空谈，这样不仅没解决学生的品德问题，还会影响学生素质的提高。还有，部分语文教师虽然为品德教育制定了方向上的大致目标，但是并没有根据不同年龄段的小学生的德育发展情况来细化教学目标，这也导致其制定的德育目标缺乏针对性，难以保证所有小学生都能够在品德教育中受益，获得实质性的发展提升，也降低了小学语文教学中品德教育工作的有效性。

（四）品德教育脱离实际

品德教育的最终目的是通过教育让学生在实际生活中拥有美好的品质，在学习生活中将这种美好的品质用来影响自己的言行和思想。学生在日常生活中有良好的品德修养、有坚定的意志力，就能约束自己的行为，不用别人监督。那么，德育就不仅仅是让学生认识到这件事该不该做，而是让学生能控制自己的行为，在没有外人监督的情况下也能管好自己，甚至能够用自己的行为去影响他人。这才是语文教学中品德教育要达到的目的，而不是仅仅停留在语文课堂的口号上。目前，部分教师在小学语文教学中融合德育时，德育内容的选择存在随意性，出现德育内容脱离实际的情况，没有充分考虑学生的心理需要、年龄特点和接受水平而设置德育目标。这样的目标脱离学生生活，学生无法在生活中体验和落实。教师虽然在教案中设置了德育目标，名义上在加强品德教育，然而德育目标无法实现，实际是对品德教育的"淡化"，从而导致品德教育事倍功半。因此，小学语文的品德教育要具有实践性，引导学生把课堂所学运用到日常的学习和生活中，促使学生将道德认知内化为自己的道德标准，使学生的日常学习和生活有德育作为行为指导，从而形成良好的德育品质。

（五）教师教研能力不足

在现实课堂中，我们常常看到小学语文教师为了体现品德教育效果，把语文课上成了道德与法治课，完全忽略了小学语文教学中的品德教育是建立在语文教学基础上的，不能因为融合德育而影响语文的正常教学。出现这样的情况，是语文教师自身教研能力不足造成的。这就要求语文教师做到：首先，除了要正确把握好教材重点，找准德育切入点，还要认真研究教材，处理好德育与语文教学两者之间的关系，不能主次不分，本末倒置；其次，要转变思想，与时代接轨，摒弃传统的刻板教条的说教式教育方法，放下架子，树立以学生为主体的思想意识，拉近与学生的距离，建立平等和谐的师生关系，营造良好的学习氛围；再次，要想提高自己的品德教育能力，就必须具备扎实的教学功底和丰富的专业知识，有深厚的德育知识储备，提高自身的教研能力；最后，教师应该在日常教学中深入解读新课标，准确把握德育要求，努力提高自身的教学艺术，根据语文学科特色和学生特点挖掘德育资源，并进行适合语文学科特点的、多元化的、真实性的融合。这样不仅可以让学生学会语文学科的知识和技能，还可以让学生通过课堂上丰富多彩的教学方法，体会、了解和领悟品德教育的思想内涵，通过语文课堂上的品德教育，在日常行为规范中分辨善恶美丑，树立道德标杆，逐渐形成良好的道德意识。

小学语文教学中品德教育凸显的这五个问题，归根结底是语文教师的问题。由于语文教师的教育教学理念落后、德育观念淡薄、教研能力欠缺、专业水平不高，才会出现重智育轻德育的情况。教师在语文教学中的品德教育只会用单一的方法，导致品德教育目标不明确，脱离学生生活实际，无法完成育人任务。为改变这个局面，小学语文教师应立足学生基本情况，更新德育理念与教学方法，注重品德教育的教学效率，优化各种形式的教学策略与课堂模式，真正让学生受教于德育，提高学生的德育认知水平。

五、小学语文品德教育要注意的问题

为了提高小学语文教学中品德教育的课堂效果，语文教师除了要更新教育教学理念，增强自身教研能力，不断提高专业水平，避免出现重智育轻德育、品德教育方法单一、目标不明确、脱离学生生活实际的情况，还要注意不能脱离文章主题、淡化语文特征、片面分析问题、忽视学生个性化的理解，利用审美教育代替德育。

（一）脱离文章主题

小学语文教学中的品德教育的载体是教材中的一篇篇文章，教师在深挖文章品德教育点的时候不能游离于文章主题之外，或者与文章主题的联系不够紧密，否则将造成课堂中的品德教育很牵强，学生无法接受。

部编版小学语文一年级下册有一篇课文《一分钟》，讲的是主人公元元因为多睡了一分钟而错过公共汽车要走路去上学，结果迟到了二十分钟的故事。这个故事是为了教育学生，从小就要严格要求自己，珍惜时间，分秒必争，养成科学利用时间的好习惯。教师应该围绕珍惜时间这个主题进行品德教育。然而，有的教师在借机教育学生不要迟到后，又牵扯到学生违反课堂纪律、不完成作业、不认真值日等其他无关行为。

这种借语文课对学生进行批评教育的行为，目标不明确，随意性太强，和文章的主题又没有直接联系，品德教育的教学效果肯定是要大打折扣的。在实际教学活动中，教师不能把德育看作归纳文章主题的过程，轻描淡写地带过，也不能像赏析文章词句一样，深入细致地分析文章主题，甚至把文章主题延伸到别的无关内容。教师要善于抓住关键，引导学生分析文章中最能感动自己、震撼自己的语言文字，从中加深体会，产生共鸣，在潜移默化中教育学生、影响学生、塑造学生。教师通过突出文章主题，使学生发现其含义，且深切地感悟到其道理的正确或精神的可贵，让他们把这些精神的种子撒播到自己的心田。

（二）淡化语文特征

一方面，教师在小学语文教学中进行品德教育，花费的时间不宜过多，点到为止，不能影响语文教学任务的落实，影响学生语文素质的培养和语文技能的提高。另一方面，教师必须处理好品德教育与语文教学两者之间的关系，不能主次不分，本末倒置。学生语文素养的提高永远都是语文课堂的首要任务，品德教育只是语文教学过程中必不可少的教学环节。有的教师在上语文课的时候过于强调归纳文章中心思想以及从文中得到的启示和教训，而忽略了对优美语句的品味，没有让学生在读中感受，使德育显得直白而僵硬。

例如：在教学《慈母情深》这篇课文时，教师讲述母爱的伟大，让学生谈母亲的辛苦、母亲对自己的爱，教育学生要感恩母亲，为母亲做力所能及的事情。诚然，这节课必然能激起学生对母亲的感激之情，品德教育是到位的。可学生在这节课提高了什么语文素养？课文中对母亲上班的地方进行环境描写有什么用途？第6自然段中反复出现"我的母亲"和第28自然段中反复出现"立刻"有什么表达效果？学生全然不知。这样的语文课堂淡化了语文特征，只实现了品德教育，真是耕了别人的田，荒了自己的地，得不偿失。所以在语文教学实践中，教师不能光讲授语文知识，也不能一味强调思想教育，要寓教于情，寓教于理，做到有的放矢，有目的、有针对性地对学生进行人生观、道德观、荣辱观等多方面的思想教育，让他们的人格逐渐完善、成熟起来，明白要怎样做人、做什么样的人的深刻道理。

（三）片面分析问题

《义务教育语文课程标准（2022年版）》提及语文思辨性阅读与表达学习任务群，"旨在引导学生在语文实践活动中，通过阅读、比较、推断、质疑、讨论等方式，梳理观点、事实与材料及其关系；辨析态度与立场，辨别是非、善恶、美丑，保持好奇心和求知欲，养成勤学好问的习惯；负责任、有中心、有条理、重证据地表达，培养理性思维和理性精神"。小学语文教师在教学中进行品德教育时，要注意客观公正，尊重事实，对学生、对事物的分析要一分为二，避免片面分析问题。

例如：在教学《千年梦圆在今朝》这篇课文时，教师要让学生了解中华民族几千年来为实现飞离地球、遨游太空的美好梦想所进行的不断尝试和追求。新中国成立以来，中国航天事业的蓬勃发展，在广大科技工作者、工人和解放军的共同努力下，"神舟五号"的发射成功，标志着我国已经成为世界上第三个独立掌握载人航天技术的国家，载人航天的千年梦想终于实现了。教师只有客观公正地评价，才能增加教育的可信度，提高品德教育的效果。在德育的融合下，学生理解了发展航天技术可以充分显示我国的综合国力，提高我国的国际地位和国际威望，增强民族自豪感和凝聚力。学生为之鼓舞，进而为国家、民族的繁荣富强而奋斗。

（四）忽视学生理解

我们要培养德智体美劳全面发展的社会主义建设者和接班人，必须在教学过程中注重学生的独特情感，尊重学生的个体差异。我们不得不承认，对同一事物，由于个人的认识不同，产生的情感就会不同。即使是同一个人对同一种事物，由于认识发生了变化，情感也会随之发生改变。有的教师在上语文课归纳中心思想，或者请学生谈感受谈收获的时候，过于注重参考答案而忽略了学生的独特感受，限制了学生的思维与创新能力。如果学生的想法和参考答案不符，教师一般会加以否定，而不是去思考学生为什么会有这样的想法，并加以引导，这一点我们必须摒弃。

在教学《牛郎织女》这篇文章时，有学生对文章的情节提出疑问，织女那么美丽勤劳，为什么要嫁给牛郎这个穷小子呢？她为什么不选择舒服的生活，要这么辛苦呢？面对学生的质疑，教师应该先肯定学生的个性理解，指出学生的理解有依据，再根据学生的质疑进行品德教育，向学生解释正因为织女是一个勤劳善良的仙女，她看到牛郎那么老实，才会同情牛郎的遭遇，愿意和他在一起。织女是想到凡间见识，但她不是单纯来享受的，她骨子里的勤劳和善良也决定了她愿意去帮助牛郎。通过教师的引导，学生的疑团解开了，品德教育也更加到位了。所以，作为教师，我们首先应当尊重且接受学生合理的主观情感和独特意志，充分发掘他们潜在的能力，利用好这一丰富的教学资源，而不能硬将自己的情感意志和认知规律强加给学生。然后应该让学生在主动积极的思维与情感活动中，加深理解和体验，从而有所感悟和思考，受到情感熏陶，获得思想启迪，享受审美乐趣，体验德育魅力。只有珍视、尊重学生独特的感受、体验和理解，我们的德育工作才能被学生接受，才能达到教育的目的。

（五）审美创造代替德育

审美创造是语文核心素养之一。审美创造是指学生通过感受、理解、欣赏、评价语言文字及作品，获得较为丰富的审美经验，具有初步的感受美、发现美和运用语言文字表现美、创造美的能力，涵养高雅情趣，具备健康的审美意识和正确的审美观念。但是审美创造不能代替德育。小学语文教材中有些文章的品德教育点是很明显的，像《黄继光》《狼牙山五壮士》《董存瑞舍身炸暗堡》等革命题材的文章，无论教师还是学生都非常明确其中饱含爱国主义情感。可有些文章的品德教育点不够明显，像《秋天的雨》《火烧云》《海上日出》《鸟的天堂》等，语文教师在教学过程中往往会把课文中优美的句子展示给学生欣赏，注重引导学生理解这些优美的句子，认为通过引导学生感受语言文字的美、发现语言文字的美就是品德教育，完全忽略了文章的内涵。

《海上日出》这篇课文通过描写海上晴朗天气时日出和有云时日出的不同景象，表达了作者对奇伟壮丽的大自然景观的热爱和赞美，体现了对光明的追求和向往。教师应该抓住太阳努力冲破云霞、跃出海面的过程和冲出重围、出现在天空的过程，引导学生在遇到困难时要勇敢面对，追求和向往光明。《鸟的天堂》这篇课文通过作者和朋友们两次经过"鸟的天堂"的所见所闻，具体描写了傍晚静态的大榕树和第二天清晨群鸟纷飞的活泼景象，表现出了作者对大自然的热爱和赞美，还有人与动物和谐相处的爱护动物的意识。教师要让学生通过感受"鸟的天堂"的美，激起学生保护动物、热爱大自然的情感，而不是仅仅停留在欣赏美文上。

小学语文教学中的品德教育是语文教师一项长期的义务和责任。首先，教师要深入了解小学语文教学中品德教育的现状，清楚小学语文教学中的品德教育要注意的问题，才能更好地抓住学生的年龄与心理特点，结合教材特点进行品德教育。然后，教师要立足于语文课堂教学来陶冶学生的情操，充分挖掘品德教育因素，将语文教学活动与德育有机结合起来，真正将品德教育融入语文教学之中，用高尚健康的道德情操影响、教育学生，培养学生树立正确的人生观、价值观和世界观。

六、小学语文讲读式教学与品德教育教学的差异

为了落实"立德树人"这一根本任务，小学语文教师在教学中都开始注重品德教育。可在实际操作中，有语文教师提出疑问，目前的小学语文教学已经有德育体现，每篇文章所表达的情感或讲述的道理就是德育的重要内容，教师在分析课文中已经完成了品德教育，在此基础上再去融合是否显得画蛇添足？其实不然，小学语文教学中的品德教育是对小学语文讲读式教学的优化，使学生在学习语文知识的同时受到德育的熏陶。

目前小学语文教学大多采用的是讲读式教学方法，教师通过分析文章，引导学生去朗读、去感悟，对于文章中的德育知识基本是教师在总结全文时一步到位提出来的，没有融合的过程性。这样的品德教育没有一步一步走进学生的心灵，只是学生死记硬背下来的条条框框罢了，育人效果差强人意。品德教育要想达到润物细无声的效果，就要在小学语文教学中进行品德教育，这个融合体现在教学环节的各个步骤，与教学环节紧密相连，相辅相成。现以部编版小学语文三年级下册第二单元中的《陶罐和铁罐》为例，试述讲读式教学与品德教育教学的差异。

《陶罐和铁罐》这篇课文讲的是国王橱柜里的铁罐自恃坚硬，瞧不起陶罐，常常奚落它，陶罐则很谦虚，埋在土里许多年以后出土成为文物，而铁罐却不复存在的故事。这个故事告诉我们要善于发现别人的长处，正视自己的短处，相互尊重，和睦相处。

三年级的学生还不能正确、全面地认识自己，大多数学生还不能说出自己的长处和短处，也可能存在像铁罐那样只看到自己的长处而看不到自己的短处的问题，在平时与同学相处的过程中会出现因为一点儿小事而斤斤计较，不够宽容大方的情况。所以如何感化学生，培养他们善良宽容的品质，引导他们全面、正确认识自己，善于发现别人的长处，正视自己的短处，与同伴相互尊重、和睦相处是本节课德育的重点。

《陶罐和铁罐》讲读式教学

师：同学们，课文的第1自然段出现了"奚落"这个词，你们知道它的意思吗？

生：就是说很难听的话，讽刺，挖苦。

师：你是怎么知道的呢？

生：预习的时候，我查工具书知道的。

师：你预习时遇到生词知道查阅工具书，这个习惯非常好！你还知道哪些和"奚落"意思相近的词？

生：嘲笑、讽刺。

师：看来你们平时很注意积累词语，这是个学习的好习惯。下面请同学们选择自己喜欢的方式朗读课文第2—9自然段，画出铁罐奚落陶罐的句子。

师：（课件出示句子）请看大屏幕，你们找到的句子和老师找到的一样吗？

生齐答：一样。

师：你们觉得这些句子该怎么读？

生：铁罐非常骄傲，我们要读出傲慢的语气。

师：你来试试。

生：你敢碰我吗？陶罐子！

师：有点儿傲慢的意思了。同学们，你们注意到前面这句话是个问句，后面用了感叹号结尾吗？读带问号的句子语气要上扬，读带感叹号的句子语气要强烈。关注了标点，谁能读得更傲慢一点儿？

生：你敢碰我吗？陶罐子！

师：我感受到了你的傲慢。面对如此傲慢的铁罐，陶罐是怎么回答的呢？

生：陶罐谦虚地回答。

师：你能读出陶罐的语气吗？

生：不敢，铁罐兄弟。

师：读得慢一点儿就更好了。你再来读一读好吗？

生：不敢，铁罐兄弟。（语速变慢。）

师：铁罐对陶罐的奚落还不仅仅于此，它们之间的争执愈演愈烈。请同桌之间一个扮演铁罐，一个扮演陶罐，读一读它们的对话，看谁读的语气最像。

（学生练习，教师巡视。）

师：哪一组同桌来试试呢？

（学生上台分角色朗读。）

师：读得真好！我觉得你们若加上动作和表情来读，更能让我们感受到铁罐的骄傲。大家给他点儿建议，你们觉得可以加什么样的动作和表情？

生1：可以叉着腰。

生2：还可以斜着眼睛，撇着嘴。

师：同学给你们的建议听到了吗？你们试着加上这些动作和表情，再来读一读。

（生斜着眼睛，撇着嘴，叉着腰又读一遍。）

师：有进步。同学们也学着这个样子再读一读吧。

（学生再次练习，教师巡视。）

师：同学们读得真棒，让老师仿佛看到了铁罐和陶罐争吵的场面。大家想想，同样都是罐子，铁罐凭什么这么骄傲地奚落陶罐啊？

生：因为铁罐觉得自己很坚硬，陶罐却很容易破碎，铁罐感觉自己比陶罐强多了，所以看不起它。

师：铁罐是否真的那么了不起呢？请大家快速地默读第10—17自然段，并思考：许多年过去了，陶罐变成了什么样子？铁罐又变成了什么样子呢？

生1：陶罐依旧和以前一样，光洁，朴素，美观。

生2：铁罐消失了，连影子也没见到。

师：随着时间的流逝，王朝覆灭了，宫殿倒塌了，陶罐和铁罐都被埋在了废墟之下。铁罐被氧化消失得无影无踪，陶罐却还是像以前那么美观。面对这样的结局，你们懂得了什么道理？

生1：不能像铁罐那么骄傲。

生2：铁罐很骄傲，陶罐很谦虚，我们要向陶罐学习。

师：同学们，其实我们每个人的身上都有长处和短处，我们不能像铁罐那样拿自己的长处和别人的短处比。老师希望你们都能够像陶罐一样善于发现别人的长处，正视自己的短处，与同伴相互尊重，和睦相处。

案例2

《陶罐和铁罐》品德教育教学

师：读完了课文，陶罐和铁罐分别给你们留下了什么样的印象？

生：我觉得铁罐非常骄傲，陶罐则非常谦虚。

师：你能说说你的理由吗？

生：课文第1自然段有句话说，"骄傲的铁罐看不起陶罐，常常奚落它"。我从这里看出了铁罐非常骄傲。

师：你真会读书，你通过找关键词了解到铁罐的性格，帮助自己理解课文，这是读课文的好方法。的确，从这句话我们就看到了一个骄傲的铁罐。

师：铁罐是怎样奚落陶罐的呢？

生：铁罐说："你敢碰我吗？陶罐子！"

师：奚落的意思是用尖酸刻薄的话说别人的短处，使人难堪。铁罐奚落陶罐说："你敢碰我吗？"也就是说，铁罐认为陶罐的短处是？

生：容易碎。

师：为什么陶罐是容易碎的，铁罐就要奚落它？

生：铁罐认为自己很坚硬，而陶罐很容易碎，它和陶罐发生碰撞，自己不会有事。铁罐只看到自己的长处，所以看不起陶罐，要奚落它。

师：面对铁罐的奚落，陶罐是怎么回答的呢？

生："不敢，铁罐兄弟。"陶罐谦虚地回答。

师：你读得不错，让我感受到了陶罐的谦虚。谁来读读铁罐的话，让我感受一下它的骄傲。

生：你敢碰我吗？陶罐子！

师：读得挺好的，如果"碰"字再读得重一些，效果会更好。你再试试。

生：你敢碰（重读）我吗？陶罐子！

师：有进步，把它们说的两句对话连起来读一读，注意要读出不同的语气。

生："你敢碰我吗？陶罐子！""不敢，铁罐兄弟。"

师：它们的争吵越来越激烈，最后不欢而散。可老师觉得，它们之间的争吵更像一场辩论。老师把它们的这场辩论划分为三次交锋，请看第2—4自然段，这是第一次交锋。

> **PPT出示：**
>
> "你敢碰我吗？陶罐子！"铁罐傲慢地问。
>
> "不敢，铁罐兄弟。"陶罐谦虚地回答。
>
> "我就知道你不敢，懦弱的东西！"铁罐说，带着更加轻蔑的神气。

师：在这次交锋中，我们可以看到铁罐直接挑衅陶罐，想和陶罐发生碰撞，陶罐不敢应战。铁罐占了上风，所以它带着更加轻蔑的语气说，"我就知道你不敢，懦弱的东西。"第一次交锋，铁罐赢了，赢在它用自己坚硬的特点和陶罐易碎的特点对抗。第5—6自然段，是第二次交锋。我们看看这次谁赢了？

生1：我觉得是陶罐赢了，它说"我们生来就是盛东西的，并不是来互相碰撞的。说到盛东西，我不见得就比你差"。

生2：我觉得铁罐赢了，铁罐让陶罐住嘴，还说过不了几天，陶罐就会变成碎片。

生3：我也觉得铁罐赢了，它没有和陶罐比盛东西，而是用自己坚硬的特点和陶罐易碎的特点相比。铁罐还说陶罐是懦弱的东西。

师：你们真会读书，你们的发现很有价值。的确，第二次交锋还是铁罐赢了。可陶罐真的像铁罐说得那么懦弱吗？

生1：懦弱是指软弱无能的意思，陶罐能和铁罐争辩，我认为陶罐一点儿都不懦弱。

生2：陶罐知道自己的短处是容易碎，也清楚自己的长处是盛东西，所以它在第二次交锋时用盛东西来反驳铁罐，它一点儿也不懦弱。

师：那也就是说，铁罐之所以会赢，是因为它一直在用自己的长处和陶罐的——

生齐答：短处。

师：对，铁罐一直用自己的长处和陶罐的短处作比较，它只看到自己的长处是坚硬，而陶罐除了看到自己盛东西的长处，也看到自己易碎的短处，所以它才不敢和铁罐发生碰撞。我们接着看第7—8自然段，在第三次交锋中谁赢呢？

生1：陶罐都不想和铁罐吵了。

生2：陶罐不想吵了，可是铁罐还是没有放过它，还一再强调自己会把陶罐碰成碎片。

生3：那就是铁罐又赢了，它用了惯用的伎俩，一直用自己坚硬的特点和陶罐易碎的特点对抗。

师：在第三次交锋中铁罐又赢了，那是不战而胜，陶罐想和它和睦相处，不想吵了，只是它还不依不饶的，真是一个骄傲的铁罐啊。让我们再一次来回顾他们的精彩辩论，请同学们分角色朗读，注意读出它们说话的语气。

（学生分角色练习朗读，教师巡视。）

师：哪组同桌来试试，读出它们不同的语气。

（学生上台分角色朗读。）

师：如果你们能加上神态和动作，那就更生动了。请同桌间再次分角色朗读，想一想应该加上怎样的神态和动作。

（学生加上神态和动作，再次分角色练习朗读。）

师：哪组同桌来挑战呢？

（学生上台，加上神态和动作分角色朗读。）

师：谢谢你们的精彩表演！陶罐后来真的成为碎片了吗？陶罐和铁罐最后的结局分别是怎样的呢？请大家快速地默读第10—17自然段找到答案。

生1：陶罐没有成为碎片，它依旧和以前一样，光洁，朴素，美观。

生2：人们把土都掘遍了也没有找到铁罐的影子。

生3：铁罐生锈被氧化，所以它变成粉末不见了。

师：你们懂得的知识真多！同学们，你们发现了吗？陶罐之前想和铁罐和睦相处，铁罐却奚落它。现在陶罐被挖掘出来后，还称铁罐为兄弟，请人们把它掘出来。你们觉得它是一个怎样的陶罐呢？

生1：我觉得它很善良。

生2：陶罐友善又宽容，铁罐奚落它，它都不计较。

师：你们看到了陶罐的善良和宽容。你们在生活中也有过这样的经历吗？

生1：在家里，弟弟常常打扰我写作业，还摔坏我的玩具，我也没有计较。

生2：排队去操场做早操的时候，同学踩了我一脚，我没有生气，还提醒他以后走路要注意看路。

师：你们和陶罐一样有着善良的心地。铁罐如果还没有消失，听到陶罐说的话，它一定会很后悔吧。你们觉得铁罐会对陶罐说什么呢？

生1：陶罐兄弟，对不起，我以前不应该那样对你。我不应该只看到自己坚硬的长处，就奚落你，没有看到你也有长处，我应该和你和睦相处的，没有你，我也不能重见天日啊！

生2：陶罐兄弟，对不起，我伤害了你，你还对我这么好。我应该向你学习，不能那么骄傲，对人要宽容。让我们以后和睦相处吧！

师：同学们，尺有所短，寸有所长。铁罐在忏悔中认识到了自己的长处和短处，我们也要正确认识自己，才能做更好的自己。你们知道自己的长处和短处分别是什么吗？

生1：我擅长跑步，在运动会中参加100米比赛获得冠军，但是我力气不够大，扔垒球扔不远。

生2：我上课常常听不懂，课后的作业也有很多不明白的，但是我每天都是最早来到教室打扫卫生的，老师也表扬我有坚持不懈的毅力。

生3：我记忆力好，可以很快背下课文和单词，我应该对学习充满信心。可我很胆小，上课不敢发言，不懂的题目也不敢去问老师。我一定要改掉这个坏毛病，否则我的成绩还是提高不上去。

师：听到你们的分享，老师很高兴。从你们的发言中，我看出你们已经懂得了要看到别人的长处，正视自己的短处，与同伴相互尊重、和睦相处的道理。

通过对比，我们可以看出两位老师在讲解《陶罐和铁罐》这篇课文时都注重了分角色朗读的训练，通过语气的指导，让学生认识到铁罐的骄傲和陶罐的谦虚。可在讲读式教学中，学生仅仅理解到铁罐是骄傲的，陶罐是谦虚的。

至于要看到别人的长处，正视自己的短处，与同伴相互尊重、和睦相处这些道理，是教师在总结全文时自己说给学生听的，不是学生自己悟出来的，这个道理也许学生下课后就会忘了，又怎么可能进入学生的脑中心中呢？同样是讲这个道理，在品德教育式教学中，首先，教师从开始讲解"奚落"这个词时就已经让学生明白铁罐只看到自己的长处，看不起陶罐，要奚落它；其次，老师在分角色朗读指导的同时将陶罐和铁罐的对话划分为三次交锋。在第二次交锋中，教师引导学生寻找"陶罐真的是懦弱吗？"的答案，让学生明白陶罐有据理力争的过程，它并不是懦弱，只是看到自己盛东西的长处，也看到自己易碎的短处，它才不敢和铁罐发生碰撞。三次交锋的赢家都是铁罐，学生已经能总结出，它轻松取胜的原因是一直用自己坚硬的长处和陶罐易碎的短处对抗。最后，教师通过"铁罐掘出后会对陶罐说什么"和"谈谈自己的长处和短处"两个活动，让学生懂得了要看到别人的长处，正视自己的短处，与同伴相互尊重、和睦相处的道理。教师从头到尾的教学环节都是为了让学生懂得这个道理而设置的，每一步都实现了一个小目标，品德教育就蕴含在这些小目标中，学生完成这一个个小目标后，就使德育的融合点连成了线，如水流般源源不断地注入学生的心田，达到育人的目的。

小学语文品德教育的基本内容

一、小学德育的五大方面

教育的根本任务是立德树人，我们要落实立德树人的根本任务，首先要明确德育的基本内容。教育部印发的《中小学德育工作指南》教基〔2017〕8号文中明确指出，中小学的德育内容为理想信念教育、社会主义核心价值观教育、中华优秀传统文化教育、生态文明教育和心理健康教育五大方面。

（一）理想信念教育

我们要加强中国历史特别是近现代史教育、革命文化教育、中国特色社会主义宣传教育、中国梦主题宣传教育、时事政策教育，引导学生深入了解中国革命史、中国共产党党史、改革开放史和社会主义发展史，继承革命传统，传承红色基因，深刻领会实现中华民族伟大复兴是中华民族近代以来最伟大的梦想。此外，我们要培养学生对党的政治认同、情感认同、价值认同，不断树立为共产主义远大理想和中国特色社会主义共同理想而奋斗的信念和信心。

（二）社会主义核心价值观教育

为了把社会主义核心价值观融入国民教育全过程，落实到中小学教育教学和管理服务各环节，我们要深入开展爱国主义教育、国情教育、国家安全教育、民族团结教育、法治教育、诚信教育、文明礼仪教育等，引导学生牢牢把握富强、民主、文明、和谐作为国家层面的价值目标，深刻理解自由、平等、公正、法治作为社会层面的价值取向，自觉遵守爱国、敬业、诚信、友善作为公民层面的价值准则，将社会主义核心价值观内化于心、外化于行。

（三）中华优秀传统文化教育

我们要开展家国情怀教育、社会关爱教育和人格修养教育，传承发展中华优秀传统文化，大力弘扬核心思想理念、中华传统美德、中华人文精神，引导学生了解中华优秀传统文化的历史渊源、发展脉络、精神内涵，增强其文化自觉和文化自信。

（四）生态文明教育

为了加强节约教育和环境保护教育，我们要开展大气、土地、水、粮食等资源的基本国情教育，帮助学生了解祖国的大好河山和地理地貌；开展节粮节水节电教育活动，推动实行垃圾分类，倡导绿色消费，引导学生树立尊重自然、顺应自然、保护自然的发展理念，养成勤俭节约、低碳环保、自觉劳动的生活习惯，形成健康文明的生活方式。

（五）心理健康教育

我们要开展认识自我、尊重生命、学会学习、人际交往、情绪调适、升学择业、人生规划以及适应社会生活等方面教育，引导学生增强调控心理、自主自助、应对挫折、适应环境的能力，培养学生健全的人格、积极的心态和良好的个性心理品质。

不难发现，中小学德育的理想信念教育、社会主义核心价值观教育、中华优秀传统文化教育、生态文明教育和心理健康教育五大方面的内容在小学语文教材中都有体现，这些德育内容和《义务教育语文课程标准（2022年版）》中提出的"语文课程要继承和弘扬中华优秀传统文化、革命文化、社会主义先进文化"不谋而合。革命先辈们的优良传统值得代代相传，是我国传统文化的重要内容，革命文化也在爱国主义教育中表现得淋漓尽致。经过整合，小学语文教材中品德教育的基本内容具体表现为爱国主义教育、传统文化教育、生态文明教育和心理健康教育。

二、小学语文德育中的爱国主义教育

热爱祖国不仅是我们个人的情感，还是我们每个中国公民对祖国应尽的义务。对于小学生，祖国未来的接班人一定不能缺少爱国主义教育。小学语文教材中大量关于爱国主义思想的文章，是对小学生进行爱国主义教育的最佳载体。在小学语文教学中融入爱国主义教育，有效激发学生的爱国主义情怀，提升学生的爱国主义情感，强化学生的爱国主义品质，全面增强学生的爱国主义精神，是学校德育的必然要求，也是学校弘扬与践行社会主义核心价值观的必然要求。

从古至今，国家统一和民族团结是全国人民的共同愿望，《示儿》《题临安邸》《从军行》《秋夜将晓出篱门迎凉有感》《闻官军收河南河北》等古诗，都展现了当时人们对国家统一的期盼。"家祭无忘告乃翁"让我们感受到爱国诗人陆游对祖国统一的坚定信念和悲壮心愿。"直把杭州作汴州"不露声色地揭露了"游人们"的腐朽本质，表现出作者林升对当政者不思收复失地的愤慨以及对国家命运的担忧。从战士们"不破楼兰终不还"的豪言壮志，可以看到他们为国捐躯、奋不顾身的精神。爱国诗人陆游被罢黜归故乡，也惦念着中原地区的人们，发出"南望王师又一年"的感叹，盼望宋朝能够尽快收复中原，实现统一。"白日放歌须纵酒，青春作伴好还乡"抒发了诗人杜甫听到官军收复失地的消息后，无法抑制的胜利喜悦与还乡快意，表现了诗人真挚的爱国情怀。教师通过让学生诵读这些充满爱国情感的古诗，让学生在理解诗意中提升爱国主义情感。

小学语文教材中有很多爱国英雄人物，如《黄继光》《狼牙山五壮士》《董存瑞舍身炸暗堡》等课文中，描写了革命先辈们为了战争胜利顽强抗战，在战争最关键的时刻，不惜粉身碎骨，用自己年轻的躯体为战友开辟出胜利的通道，表现出强烈的爱国主义精神。除了为国捐躯的爱国英雄人物，小学语文教材中还有很多利用自己的智慧，为祖国贡献力量的爱国人物。例如：《冀中的地道战》中的冀中人民在中国共产党的领导下，创造了新的斗争方式，利用地道对付和防御敌人的"大扫荡"，在对敌斗争中展现出中国人民无穷无尽的智慧和顽强的斗志。再如：《小英雄雨来（节选）》中的小雨来为了掩护交通员李大叔，不畏强敌的威逼利诱，机智勇敢地同敌人做斗争。教师可以把这些爱国英雄的电影视频或影像资料播放给学生看，加深学生对人物的理解，让爱国主义精神直击学生内心，引起学生的共鸣。教师还要让学生明白爱国不意味着一定要牺牲，做好自己身边的每一件小事也是爱国的体现，促使学生深入体会爱国主义的深刻内涵和精神价值。

我国既有壮阔瑰丽的塞外大漠，又拥有清秀温婉的江南水乡；既有日夜奔腾的黄河之水，又有高大巍峨的三山五岳……地大物博，风格各异。在教学《望庐山瀑布》《望天门山》《望洞庭》等古诗和《富饶的西沙群岛》《美丽的小兴安岭》《赵州桥》等描写祖国锦绣山河的篇章时，教师可以播放相关图片和视频，让学生更直观地了解祖国大好河山。《神州谣》是三字童谣，读起来朗朗上口，学生很容易熟读背诵。教师可以在学生背诵"我神州，称中华，山川美，可入画"时，播放长江、黄河、长城、珠穆朗玛峰等图片。在教学《我多想去看看》时，教师可以引导学生说出自己去过我国哪些著名景点，让学生向同学介绍自己的所见所闻。学生通过交流，可以为我国"江山如此多娇"而自豪，增强对祖国的热爱和赞美之情。

随着我国综合国力的不断增强，人们的生活也越来越幸福。今天的美好生活来之不易，教师要教育学生格外珍惜。在教学《开国大典》时，教师可以通过播放历史影片，让学生感受开国大典当天的盛况，体会人民翻身做主人的激动和兴奋之情，让学生深厚的爱国之情在此起彼伏的"中国共产党万岁！""中华人民共和国万岁！""中央人民政府万岁！"呼声中自然流露。接着，教师可以播放2019年庆祝中华人民共和国成立70周年国庆阅兵视频，通过对比使学生感受到国家天翻地覆的改变，让学生明白这些都是无数革命先烈的牺牲和无数中华儿女努力奋斗得来的，引导学生从小要立志报国，好好学习，为祖国的腾飞贡献力量，像《千年梦圆在今朝》里的历代航天人一样，勇于实践和探索，使中国自古以来的飞天梦想在当前科技发展的推动下得以实现。正如《少年中国说（节选）》中的"故今日之责任，不在他人，而全在我少年"。教师要教导学生感恩革命先烈，牢记他们的丰功伟绩，坚定爱国信念，勤奋学习，长大后为社会多做贡献，增强爱国主义教育的成效。

在立德树人背景下，爱国主义教育应从小抓起。小学语文教师应充分发挥学科优势，深入挖掘教材内容的爱国主义教育因素，从小培养学生的民族责任感和自豪感，激发学生的爱国热情，让他们成为有理想、有道德、有文化的社会主义新时代的接班人。

三、小学语文德育中的传统文化教育

中华民族的优秀传统文化博大精深，历经上下五千年沉淀至今，是古代先辈留给后人的一份宝贵财富，值得我们去发扬光大。小学语文教师要利用好教材，在教学过程中让学生浸润在传统文化中，自觉地接受并传承中华民族优秀传统文化。

在中华优秀传统文化中，古诗词是一个非常重要的组成部分。教师在教学时，不仅要教学生理解古诗词的意思，感受古诗词的优美意境，还要引导学生感悟古诗词中蕴含的中华优秀传统文化。在教学《悯农》（其二）时，教师要让学生铭记"谁知盘中餐，粒粒皆辛苦"这样的名句；让学生体会劳动人民的辛苦，领悟到勤劳是中华民族的优秀传统文化，虽然如今生活水平明显提高了，生活环境也明显改善了，但我们还是要勤劳奋进，自强不息；让学生在感受到劳动人民的辛苦后自觉地反思自己平时的挑食和浪费行为，明白珍惜粮食、杜绝浪费也是中华民族的优秀传统文化。在教学《静夜思》《夜书所见》《九月九日忆山东兄弟》等表现诗人身为远方的游子思念家乡的古诗时，教师要让学生明白思乡是中国的优秀传统文化，无论去到哪里都不能忘了自己的根。

我国有很多少数民族和传统节日，每个少数民族都有自己的风俗习惯，每个传统节日都有其丰富的文化底蕴和独特的节日文化活动，这些少数民族文化和传统节日文化是中国传统文化的重要载体。小学语文教材中的古诗《元日》《清明》《乞巧》《九月九日忆山东兄弟》等分别向学生展现了春节、清明、七夕、重阳等传统节日的习俗。教师要帮助学生学习和积累在"春风送暖入屠苏"中的饮屠苏酒是古人过年时的一种习俗，大年初一全家合饮这种用屠苏草浸泡的酒，以驱邪避瘟疫，求得长寿。清明节是传统的重大春祭节日，扫墓祭祀、缅怀祖先，是中华民族自古以来的优良传统，不仅有利于弘扬孝道亲情、唤醒家族共同记忆，还可促进家族成员乃至民族的凝聚力和认同感。乞巧节也叫七夕节，除了大家所知道的是牛郎织女见面的日子，还是少女们向天上的织布能手七姐"乞巧"的日子，少女们"穿尽红丝几万条"乞求七姐传授自己心灵手巧的手艺。"遥知兄弟登高处，遍插茱萸少一人"中的登高、插茱萸是重阳节的习俗，人们登高祈福、拜神祭祖及饮宴祈寿，传承至今，又添加了敬老

等内涵。在民俗观念中，"九"在数字中是最大数，有长久长寿的含义，寄托着人们对老人健康长寿的祝福，故重阳节又叫老人节。《草原》描写了一碧千里的草原风光，纯朴、热情的蒙古族同胞在草原上骑马迎客，在蒙古包内把酒联欢。奶茶、奶豆腐、手抓羊肉让人回味无穷，小伙子们的套马、摔跤和姑娘们的民族舞蹈令人难以忘怀。《藏戏》描述了有着悠久历史的藏戏的形成过程及其鲜明的民族特色，表现了藏戏浓郁的雪域传奇色彩和不可抗拒的艺术魅力，赞美了中华民族传统文化的博大精深。《难忘的泼水节》洋溢着傣族人民对一年一度传统节日的兴奋之情，体现了傣族人民的快乐和幸福。教师在教学中要引导学生自主地去了解更多其他少数民族的风俗习惯，培养学生的民族团结意识，增强学生的民族自豪感。

自古以来，"百善孝为先"，孝敬父母是中华民族的传统美德，也是优秀传统文化中的重要一环。小学语文教材中写感恩父母的文章不少，教师要善于引导学生体会父母的辛苦付出和无私奉献，教育学生做个孝敬父母、感恩长辈、回馈社会的好少年。在教学《游子吟》时，教师可以让学生在背诵诗句"临行密密缝，意恐迟迟归"时闭上眼睛想象母亲挑灯缝衣的场景，感受母亲对诗人的无比牵挂；从"谁言寸草心，报得三春晖"的字里行间体会诗人对母亲浓浓的感恩之情。在教学《妈妈睡了》时，教师可以从妈妈哄"我"午睡自己却先睡着的原因切入，让学生很快找到"她干了好多活儿，累了，乏了，她真该好好睡一觉"的内容，并明白妈妈很辛苦，累得先睡着了；从"我"在旁边静静地观察熟睡的妈妈，让学生明白"我"是个孝敬妈妈的好孩子，没有打扰妈妈休息，进一步从中领悟到原来孝敬父母就是帮父母做力所能及的事。在教学《父爱之舟》时，教师可以让学生从父亲和母亲半夜起来喂蚕，卖了蚕茧给"我"买枇杷吃；为了省钱住最便宜的小客栈；父亲心疼"我"被臭虫咬了满身疙瘩；父亲带"我"逛庙会，给"我"买豆腐脑，给"我"做万花筒；父亲雨雪天背"我"上学，为"我"铺床，摇船送"我"去无锡师范考试，在船上抓紧时间为"我"缝补棉被等事情，感受到父亲对"我"无声的爱，以及"我"对父亲说不尽的感激。教师要让学生明白，课文中的父亲是千千万万含辛茹苦养育子女成长的家长缩影，我们不能一边理所当然地享受着他们的付出，一边理直气壮地顶撞他们。在教学《慈母情深》时，教师可以从母亲工作环境的恶劣让学生感受母亲的辛苦，再让学生从母亲眼神疲惫的眼睛、龟裂的手指、弯曲的背、瘦弱的身体理解母亲挣钱非常艰难。课文中对于工友的劝说"大姐，别给！没你这么当妈的！供他们吃，供他们穿，供他们上学，还供他们看闲书哇"，母亲没有动摇，把钱塞到我的手里供"我"看书。后来"我"自作主张拿买书的钱给母亲买了水果罐头，母亲数落"我"一顿又凑足钱给"我"买书。学生从这些细节描写中，可以很容易感受到母亲对"我"的爱，也会联想起平时家人为自己的默默付出，从而心存感恩。

革命传统文化也是我国传统文化的重要分支，小学语文教材中的革命题材选文是弘扬革命传统文化的宝贵资源。教师在教学时一定要让学生理解革命传统文化不只是热爱祖国、保家卫国、为国牺牲，老一辈革命家还有很多高尚的品德值得我们学习，这些高尚的品德也是革命传统文化的重要内涵。在教学《雷锋叔叔，你在哪里》时，教师可以带领学生从"长长的小溪"和"弯弯的小路""乘着温暖的春风"中，去找寻雷锋的足迹，了解雷锋的事迹，学习雷锋乐于助人的精神。在教学《朱德的扁担》时，教师可以让学生找出战士们藏朱德扁担的原因，以及朱德在扁担上写"朱德的扁担"的原因。在教学《一个粗瓷大碗》时，教师可以让学生找出赵一曼吃饭没有碗的原因，以及赵一曼仅仅用过一次的粗瓷大碗，抗联的老战士都能认出来的原因，让学生在寻找答案中感悟老一辈革命家艰苦奋斗、不搞特殊、与战士们同甘共苦的高尚品德。在教学《军神》时，教师可以让学生通过品读对沃克医生的动作、语言、神态的描写，找出刘伯承在重庆治疗受伤的眼睛时拒绝使用麻醉剂的原因，读懂刘伯承元帅钢铁般的坚强意志和为革命献身的精神。在教学《清贫》时，教师可以让学生找出方志敏虽经手款项有数百万之巨，身边却"一个铜板都没有"的原因，让学生认识到在革命战争年代，无数共产党人为了党和人民的事业，在艰苦的环境里经受着种种考验，体现了共产党员"矜持不苟，舍己为公"的高尚美德，以及革命者战胜困难的精神力量。

小学语文教师要善于运用教材中的中华优秀传统文化选文，让我国优秀的传统文化熏陶学生的情操，丰富学生的文化底蕴，提升学生的精神境界，培养学生的优良品质，帮助学生树立正确的世界观、人生观、价值观，有效促进学生全面健康地成长和发展。

四、小学语文德育中的生态文明教育

小学语文内容涉及范围较广，其中就包括了生态文明教育的内容，如人与自然、人与动物、人与植物的关系以及保护环境等生态文明教育内容。教师要利用好教材，分析教材的深层含义，寻找教材中与生态文明教育相关的素材，让学生在情感上产生共鸣，在思想上受到熏陶。

在部编版小学语文教材中，《小池》《村居》《咏柳》《惠崇春江晚景》《江南春》《三衢道中》等古诗展现了春光明媚、花草飘香、燕子翻飞、流水潺潺、柳条摇曳等美好的大自然风光，教师通过让学生理解诗意、想象画面，感知大自然的美景。在教学《黄山奇石》《日月潭》《记金华的双龙洞》等介绍著名景点的文章时，教师可以通过视频展示让学生犹如身临其境，还可以让去过这些景点的同学和去过别的景点的同学互相交流，让学生在美好的回忆中再次感受大自然中的优美景色，引导学生要珍惜、保护这样的美好风景，调动学生保护生态环境的积极性，潜移默化地强化学生保护生态环境的意识。在教学《鸟的天堂》《白鹭》《牧场之国》等人与动物和谐共处的文章时，教师可以让学生把自己想象成教材中的人，他们会和动物怎么相处，还可以把自己想象成教材中的动物，对人类的照顾有什么想法，从内心领略"'鸟的天堂'的确是鸟的天堂啊""白鹭是一首精巧的诗""这就是真正的荷兰"的人与动物和谐共处的美好画面。

教师对学生进行生态文明教育，除了从正面引导，还可以从反面教育。《只有一个地球》就是一个很好的例子，整篇课文阐明了人类的生存"只有一个地球"的事实，呼吁人类应该珍惜资源，保护地球。"我们要精心地保护地球，保护地球的生态环境。让地球更好地造福于我们的子孙后代吧！"这句话是全文的总结，也是点睛之笔。教师在讲解时可以让学生观看遭到人类破坏后千疮百孔的环境视频，配上悲伤的音乐，引发学生反思人们破坏生态环境的不文明行为，产生保护生态环境的想法，改正自身所出现的不文明行为。口语交际《我们与环境》中更是直接指出了人类的许多行为正破坏着我们的生活环境。在教学中，教师除了要让学生了解人类做了哪些破坏环境的事情，还要帮助学生理解环境的破坏会对人们的身体健康造成哪些危害，让学生深刻领悟我们保护环境其实是在保护自己。为了落实保护环境的行动，教师还要引导学生把观察的目光转移到身边的人、身边的事，让学生说说身边存在哪些环境问题。文中泡泡提到的如果开车途中停车时间长，可以将汽车熄火以减少尾气排放，也可以节省能量。最后离开教室的同学要记得关灯，不开"无人灯"。这类日常的事情，学生可能都没有意识到与保护环境有关。教师要适当讲解，让学生明白日常生活中减少尾气排放、节约用电、节约用水、节约用纸、控制空调的使用度数、注意垃圾分类投放、减少使用一次性用品等都是我们保护环境力所能及的事，并倡导学生回去向家长宣传环保知识，力求学生和家长们都能积极投身到这些环保行动中。

学生读《珍珠鸟》和《猫》这种作者和小动物深度互动的文章，从字里行间就能体会到作者对小动物的喜爱。正是作者对小动物有这份发自内心的爱，我们才能看到珍珠鸟蹦到作者的杯子上，俯下头去喝茶；放开胆子跑到稿纸上，绕着他的笔尖蹦来蹦去；完全放心地啄作者的笔尖，还友好地啄他的手指；趁他伏案写作落在他的肩上安稳睡觉的场景。正是作者对小动物有这份发自内心的爱，才会有老舍先生在写作时，猫跳上桌面在稿纸上踩印几朵小梅花，他不恼怒；猫在花盆里摔跤，抱着花枝打秋千，所过之处，枝折花落，他不责打等这样人与动物和谐相处的美好画面。然而并不是所有动物都能得到人类的友好对待，教师要通过图片和报道让学生了解动物所遭受的来自人类的伤害。例如：人们为了牟取暴利抓捕大象割取象牙，抓捕梅花鹿割取鹿茸，抓捕犀牛割取犀牛角。在抓捕和割取过程中，很多动物当场死亡，或被遗弃在原地因身受重伤而在痛苦中死亡。人们享受顶级美食鹅肝的背后，是以大鹅被人类强制灌食为代价的。人类对鱼翅的食用，导致鲨鱼数量大幅下降，对自然生态已经造成威胁。教师通过这些触目惊心的例子唤起学生对动物的怜悯之心，使学生能够从内心深处涌现出关爱动物的情感，引导学生懂得人与动物、人与自然和谐相处的重要意义，进而为保持自然界的生态平衡做出努力。

教师对学生的生态文明教育还可以在原有的教学内容基础上作延伸，扩大教学的深度和广度，把这种保护生态的意识融入学生的生活。教师在教学口语交际《打电话》时，可以告知学生学会打电话后可以用打电话的方式向朋友传递祝福。打电话表达心意比用贺卡更环保，不用浪费森林资源，还减轻了人们的经济负担。在教学作文《学写倡议书》时，学生在学习教材中节约用水倡议书的写法后，教师可以引导学生写不使用一次性用品倡议书，还有节约用水、低碳出行、垃圾分类等环保类倡议书。教师还可以围绕节约用水这个主题引导学生梳理节水小窍门、编写公益广告、知识问答的环节来增强学生的节水意识，还可以在课后布置节水实践活动，记录家庭上月用水量、当月用水量，评比出节水能手，分享节水心得。

生态环境关乎世世代代人类的生存，小学语文教师利用语文教材，从小培养学生保护生态环境的意识，让学生形成保护生态环境的习惯，在教学中进行德育的同时贯彻国家可持续发展观。功在当代，利在千秋。

五、小学语文德育中的心理健康教育

随着时代的发展，在小学阶段已经有学生出现不同程度的心理问题和障碍，不健康的心理会严重干扰学生的日常学习和生活，影响学生健康茁壮成长，学生的心理健康问题也越来越受到学校和家长的重视。小学语文教材内容丰富，可以将教材与学生的生活经历、内心体验、个性情感等因素紧紧地联系在一起。心理健康教育又是学校德育的一项重要内容，教师要充分利用教材中主人公的积极因素，引导学生体验、共鸣，在潜移默化中受到感染，培养学生健康的心理素质。

小学生在生活中难免会遇到挫折，由于他们缺乏生活经验，知识储备不足，遇到困难和挫折不懂如何面对，加上家里长辈的宠爱，常常使小学生失去了面对挫折的勇气。这导致小学生犹如温室中的花朵，经受不起失败的打击，容易产生忧郁苦闷的情绪甚至自残，严重影响到小学生的身心健康。小学语文教师一定要在教学中对学生进行正确的引导和教育。例如：在教学《七律·长征》这篇课文时，教师可以在课堂上向学生播放长征的历史影片，让学生感受红军战士爬雪山、过草地、吃野菜、穿草鞋的艰苦，战士们不仅要面对环境恶劣、物资紧缺的困难，还要以寡敌众、抵御外敌，受伤了无法及时救治，不少战士在途中就已经牺牲。这条红军战士用血肉之躯走出来的充满艰难险阻的二万五千里长征路，在红军战士眼中"只等闲"，这就是红军战士不怕困难、勇敢顽强的乐观精神，也正是这种精神，使红军战士互帮互助，战胜了巨大的困难。教师要引导学生在面临挫折和困难时，多想想红军战士的艰辛，反思自己面临的困难又算什么，如果一时想不出解决的方法可以求助老师和家长，但绝对不能轻言放弃或自暴自弃，让学生明白只有积极面对挫折，战胜困难，才能成长起来。

小学生正处于身体和心理成长的快速时期，他们好奇心强，知识却跟不上，他们单凭事物的表面去做判断，分辨不清好坏，很容易受不良因素的影响。小学语文教师要充分利用教材里的真善美去教导学生。在教学《落花生》时，教师要引导学生读懂父亲说的话——"所以你们要像花生，他虽然不好看，可是很有用"，不要过多注重外表，做桃子、石榴、苹果那样的人，不能受金钱、权力等各种引诱，披着光鲜的皮囊做违法犯罪的勾当。正如作者说的"人要做有用的人，不要做只讲体面，而对别人没有好处的人"，花生就好比在我们生活中默默无闻做贡献的警察、医生、环卫工人、快递小哥等，无论多苦多累，他们都坚守在自己的岗位上。教师要让学生明白，从小要做一个有价值的人，不仅要注重外在美，还要注重内心美。在教学《搭石》时，教师可以通过"摆搭石"和"走搭石"两个生活画面的细致描写，引导学生理解乡亲们只要发现搭石不平稳，就算有急事要赶路，也一定要停下来找到合适的石头搭上，是为了不让别人摔倒，这是乡亲们为人着想的体现。教师让学生通过观看舞蹈《碇步桥》里舞蹈演员们整齐划一的过桥动作，想象乡亲们排队过搭石时人影绰绰的画面，感受那种画一样的美感，这是乡亲们和谐互助的体现。遇到老人过搭石，年轻人总要俯下身子背老人过去，人们把这看成理所当然的事，这是乡亲们尊敬老人的体现。教师通过这些画面，让学生感受乡亲们的心灵美，明白只有心灵美才能使生活美、家乡美、世界美。

小学生在日常生活中常常会因为和同伴抢夺物品而发生冲突，他们没有分享的意识，不懂得与人分享的快乐才是真正的快乐。如果任由这种自私自利的思想在学生的心中蔓延，将严重影响学生的日常生活和交往活动，对学生的身心健康非常不利，应当引起教师的重视。在教学《巨人的花园》时，教师可以让学生从文中找出花园的变化和巨人态度变化的关系，引导学生从"我的花园就是我自己的花园，这是随便什么人都懂得的。除了我自己以外，我不允许任何人在里面玩"这句话中感受巨人的自私，巨人自私的行为导致花园里没有了春天，他自己也变得不快乐。从"孩子们，花园现在是你们的了"和"我有许多美丽的花，可孩子们却是最美丽的花"，感受巨人懂得了分享并从中享受到了幸福。教师从巨人的转变，引导学生理解与人分享的快乐才是真正的快乐，启发学生联想生活中的分享故事，培养学生的分享意识，让学生明白自私自利的人是无法获得快乐的。教师还要教会学生无论在学校还是在家里，都要学会分享，懂得分享，从而收获分享的快乐与幸福。

子曰："人而无信，不知其可也。"也就是说，人要是失去了信用或不讲信用，不知道他还可以做什么。一个人要做到时时处处守信并不容易，小学生要做到守信就更难了。在教学《我不能失信》时，教师要充分利用小宋庆龄守信的故事，教育学生要做个守信的孩子，培养学生优秀的道德品质。小宋庆龄很想去那位伯伯家，也非常想见见那些可爱的鸽子。爸爸和妈妈为了劝她一起去伯伯家还给她出了主意，可是为了不让小珍扑空，不失信于小珍，她最终选择留下来，做一个守信的人。小宋庆龄为了守信，一个人在家等小珍，而小珍却没有来，成了失信的那个人。这样的结果，学生纷纷为小宋庆龄感到惋惜，认为她的等待是无用的。小宋庆龄守信，小珍却失信，那么小宋庆龄以后对小珍也不用守信了。学生这样的理解是错误的，教师要抓住课文的最后一句"可是，我并不后悔，因为我没有失信"，引导学生认识到守信是一个人的优秀道德品质，将伴随我们一生，我们绝不能因为别人失信于自己，使自己又成为失信的人。小宋庆龄说自己不后悔就表明她并不认为等待是白费的，她没有等来小珍，却守住了自己的信用，她以后还会继续做个守信用的人。最后，教师还可以向学生介绍宋庆龄献身革命，为党和人民，为新中国妇女儿童事业做出巨大贡献的事迹，让学生更全面地了解宋庆龄，深刻理解从小养成优秀的道德品质是长大后取得成就的必备条件。

小学生因为年龄小，加上家长的宠爱，在家里很多事情都由长辈包办，导致他们产生了依赖心理。如果小学生依赖性过强，在需要独立面对问题时会感到无助，产生恐惧、焦虑、抑郁等反应，影响身心健康。教师要在教学中让学生明白，独立处理问题是成长的必修课，没有人能随时随地为自己提供帮助，只有学会自立才能自强。在教学《小马过河》时，教师可以让学生找一找小马在遇到困难时，它的第一反应是什么。这时，教师要明确告诉学生，小马找妈妈的这种想法就是一种依赖。它找不到可依赖的妈妈，就去询问在河边吃草的老牛伯伯，对老牛伯伯说的话小马深信不疑，立刻跑到河边准备蹚过去，这是对老牛伯伯的依赖。从小马的反应来看，它的这种依赖已经成了一种习惯，所以它才会在得到建议后不假思索地就付诸行动。正是因为这种依赖的习惯，它才会听了松鼠说的话吓得连忙收住脚步。小马平时在家总是依赖妈妈，在生活中也依赖别人，不懂得独立思考做出判断，最后只好跑回家问妈妈再返回来过河，不仅做了无用功，还浪费了时间和体力。如果有很重要的事情恐怕都要耽误了，还可能造成无法挽回的损失。教师要引导学生在困难面前独立思考，勇于实践，不能过多地依赖别人。有些时候，别人提供的建议不一定适合自己，就像小马最后通过实践明白了"河水既不像老牛说的那样浅，也不像松鼠说的那样深"。还有的时候，别人的建议有可能是不怀好意的，如果自己依赖性太强，别人说什么就信什么，根本不去思考，很容易上当受骗。

小学语文教师一定要深入研究教材，结合生活中小学生的各种心理现象，为学生授课，从而使心理健康教育融合到小学语文教学中，发展学生健康个性，培养学生良好的意志品格，提高学生心理健康水平。

小学语文品德教育的基本原则

俗话说："无规矩，不成方圆。"小学语文教师在教学中融合德育要遵循基本原则，才能保证品德教育和课堂教学在内容与方向上拥有一致性，使学生既收获了语文学科知识，又培养了自我认知能力，提升学生行为品德水平，促进学生身心发展。小学语文教师在课堂教学中融合德育，要重视教学方式的合理性和可操作性，通过让学生理解教材内容感悟德育。这就需要遵循小学语文品德教育的基本原则：润物无声原则、合时适度原则、梯度上升原则、联系生活原则和家校合作原则。

一、润物无声原则

润物无声原则是受杜甫《春夜喜雨》中"随风潜入夜，润物细无声"的名句启发而来。小学语文教师在教学中对学生进行品德教育，要如春雨对万物的滋润那么自然，那么及时，要让学生去感悟去接受，而不是生搬硬套地灌输给学生。人的品德不是一天就能形成的，德育也不是一天就能完成的。这就需要小学语文教师在备课时对语文教材进行深度挖掘，准确地把握语文学科知识与德育目标之间的结合点。教师在对教材进行讲解的过程中，要对语文学科知识与德育目标之间的结合点内容进行提炼，充分运用教学机制和教学艺术，注重德育的融合，淡化学生"受教育者"的角色意识，力求做到以自然方式展示德育内涵，潜移默化地影响学生的思想品德，让学生能够通过教师的引导，在充分的自主意识支配下，不知不觉地接受品德教育，从而水到渠成地实现德育目标。

《树和喜鹊》是部编版小学语文一年级下册第三单元中的一篇课文。这是一篇童话，它向我们展现了三个画面：一棵树和一只喜鹊孤单地生活；后来有了许多树、许多鸟窝、许多喜鹊；喜鹊们、大树们快乐地生活。语言生动活泼，富有情趣，特别符合低年级学生的审美情趣和阅读心理。教师需要通过教学让学生明白，每个人都需要朋友，有朋友才会快乐的道理。为实现这个教学目标，教师抓住"孤单"和"快乐"两个重点词语展开教学，做到渗透无痕、润物无声。

案例1

《树和喜鹊》

师：同学们，请看大屏幕（大屏幕出示课本第一幅图），你们看到了什么？

生1：我看到了一棵树和一只鸟。

生2：树上只有一个鸟窝。

师：是啊，这里只有一棵树，树上只有一个鸟窝，鸟窝里只有一只喜鹊。所以，树很孤单，喜鹊也很孤单。你们知道孤单是什么意思吗？

生1：就是一个人的意思。

生2：自己孤零零的，没有朋友。

师：你们有过这样的经历吗？自己一个人，周围没有朋友，也没有家人，当时你们的感受是怎么样的？

生1：我试过自己一个人在家，当时我有点儿害怕，希望家里人快点儿回来。

生2：我试过自己在学校门口等妈妈来接我，看到大家都走了，妈妈还没有来，我挺难过的，真希望妈妈下一秒就出现。

师：原来自己一个人的感觉那么不好，那你们觉得树和喜鹊的心情是怎么样的，它们会有什么愿望呢？

生1：我觉得它们都不高兴，它们应该想有朋友陪伴。

生2：我觉得它们挺难过的，做什么事情都只有自己一个人，太无趣了。它们会想，如果有更多的树和喜鹊在一起就好了。

师：请你们带着自己的理解读第1—2自然段，读出它们的心情。

（学生自由读1—2自然段，教师巡视。）

师：树和喜鹊的愿望实现了。后来，这里种了好多好多树，每棵树上都有鸟窝，每个鸟窝里都有喜鹊。树有了邻居，喜鹊也有了邻居。它们会和邻居一起做什么呢？

生1：喜鹊每天天一亮就和邻居打着招呼一起飞出去了。

生2：天一黑，喜鹊们又一起飞回窝里，安安静静地睡觉了。

生3：树和邻居们每天都有说不完的话。

生4：树和邻居们，白天一起看天上的白云变魔术，晚上一起听小虫唱歌。

师：现在，树和喜鹊的心情怎样了呢？

生：树很快乐，喜鹊也很快乐。

师：为什么呢？

生1：因为它们都有了邻居的陪伴，它们不再孤单了。

生2：它们和邻居成了朋友，和朋友在一起就会很快乐。

师：你们平时都和朋友一起做些什么呢？

生1：我平时和朋友一起读书。

生2：我和朋友一起来上学，在路上有说有笑的，我觉得很快乐！

生3：下课后，我和朋友一起玩游戏，我们玩得很高兴。

师：是啊，有了朋友我们就不会再孤单，就会感到快乐。只要我们和同学之间友好相处，互帮互助，我们也会收获很多快乐。

分析：教师把课堂从课文引向了生活，启发学生去思考，不仅训练了学生的表达能力，还让学生感受到朋友间相处的快乐，培养学生团结友爱的良好品质，达到了品德教育的效果。

二、合时适度原则

小学语文教学中的品德教育不是教师在教学中简单地加上德育内容，升华文章的思想感情，让学生把德育内容记下来就行，必须遵循合时适度原则。

"时"指的是最佳品德教育时机，使学生对文章内容的理解过程成为潜移默化地接受思想教育的过程。例如：教师在抓关键词句去分析人物形象时，学生很容易感悟到主人公的思想品质，有值得他们学习的地方，这个时候就是品德教育的最好时机。教师抓住这个时机让学生谈谈对人物的评价、说说身边是否也有这样的人、讨论遇到类似的事情该怎么处理等就是德育的融合。如果等到讲完课文回头总结时再问学生主人公是个怎样的人，我们该向他学习什么，这样的品德教育就显得融合不到位、效果不佳。

"度"指的是保持语文课的性质，不能因为品德教育而忽略语文学科知识的讲解，把语文课上成了道德与法治课或者主题班会课。凡事皆有度，过则生变，就是这个道理。因此，小学语文教师在备课时要充分考虑品德教育在内容上的"度"，施教时要权衡在时间上的"度"，要准确把握教材中的德育因素与学生思想品德实际的切合"度"，做到在知识传授和品德教育两个方面都不偏颇，做到既到位又不越位。

《手指》是部编版小学语文五年级下册第八单元的一篇精读课文。文章语言风趣幽默，结构清晰严谨，主题鲜明突出。全文紧紧围绕五根手指的不同姿态和性格进行描写，刻画出了姿态栩栩如生、性格迥然不同的五根手指。最后说明了五根手指各有所长，各有所短，只要团结一致，成为一个拳头，就能根根有用，根根有力量，不再有强弱、美丑之分，从而阐明了"团结就是力量"这一人生哲理。

五年级学生的阅读能力和理解能力都有了新的飞跃，对于文章的内容他们还是能理解的。但是由于年龄限制，他们的思维水平还是处于比较低的层次，凡事都要分出个高低来，未能辩证地认识整体与部分的关系。在日常学习生活中，个人主义比较明显，集体主义观念淡薄。所以在教学《手指》一课时，教师要抓住时机，引导学生体会手指带给我们的启示——"团结就是力量"这一人生哲理，明白班级中人人分工不同，每个人只有找准自己的位置，才能成就最好的自己，形成良好的班风，造就凝聚力强的班集体。

案例2

《手指》

师：读了课文之后，五根手指给你们留下了怎样的印象呢？

生：它们各有不同的姿态，各具不同的性格，各有所长，各有所短。

师：五根手指的长处、短处体现在哪里呢？

生：大拇指的长处是最肯吃苦，它的短处是形状实在算不上美。身材矮而胖，头大而肥，构造简单，人家有两个关节，它只有一个。

师：你找到的句子很准确，你能不能把它的短处概括得更简洁一些呢？

生：他的短处是形状不美。

师：你真是个会整合信息的孩子，概括得又准确又简洁。每根手指都有自己的长处和短处。为了训练大家的概括能力，老师给大家列了个表格，请大家像这个同学一样，根据手指的名称先找到描写手指的句子，然后用简洁的话概括出手指相应的长处和短处，填入表格中。

（PPT出示表1，学生自由阅读课文，概括相关内容填表，教师巡视。）

PPT出示：

《五指》长处、短处总结表。

表1　《五指》长处、短处

手指名称	长处	短处
大拇指	最肯吃苦	形状不美
食指		
中指		
无名指、小指		

师：大家都填好表格了吗？谁来汇报一下你概括的内容。

生1：食指的长处是工作复杂，短处是不窈窕。

生2：我觉得食指的长处还有干活多，短处还有常受伤。

师：谢谢你的补充，这样食指的长处就是工作复杂、干活多，短处是不窈窕、常受伤。请同学们接着说说其他手指的长处和短处。

生3：中指的长处是地位最优、相貌最堂皇，短处是养尊处优。

生4：老师，我有补充，中指的短处还有一个是干活不出力。

师：你的补充很重要，这样中指的短处就完整了。最后一行表格，谁来填？

生5：无名指和小指的长处是体态秀丽、样子可爱，短处是能力薄弱，是其他手指的附庸。

师：同学们梳理信息、总结概括的能力太强了，看看我们填好的表格，见表2。

表2　填好的表格

手指名称	长处	短处
大拇指	最肯吃苦	形状不美
食指	工作复杂、干活多	不窈窕、常受伤
中指	地位最优、相貌最堂皇	养尊处优、干活不出力
无名指、小指	体态秀丽、样子可爱	能力薄弱，是其他手指的附庸

师：通过填写表格，我们知道了五根手指各有特点。我们班有42个同学，来自不同的家庭，也有各自的特点。对照文中对五根手指的介绍，你们觉得在班级当中，哪些同学和这些手指最像？

生1：我从大拇指想到了默默无闻、努力工作的人。我们班许艺宸、郑绮婷同学每天积极主动完成值日，在值日时抢着做脏活累活；在学校组织大扫除时，林栋同学主动挑选繁重的劳动任务……他们就像吃苦耐劳的大拇指。

生2：我从食指想到了灵巧而又机敏的人。我们班的班长廖浩杰同学执行力强，在老师的指导下，把班级管理得井井有条；学习委员谢美怡同学辅助老师，带动和帮助全班同学积极主动地完成各项学习任务；文艺委员李乐怡同学和老师密切配合，组织各种文艺活动，活跃班级气氛，营造浓厚的文化氛围……他们就像食指一样机敏能干。

生3：我们班里也有个别的"小公主""小皇帝"，每逢做事，名义上是参加的，实际上并不出力，嘴上招呼得很响，实际做事往往退在一旁，让别的同学去出力，他们只在旁边扶衬，就像中指一样处处显示着养尊处优的幸福。

生4：我们班有的同学学习很好，老师和同学对他们的评价也很高，可是由于缺乏锻炼，除学习以外，其他方面能力很差，遇到劳动、运动会、文艺会演等集体活动时，他们只能是其他同学的附庸，他们就像无名指和小指一样能力薄弱。

师：同学们，虽然五指形态各异，分工不同，可作者并无爱憎在其中。我们班的同学虽各有不同的特点，我们也不应该特别针对某个人，要团结在一起，正如课文最后一个自然段所说。我们一起齐读，看看作者是怎样评价五指的？你也可以谈谈你的想法。

（生齐读课文最后一个自然段。）

生1：手指的全体，同人群的全体一样，五根手指如果能团结一致，成为一个拳头，那就根根有用，根根有力量，不再有什么强弱、美丑之分了。

生2：五根手指本身并没有好坏之分，只是各自特点不同而已。只要五根手指能够能团结一致，成为一个拳头，那就根根有用，根根有力量，不再有什么强弱、美丑之分了。我们班上的同学也应该这样，正所谓团结就是力量。

生3：班上有些同学也许就像能力薄弱的无名指和小指，还可能像养尊处优的中指，可他们也是班级的一分子，这个班少了谁都不会完整。我们不能对那些同学有偏见，要团结友爱。

生4：说得对，像接力赛和拔河比赛等，需要全班同学齐心协力才能取得胜利，如果我们排除那些像中指、无名指和小指的同学，我们人数不够，连参加比赛的资格都没有。在班级里，每一个人都是重要的，因为团结就是力量。

生5：我们团结起来，相互配合就能把事情做好，正如五指成为拳头一样。在打扫公共卫生时，一个人不如一个小组扫得快；又比如，我们参加"校长杯"足球赛，前锋、中锋、后卫和守门员各自有自己的任务，只有每个人都做好自己的本职工作，才能完美地完成比赛，这也体现了"团结就是力量"。

分析：学生们的发言既有对作者意图的准确理解，又有自己真实的生活体验。教师把握好品德教育的时机，既能培养学生的集体主义观念，又有利于形成良好的班风，造就凝聚力强的班集体。

三、梯度上升原则

小学分低年级阶段、中年级阶段和高年级阶段，不同阶段的学生有着不同的生理和心理特点，以及不同的知识水平和接受能力，小学语文教师在教学中进行品德教育应该对语文教材中的德育内容进行有序排列组合。教育部印发的《中小学德育工作指南》教基〔2017〕8号文中指明了中小学的德育目标，文件里将小学的德育学段目标分为小学低年级和小学中高年级。就保护环境这个主题来说，文件里要求小学低年级的学生初步了解生活中的自然、保护环境，但对小学中高年级学生的要求是具备保护生态环境的意识，从了解到有意识，这就是梯度上升的表现。热爱家乡这个主题也一样，文件里要求小学低年级的学生爱家乡，但对小学中高年级学生的要求是了解家乡发展变化，从热爱家乡这种情感到了解家乡发展变化这种行动，也是梯度上升的表现。因此，小学语文教师要针对不同学段学生的德育目标，根据小学语文学科的特点和学生的年龄、心理特征，结合语文学科的教学内容找准融合点，使不同学段的学生对同一个德育知识的掌握形成梯度上升趋势，使小学语文教学中的品德教育符合知识规律和认识规律。

热爱祖国这个德育主题是小学低中高年级阶段都有涉及的，不同阶段的具体要求也不一样，呈现梯度上升的变化。在小学低年级阶段，只需要培养学生的爱国意识。

《升国旗》是部编版小学语文一年级上册第五单元的一篇课文。这篇课文让学生认识五星红旗是我国的国旗，以及升国旗时学生应该怎样做，培养一年级学生的爱国意识。

案例3

《升国旗》

师：（大屏幕出示中国地图）这是什么？

生：地图！

生：是中国地图！

师：你怎么知道这是中国地图的呢？

生1：因为它的形状像只大公鸡，我妈妈告诉过我，中国地图就像只大公鸡。

生2：我看到地图上有"中国"两个字！

师：是的，这是一幅中国地图。这个有红五星的地方就是我们的首都北京。在首都北京的天安门广场上，每天都会举行庄严的升旗仪式。你们知道我国的国旗叫什么名字吗？

生：五星红旗。

师：你在哪里见过五星红旗呢？

生1：教室的黑板上面。

生2：操场上。

生3：课本上也有。

师：谁能说说我国国旗的样子？

生1：国旗是红色，所以叫五星红旗。

生2：你说得不对，国旗是红色加黄色的，你看，还有五颗黄色的五角星。

生3：我还发现有一颗五角星比较大，其他四颗五角星比较小。

师：你们的观察能力真强。五星红旗的旗面是红色的，旗面左上方缀有五颗黄色的五角星。国旗的红色象征革命，国旗上的五颗五角星象征着中国共产党领导下的革命人民大团结。

师：（大屏幕出示课本插图）看！图中的五星红旗在国歌声中徐徐升起来了，你们还有什么发现？

生：一群小朋友在敬礼。

师：他们为什么要敬礼呢？

生1：他们在参加升国旗仪式。

生2：他们都戴了红领巾。老师教过我们，戴了红领巾的小朋友就是少先队员了，升旗时要向国旗敬礼。

师：对啊，小朋友们正在参加升旗仪式呢！戴了红领巾的小朋友是少先队员，所以要向国旗敬队礼。如果小朋友还不是少先队员，没有戴红领巾，那么在升国旗时就应该眼睛看着国旗，向国旗行注目礼。请你们再仔细观察一下，图中的小朋友是怎么做的？

生1：他们的队伍排得很整齐。

生2：他们站得很直。

生3：是立正。

生4：我发现他们敬礼的时候，还仰着头看着国旗。

师：你们观察得真仔细，他们敬礼的时候，不仅眼睛看着国旗，身体还向着国旗的方向呢！向国旗立正，向国旗敬礼，表示我们尊重国旗、热爱祖国。

谁来学着他们的样子，面向教室黑板上面的五星红旗敬礼。其他同学看着他的动作，再对照课本的图片，夸夸他做得好的地方，也可以给他提提建议，帮助他做得更好。

（同学们非常踊跃，积极举手。教师选了其中一个同学，那个同学站了起来，昂首挺胸，向国旗敬礼，站得笔直。）

师：谁来说说他做得怎么样？

生1：我想夸夸他，他站得很直。

生2：我想给他提个小建议，他的眼睛应该看着国旗。

师：你提的建议非常好。还有谁来补充？

生：我还想给他提个小建议，敬礼的时候手要举高点儿。

师：你提的建议也很好。请这个同学根据同学们的建议再做一遍。听了同学们的建议后，那个同学做得更好了，大家都夸奖他。

师：那我们也来做一次吧。请全体起立！面向国旗方向，立正！敬礼！

（同学们听着教师发出的口令，认真地做着动作。一张张小脸神情严肃，目光炯炯地望着国旗，潜移默化中培养了一年级学生的爱国意识。）

教师引导学生认识国旗，了解升国旗的礼仪，让学生懂得尊重国旗，培养了学生的爱国意识。可热爱祖国这个德育主题到了中年级阶段，就不能停留在培养意识这个层次了，要侧重对学生教育理想的培养，激发他们的爱国热情和爱国情操。

《富饶的西沙群岛》是部编版小学语文三年级上册第六单元的一篇课文。课文介绍了位于我国南海的西沙群岛美丽的景色和富饶的物产，表达了对祖国大好河山的热爱与赞美之情。

案例4

《富饶的西沙群岛》

（教师在大屏幕出示西沙群岛的一些相关图片以及视频资料，学生在观看的过程中赞叹不已。教师赶紧抓住时机提问。）

师：你们知道这些优美的景色是哪里的吗？

生：西沙群岛。

师：西沙群岛给你们留下了怎样的印象？

生1：那里风景优美，物产丰富，是个可爱的地方。

生2：西沙群岛那里到处都是鸟蛋。

生3：西沙群岛的海底有成群结队的鱼，有各种各样的珊瑚。

师：你们从哪里看出西沙群岛风景优美、物产丰富呢？

生1：西沙群岛一带的海水五光十色，瑰丽无比：有深蓝的、淡青的、浅绿的、杏黄的。

生2：海底的生物数量多，有各种各样的珊瑚，有海参和大龙虾，还有成群结队的鱼，西沙群岛的海里一半是水，一半是鱼。

生3：西沙群岛也是鸟的天下。

师：你们知道这么美丽的海水是怎样形成的吗？

生：因为海底高低不平，有山崖，有峡谷，海水有深有浅，所以从海面看，色彩就不同了。

（在了解课文内容的基础上，教师要求学生选择喜欢的部分介绍西沙群岛，引导学生把课文语言转化为自己的语言进行表达，进一步体会西沙群岛的美丽富饶，增强热爱西沙群岛的感情。）

师：西沙群岛不仅风景优美，物产丰富，是个可爱的地方，还远离祖国大陆，邻近其他国家，是我国的海防前哨。请你当小导游，选择自己喜欢的场景，向别人介绍你最喜欢的西沙群岛上的一处地方。

生1：游客们，大家好！欢迎大家来到风景优美、物产丰富的西沙群岛。首先，我将带领大家去欣赏西沙群岛美丽的海水。西沙群岛的海水有深蓝的、淡青的、浅绿的、杏黄的，真是五光十色，瑰丽无比啊！

生2：接下来，让我带领大家一起潜入海底来欣赏各种各样的珊瑚吧。海底的珊瑚有的像绽放的花朵，有的像分枝的鹿角。海底的物产非常丰富，不仅有懒洋洋的海参、各种各样的鱼，还有全身披甲的大龙虾，你看它划过来划过去，样子多威武！

生3：海里必不可少的就是鱼了，我们继续潜入海底。看，成群结队的鱼在珊瑚丛中穿来穿去，好看极了。西沙群岛的海里一半是水，一半是鱼，有各个种类的鱼：有全身布满彩色条纹的，有头上长着红缨的，有周身像插着扇子的，还有眼睛圆溜溜、身上长满刺、鼓起气来像皮球的。

生4：我们现在来到岛上的树林了。看，遍地的鸟蛋，小心别踩到了，还要注意厚厚的鸟粪哟。

师：今天我们有幸游览了美丽富饶的西沙群岛，那么作为"小游客"，请你对本次旅游做个评价吧！

生1：祖国的西沙群岛真是个风景优美、物产丰富的地方啊！我好想亲自去看一看。

生2：我们的祖国真是地大物博、山河壮丽啊！

生3：祖国正在积极发展建设事业，可爱的西沙群岛必将变得更加美丽、富饶，我对我们伟大的祖国、美丽又富饶的西沙群岛更加美好的未来充满了信心。

（祖国美丽的风景、丰富的物产就这样在学生幼小的心灵里扎下了根，同时也会在他们的心灵里埋下对祖国深深热爱的种子。）

高年级阶段是德育理念养成的一个重要阶段，教师在对学生进行爱国主义教育时，除了借助教材内容融合以外，还要推荐学生多阅读相关的课外书。引导学生收看新闻联播、阅读报纸期刊，了解国家时事，拓宽知识面，增长见识，让学生的爱国主义情感由被动融合变为主动流露。

四、联系生活原则

学生是生活在社会中的个体，学生在日常生活中的言行举止就是学生在学校、家庭和社会所学知识和所受教育的反映。品德教育的根本目的就是作用于生活，而生活中也蕴含着大量的德育元素，许多道德品质的闪光点都是从生活中被挖掘出来的。如果我们的教育脱离了生活，那对于学生的成长和进步而言就会显得毫无意义。因此，小学语文教师在教学中进行品德教育时，要充分考虑德育知识与现实生活的结合，将学生生活中出现的问题作为教学内容，以学生生活中的需求为出发点，让语文课堂上所讲授的德育知识尽量与学生现实生活贴近，使学生能够将学到的德育知识应用到生活中，提高学生的学习兴趣，养成良好的行为习惯，树立良好的道德意识。为实现这个目标，小学语文教师要主动营造宽松、民主、自由的学习氛围，联系学生的生活实际，努力创设内容新、方法活、形式多的课堂情境，让学生在体验、探究和问题解决的过程中，学习德育知识，形成良好道德品质。

《小书包》是部编版小学语文一年级上册第五单元的一篇识字课文。课本、作业本、铅笔、转笔刀等学生常用的学习用具，被编进了朗朗上口的儿歌中。儿歌节奏明快，浅显易懂，不仅展示了"小书包"里的各种文具，还告诉学生这些学习用品是他们读书写字的"好伙伴"，陪伴着他们的学习，从而引导学生要好好爱护这些"小伙伴"，养成整理、爱惜文具的好习惯。

借助儿歌，培养学生整理、爱惜文具的良好习惯是本课品德教育的重点，也是学生在实际学习生活中需要养成的好习惯。教师抓住儿歌"上课静悄悄，下课不乱跑"来提醒学生上课不要玩文具，让它们静静地待着，下课要及时收拾好文具，不乱丢乱放。

案例5

《小书包》

师：（大屏幕出示图片）我们来上学要用到文具，你们认识这些文具吗？
（学生纷纷看图说出自己认识的文具。）

师：你们的书包里都有哪些文具？

生1：作业本、铅笔。

生2：橡皮、转笔刀、尺子。

生3：还有水彩笔。

生4：我还有文具盒。

生5：我也有，我的是笔袋。

师：儿歌里说"上课静悄悄"，是什么意思？谁静悄悄？

生：文具！

师：文具会发出声音吗？

生1：有的同学拿来玩就会有声音。

生2：文具掉到地上也会有声音。

师：那我们上课时应该怎么做才能使文具"上课静悄悄"呢？

生1：上课的时候认真听课，不玩文具。

生2：只要不拿来玩，文具就不会那么容易掉到地上发出声音。

师：同学们说得真好！那你们现在同桌之间互相观察，看看他有没有把文具拿出来玩，有的话请你提醒他悄悄地放回去。

（学生互相观察，提醒。）

师：那"下课不乱跑"又是什么意思，谁来说说？

生1：文具不能乱丢，那样很容易找不到。

生2：就是告诉我们下课要收拾好文具。

生3：我上次就看到有个同学的铅笔没有收拾好，掉在地上摔坏了。

生4：我还看到有的同学作业本不收拾，落在地板上被人踩了个脚印。

师：是的，下课了，我们要及时收拾好文具，不乱丢乱放，否则就会被弄坏或不见了。这些文具天天陪我们来学校，学知识，学本领，他们是我们的——

生：好伙伴。

师：对啊，既然是好伙伴，我们就要好好爱惜他们哟。（大屏幕出示课本课后习题两幅插图。）观察图片，说说图上的小朋友在干什么。

师：第一幅图中的小朋友在干什么？

生：她在摆放文具，摆得很整齐。

师：那在什么时候需要把文具拿出来摆放整齐呢？

生1：上课前。

生2：做作业的时候。

生3：看书的时候。

师：那第二幅图中的小朋友在干什么呢？

生：整理书包。

师：那在什么时候应该整理书包啊？

生1：下课的时候。

生2：在家做完作业之后。

师：他们这样做都是爱惜文具的表现，除了图片上说的，你们还会怎样爱惜文具呢？

生1：我会给书本包上皮。

生2：我会整理书桌。

生3：笔袋脏了，我会把它洗干净。

生4：我会把作业本和书分类收拾，不会让它们折起来。

师：同学们还真是整理书包的小能手，爱惜文具的小达人啊。我们现在一起来做个游戏：整理小书包。看看谁是最棒的，好不好？

（教师出示本班课程表图片，引导学生了解课程表上写着什么，书包里每天该准备什么，每天该怎样整理书包。）

师：请同学们先把桌面所有的物品放回书包里，老师说现在上什么课，你们就把那节课需要用的物品拿出来，在桌面上摆放整齐，完成的请举手，看谁做得又好又快。

师：游戏开始，同学们，现在上的是美术课。

（同学们动作迅速地把美术课本、彩笔等物品放到桌面摆整齐，还把小手举起来了。）

师：现在上的是数学课。

（同学们动作迅速地把数学课本、尺子等物品放到桌面摆整齐，还把小手举起来了。）

师：现在放学了，请同学们收拾好书包！

（同学们把书包收拾好了，桌面变得干净整洁。）

教师通过抓关键句帮助学生理解儿歌，让学生明白文具是我们的好伙伴，天天陪同我们上学校、学知识、学本领，引导学生也要像照顾好朋友那样照顾好文具，要爱惜，会整理。在课堂上玩整理小书包的游戏，可以充分调动学生的积极性，让学生在游戏实践中学会收拾书包，培养学生养成整理、爱惜文具的好习惯。

五、家校合作原则

小学阶段的德育并非仅仅是学校和教师的任务，还需要有家长的参与，家长作为孩子的第一任老师，其思想、行为都会对孩子产生直接的影响。小学语文教师在教学中进行品德教育，不能忽略家长这个"贤内助"。小学语文教学中有很多实践性的活动，这些活动不能全部在课堂上完成，很多时候需要家长协助。首先，教师要通过家长会、微信群等沟通方式与家长达成共识，引导家长正确看待德育，从思想上意识到"要成人先学会做人"，积极配合语文教师的德育实践活动安排。其次，教师要充分利用互联网的优势，通过电话、邮箱、微信等方式建立与家长的密切沟通，使教师与家长之间能相互合作，加强家校之间的联系，及时了解学生的思想动态，关注学生遇到的问题，积极合理引导，为学生的德育打造家校共育环境。

例如：教完口语交际《我是小小讲解员》后，教师在课堂上已经帮助学生确定主题为讲解周边的环境，对学生进行了热爱家乡的品德教育。学生明白了讲解员在讲解时需要注意条理性，可以加上语气、动作和表情辅助讲解，还可以根据听众的反应调整讲解的内容。但因课堂教学时间有限，能在课堂上展示的学生极少，教师无法对学生进行一对一的辅导。很多学生只是知道了该怎么讲解，在小组内有了练习的体验而已，实际的讲解训练还需要家长的配合才能使学生学得更扎实。此时，家校合作的品德教育作用就显现出来了。教师要提前和家长沟通，让家长明确《我是小小讲解员》是第七单元的口语交际内容，整个单元的人文主题是"异域风情"，是学生在了解威尼斯、荷兰、开罗和埃及的自然、人文景观后，从世界各地回归到中国的世界文化遗产。我们要让学生从中体会中国的世界文化遗产的魅力，感受祖国美好山河，激发学生的爱国之情。口语交际《我是小小讲解员》是为习作《中国的世界文化遗产》做准备的，学生居住的周边环境可能没有中国的世界文化遗产，但肯定有值得介绍的地方，这些地方体现着家乡的特色，记录着家乡的变迁，可以从中培养学生热爱家乡的感情。学生要熟练地讲解周边的环境，需要家长利用周末带其故地重游，准备讲解的内容，还可以实地进行讲解练习。在孩子练习讲解的过程中，还需要家长留意其讲解内容的准确性，特别是涉及热爱家乡的表述。家长如果发现孩子的讲解有偏差，一定要及时纠正。

又如：在教学《劝告》后，教师让学生回家对家庭成员进行劝告的练习，此时，家长的配合就显得非常重要。对于孩子合理的劝告，家长应该给予积极的回应，接受孩子的劝告，改变自己的不良行为。这种以身作则的举动不仅是对教师德育工作的支持，也是对孩子最直接的品德教育。如果孩子劝家长骑摩托车外出要戴头盔，家长却说只是去小区内的市场买个菜而已没必要，那么教师在学校开展的遵守交通规则的品德教育效果就大打折扣了。因此，教师还要提醒家长必须将德育作为家庭教育的重要组成部分。家庭成员在日常生活中要注意自己的言行举止，尽可能改正一些不文明的行为，为学生营造良好的家庭德育氛围，在潜移默化中树立学生的是非观念和道德标准，与教师在学校开展的德育形成合力。

　　小学语文教学中的品德教育，是一个学生在进行祖国语言文字学习的同时对学生进行思想教育的过程，这些德育内涵蕴含在文章的字里行间。教师只有深入学习新课程标准，深挖教材中的品德教育点，在融合时遵循润物无声原则、合时适度原则、梯度上升原则、联系生活原则和家校合作原则，关注学生发展，把品德教育融入小学语文教学的各个环节以及活动中去，才能使学生在不断加强自身语文知识的同时，将德育知识自然地融入自己的生活中，达到知行统一，提高德育实效性的目的。

小学语文品德教育的基本方法

在小学语文教学中最常见的课型是阅读教学，除此之外还有拼音教学、识字教学、作文教学、古诗文教学、口语交际教学、综合性学习教学和语文园地教学，很多语文老师可能觉得在阅读教学中融合德育是最有效的，只要在阅读教学中融合德育就可以了。然而，德育的融合应该是一个持续性的工程，不能因为某篇文章主题鲜明就融合德育，其他文章就不再提及，其他课型更是不去理会。其实，小学语文教学中的品德教育不仅要在语文教学的各种课型中进行融合，还要在课后作业布置中融合，使语文的品德教育实现从课堂内延伸到课堂外。目前，在小学语文教学中进行品德教育，有以下12种比较常见的基本方法。

一、在生字学习中进行品德教育

生字学习是小学语文教学最基础的部分，学生通过生字学习扫清阅读障碍，才能更好地读通、读懂课文。汉字是世界上沿用至今的最古老的文字，承载了中华民族五千多年的文化历史，散发着不朽的魅力。细究每个汉字，不管是单个的字，还是由字组成的词，都具有特定的意义。这些汉字和词语带有一定的价值取向，有着明显的感情色彩，还带着深刻的人生哲理和生命智慧。不仅如此，汉字也是文化的传承、道德的传承，在生字教学中，教师要把握汉字的起源，引导学生感受汉字在形成过程中的道德传承，对学生进行德育熏陶。

案例1

《天地人》

《天地人》是部编版小学语文一年级上册的第一课，也是"新"字的直接体现，它替换了原先一开始的拼音教学。《天地人》是一个有创意的安排，"天地人"，宇宙、自然与人的关系，"你我他"，除了我，还有你和他，构成了世界。这些涵盖了我们的现实世界，要给孩子们营造的就是一种非常和谐的氛围。

师：（课件出示"人"字）同学们，你们认识这个字吗？

生：认识，这是"人"字。

师：那你们知道这个字的由来吗？

生：不知道。

师：老师来告诉你们吧。很久很久以前，有两个部落互相仇视，一场大战后，只有两个人站了起来。他们互相看着，准备最后一搏。然而这时野兽出现了，他们为了活命也顾不上搏斗了，而是联合起来，两个人背靠背互相依存，互相防守，于是度过了危机。后来，人们悟出一个道理：人类要生存必须要有背靠背的力量，单靠自己是无法抵御外敌的。于是，古老的部落以背靠背的方式来诠释"人"这个字。"人"字的一撇一捺就像相互依靠的两个人。（大屏幕出示"人"字甲骨文图片）这是"人"字最早的写法。看到这张图片，你们觉得这个人在做什么？

生1：我觉得他在弯腰敬礼。

生2：这个动作像鞠躬。

师：同学们观察得很认真，这个人的动作就是鞠躬，一种向别人行礼的姿势。他之所以要向别人鞠躬，是因为他需要别人的帮助，有事相求，所以要以礼相待。和刚才那个故事中，古人悟出的道理是一样的。老师还要告诉同学们，"人"字的一撇一捺除了像相互依靠的两个人，还像人的两条腿。同学们观察一下，写好这个"人"字，要注意什么？

生：撇和捺要水平。

师：我理解你的意思，就是撇和捺要落在同一条水平线上，不能撇太长，或者捺太长。"人"字只有两笔，撇太长或者捺太长都会使这个"人"字站不稳，像要摔倒一样，显得不好看。其实啊，"人"字的一撇一捺，就是我们人的两条腿。撇和捺落在了同一条水平线上，这个"人"字才能站得稳，写得好看。正如做人一样，我们要脚踏实地地做个好人，不能把脚伸到别的地方越界，做违法犯罪的事情。

案例2

《日月明》

《日月明》是部编版小学语文一年级上册第五单元识字部分的第四课。本课是一篇识字韵文，它通过韵文的形式提示了一些会意字的构字特点与规律。五个生字中，"林"字是学生首次学习的合体字，合体字是由两个或两个以上的单个字组成的汉字，单个汉字在合体后会有所变化，抓住这个变化是融合德育的关键。

师：（课件出示"林"字）同学们，我们常说"双木成林"，你们发现"林"字中的两个"木"字有什么区别吗？

生1：我发现左边的"木"字最后一笔变了。

生2：我发现第一个"木"字写得比第二个"木"字小一点儿。

师：你们说得都很对。你们知道为什么"林"字中的两个"木"字要这样写吗？

生：不知道。

师：因为"林"是一个左右结构的字，左边的"木"字是偏旁，就像电视剧中的配角，右边的"木"字就像电视剧中的主角。配角不能抢了主角的位置，夺了主角的光环，所以配角要适当退让，衬托出主角的光辉。左边的"木"字最后一笔捺变成了点，就是为了给右边的"木"字让出位置。这样右边的"木"字的撇才有位置伸展，整个"林"字才能写得左窄右宽，紧凑好看。

生：老师，原来汉字也像人一样，懂得谦让啊！

师：对啊，很多左右结构的字都是左窄右宽的，左边部分都让着右边部分呢！我们在日常生活中，同学之间也应该像汉字一样互相谦让，多为别人着想，这样我们的班集体才会变得更团结，更友爱。

二、在背景介绍中进行品德教育

小学语文教材中很多蕴含丰富德育内涵的课文都是在独特的时代背景下创作出来的。每一篇文章的产生都离不开其所处的特殊时代背景，也离不开作家独特的生活经历和人格特质。由于作者生活的时代与现在相隔甚远，包括他们的人生经历，对于小学生而言是非常陌生的，如果没有恰当的创作背景介绍，学生根本无法理解其作品内涵。因此教师需要为学生介绍写作背景和作家的心路历程，使学生能够透过表面的文字理解作者更深刻的思想。背景介绍包括作者介绍、时代介绍等，在背景分析的过程中，教师可以让学生围绕背景搜集资料、浅谈认识，也可以直接融合德育内容，达到良好的德育效果。

案例3

《圆明园的毁灭》

《圆明园的毁灭》是部编版小学语文五年级上册第四单元中的一篇课文。课文通过重点描写圆明园昔日的辉煌和它惨遭侵略者肆意践踏而毁灭的景象，揭露了帝国主义的野蛮罪行，表达了作者对祖国灿烂文化的无限热爱之情和对侵略者强盗行径的无比仇恨。教师要通过讲解历史背景，激发学生的爱国热情和对侵略者野蛮行径的痛恨之情，培养学生不忘国耻、振兴中华的责任感和使命感。

师：请大家从课文中找出，人们对圆明园的历史地位和文化价值的评价。

生1：圆明园在北京西北郊，是一座举世闻名的皇家园林。

生2：圆明园不但建筑宏伟，还收藏着非常珍贵的历史文物，是当时世界上最大的博物馆、艺术馆。

生3：圆明园是园林艺术的瑰宝、建筑艺术的精华。

师：圆明园被誉为"万园之园"，艺术价值极高。请欣赏圆明园的复原图片。

（生认真欣赏，赞叹连连。）

师：同学们，圆明园美吗？

生齐答：美！

师：这么美的圆明园，我们却看不到了。如今它变成了这样（大屏幕出示圆明园遗址图），这一切都是谁造成的呢？（大屏幕出示历史资料）

PPT出示：

　　由于封建统治者妄自尊大，闭关锁国，至清代中叶，整个国家的科学技术已远远落后于西方，阶级矛盾日益尖锐，1840年，西方殖民者挑起侵华战争——第一次鸦片战争；随后国内又爆发了反抗清王朝腐败统治的太平天国运动。1856年10月，英国和法国在沙皇俄国和美国的支持配合下，联合发动了新一轮的侵华战争——第二次鸦片战争。

　　1860年7月，英法侵略者军舰队再次闯到大沽口外，以英法公使进京换约为幌子，一面武力进逼，一面诱以"讲和"。面对侵略者的计谋，腐败无能的清政府却委曲乞和，迟迟不定战守之策，因而痛失战机，致使侵略军长驱直逼通州。9月21日，通州八里桥决战，清军队失利。

　　1860年10月7日，英法侵华头目闯进圆明园后，立即"协派英法委员各三人合议分派园内之珍物"。法军司令孟托邦当天即函告法外务大臣："予命法国委员注意，先取在艺术及考古上最有价值之物品。予行将以法国极罕见之物由阁下以奉献皇帝陛下（拿破仑三世），而藏之于法国博物院。"英国司令格兰特也立刻"派军官竭力收集应属于英人之物件"。法英侵略军入园的第二天就不再能抵抗物品的诱惑力，军官和士兵们都成群结伙地冲上前去抢劫，恶狼般地吞噬着园中的金银财宝和文化艺术珍品。

（学生看完历史资料后，师播放视频《火烧圆明园》片段。）

生1：罪魁祸首是英法联军，英法联军是无耻的强盗！

生2：他们侵入北京，闯进圆明园，把凡是能拿得动的东西，统统掠走；拿不动的，就用大车或牲口搬运；实在运不走的，就任意破坏、毁坏，还销毁罪证，放火烧园。

生3：他们的行为实在太可恨了！

生4：软弱无能的清政府也难辞其咎，因为他们落后又腐败无能，才让我们的泱泱大国任人宰割，守不住圆明园。

师：是啊，落后就要挨打。所以我们要——

生1：我们要深刻铭记这段屈辱的历史。圆明园是汇集天下风光、融中外风格的建筑艺术，以及劳动人民智慧所创造的奇迹，要永远铭记于史册。

生2：我们要振兴中华，不忘国耻！我们要自立自强！

生3：我们要努力学习，建设更加繁荣富强的祖国。只有国家强大了，别人才不敢欺负我们。

生4：我们要牢记圆明园的毁灭是对中国及世界文化史的一次伤害，一次深刻教训。我们要不忘国耻，忘记过去就等于背叛历史。

生5：我们要铭记历史，化悲痛为力量，努力学习，担当大任，使国家强盛，民族兴旺，让失去的宝贝早日平安归来，不让悲剧重演。

分析：通过历史背景的讲解和视频的冲击，学生热爱祖国文化、仇恨侵略者的情感已经被激发出来，自觉产生了振兴中华的责任感和使命感。

案例4

《祖父的园子》

《祖父的园子》是部编版小学语文五年级下册第一单元的一篇课文。课文以儿童的视角通过回忆描写了小时候和祖父在园子快乐、自由的童年生活。祖父的园子在"我"眼中是一个乐园，课文语言别具韵味、新鲜自然、率真稚拙，将感情蕴含在景与事之中，表达了"我"对童年园子中生活的无比怀念，以及对祖父的思念之情。教师要引导学生关注自己的成长历程，珍惜当下幸福的童年。

师："我"和祖父在园子里做什么？

生1："我"跟祖父在园子里栽花、拔草、种小白菜。

生2："我"还和祖父一起铲地。

生3：祖父浇菜，"我"也抢着浇。

师：大家再认真找找文中的句子，看看祖父在园子里劳动的时候，"我"也在劳动吗？

生1："我"摘黄瓜，追蜻蜓，采倭瓜花，捉绿蚂蚱。

生2：我觉得作者是在胡闹，哪有人浇菜往天上浇的。

生3：对对对，我也觉得作者不是在劳动，单纯就是在祖父的园子里玩，还把韭菜当作野草割掉，把狗尾草当作谷穗留着。

师：对于"我"的胡闹，祖父是怎样的态度呢？

生1：祖父耐心地给"我"讲谷子和狗尾草的区别。

生2：祖父没有责备"我"，也没有阻止"我"。

师：在"我"的笔下，园子里的大树和土墙会发出声响回应，黄瓜开花和结瓜十分随意，"我"为什么会有这样的感受？

生1：大树和土墙不会发出声响回应"我"，只是"我"自己内心对园子的一草一木都充满感情，像伙伴一样，想象着有回应。

生2：黄瓜开花和结瓜在"我"的笔下那么随意，自由自在，其实是写出了"我"自己的心声，因为"我"在园子里是自由快乐的，所以看到园子里的一切都是自由快乐的。

师："我"在祖父的园子里是多么自由快乐啊！真让人羡慕，似乎"我"的童年就是如此的自由快乐，可事实恰恰相反。（大屏幕出示背景资料）

> **PPT出示：**
>
> 　　萧红幼年丧母，父亲冷酷暴戾，再婚后基本上对萧红不闻不问。萧红自小就缺乏父母的关爱。在不幸的童年里，只有年迈的祖父能给她疼爱和温暖，令她忘却了父亲的冷漠和母亲的刁难，让她感到一些人间的温情。她和祖父之间的感情十分深厚，她依恋祖父，跟他学习《千家诗》，以慰藉祖父失去祖母的悲苦。他们互相依靠，互相安慰，度过了很美好的一段时光。萧红能进学校读书，也得力于祖父的支持。所以萧红对祖父深怀思念。
>
> 　　萧红的祖父是一位慈祥的老人，他慈爱、宽容、仁厚，由于有了祖父的关爱，萧红童年虽然不幸，却依然有温情有快乐，以至于萧红"觉得这世界上有了祖父就够了，还怕什么呢"，所以她与祖父一天到晚寸步不离。祖父一天到晚都在后花园里劳作，于是萧红也跟着祖父在后花园里玩乐。

　　师："我"之所以这么喜欢祖父和祖父的园子，就是因为祖父的园子是"我"童年生活的地方，它给我带来了无穷的乐趣。不只是园子，还有慈爱的祖父，他的爱放飞了孩子的天性，在他暖融融的爱的包围下，让"我"忘却了父亲的冷漠和母亲的刁难，让"我"有了自由、快乐、幸福的童年。相比之下，你们正处于幸福的童年阶段，真的要好好珍惜啊！

　　生1：是的，和萧红相比，我们有父母的疼爱。我们要珍惜童年生活，还要学会感恩，感谢父母为我们付出的一切。他们给予我们无私的爱和关心，让我们在童年时期拥有幸福而美好的记忆。我在感恩父母的付出时，也会珍惜这段美好的回忆。

　　生2：我们慢慢长大后就会离开父母，所以现在应该好好享受亲情和家庭带来的温暖和爱。多与家人一起做饭、看电影、旅行等，这些都将成为我们一生中最珍贵的宝藏。我会抓住每个机会去记住那些快乐的时光，用心去体会幸福。

　　生3：家庭是我们温暖的港湾，也是我们前进的动力，萧红也正是因为有了祖父的关爱才有了快乐的童年。我们以后如果遇到困难要多想想家庭的温暖，我们不是独立的个体，只要有家人的支持，我们就不会那么彷徨。

分析：借助萧红的生活经历，在教师的引导下，学生都读懂了课文不仅仅写"我"回忆自己童年的美好生活，还写"我"对祖父的深深怀念。学生还从中悟出了要好好珍惜现在美好的童年时光，这将是人生中的宝贵财富。

三、在理解关键词句中进行品德教育

抓关键词句理解课文是小学生最常用的一种阅读策略，作者的思想感情常常会在文章的关键词句中流露出来。对于写人记事类的文章而言，关键的词句能够更好地展现出文章中人物的人格魅力以及性格特点。对于写景状物类的文章，关键词句可以突出景物的特点。有的记叙文还加以议论、抒情，这些关键词句含义深刻，直接抒发了作者的思想感情。在教学时，教师要善于引导学生抓住课文的关键词句细细品味，这样学生才能走进文本深处，走进作者内心，感受语言的魅力，领悟课文的主旨及其深刻的思想内涵，有助于德育的融合。

案例5

《父亲、树林和鸟》

《父亲、树林和鸟》是部编版小学语文三年级上册第七单元的一篇课文。课文没有直接写父亲是怎样保护鸟或是为鸟的生活环境提供什么方便，而是通过"我"和父亲关于鸟的对话，让学生了解到父亲对鸟的熟悉和热爱，这种爱鸟的感情也感染了"我"，让"我"也有了爱鸟的意识，激发学生爱护鸟及动物、保护大自然的情感。第1自然段"父亲一生最喜欢树林和歌唱的鸟"就是课文的关键句，短短一句话，却饱含着深厚的情感。教师要引导学生通过父子间的对话感受父亲对树林和歌唱的鸟的喜爱。

（在教师出示雾蒙蒙的浓密树林和可爱的鸟的图片时，学生赞叹声连连不断。）

师：这是一片怎样的树林？

生：这是一片幽深的雾蒙蒙的树林。

师：在这样一片树林里，你们能看见什么？

生1：看见树木。

生2：看见浓浓的雾。

师：在这样"幽深的雾蒙蒙的树林"里，儿子看到鸟了吗？

生：没有。儿子没有看见一只鸟飞，也没有听见一声鸟叫。

师：那为什么在茂密的树林里，父亲能清楚林子里有不少鸟呢？

生1：父亲发现树林里没有风，叶子却在动，说明有鸟，叶子动实际是鸟在动。

生2：父亲还闻到了鸟味儿，他说的"树林里过夜的鸟总是一群，羽毛焐得热腾腾的"这句话，说明了鸟很多。

生3：父亲还知道鸟抖动翅膀，是为了要抖净露水和湿气。

师：在这片树林里，为什么父亲知道鸟在哪里，还能闻到鸟味儿，而"我"却只闻到浓浓的、苦苦的草木气息？

生1：父亲非常喜欢鸟，所以才会对鸟的习性那么了解。

生2：因为父亲一生很喜欢鸟，所以他对鸟观察肯定很仔细，对鸟的了解会比普通人多。

生3：父亲甚至能判断出鸟什么时候要歌唱。父亲对鸟何止是了解啊，简直是了如指掌，这份喜爱肯定是很深厚的。

（在教师的引导下，学生紧紧抓住关键句"父亲一生最喜欢树林和歌唱的鸟"，读懂了父亲异于常人的表现，能看到鸟动、闻到鸟味儿、知道鸟要准备歌唱就是爱鸟的体现。）

师：同学们回答得非常准确，这便是父亲对鸟喜爱的表现。文章结尾说："我真高兴，父亲不是猎人。"这是想表达什么呢？

生1：从作者的高兴可以看出，作者已经在父亲的影响下，喜欢上了鸟，所以他才会为父亲不是猎人感到庆幸。

生2：是啊，如果父亲是猎人，父亲对鸟的习性又那么熟悉，鸟们可真要遭殃了。所以，作者说"我真高兴，父亲不是猎人"。

分析：从学生的回答，我们不难发现，学生通过抓关键句已经明白了不仅父亲是爱鸟的，"我"也在父亲的感染下变成了爱鸟之人。学生爱护动物、与动物和谐相处的情感，必定也被激发出来，达到品德教育的效果。

案例6

《那一定会很好》

《那一定会很好》是部编版小学语文三年级上册第三单元的一篇课文。课文讲述了一粒种子长成一棵参天大树，变成手推车、椅子，最后变成木地板的一段生命历程，表达了种子心怀美好，享受生命中每一段历程的积极的人生态度和为人们服务的快乐。这粒种子在从泥土里的种子变成阳台上的木地板的过程中的每一个阶段都会有"那一定会很好"这句话。这句话是关键句，也是这粒种子积极乐观的体现。引导学生以这种积极乐观的态度去努力生活和学习是我们在教学中要融合的德育内容。

师：从一粒种子到阳台上的木地板，它经过了一段怎样的历程？

生：这粒种子长成一棵参天大树，变成手推车、椅子，最后变成木地板。

师：在这段经历中，它有过那么多改变，它有什么想法吗？

生1：它一开始是种子，想大口大口地呼吸空气，一边想一边努力生长，最终长成了一棵高大的树。

生2：接着它想做一棵会跑的树，它被农夫砍倒了，拖到自家院子做成了一辆手推车。

生3：它跑累了想停下来，坐着休息。农夫和儿子一起把手推车拆了，用拆下来的旧木料做了把椅子。

生4：后来，它老了觉得坐着很吃力，想躺下来。农夫的儿子把椅子拆了，锯成小木片，拼成美丽的木地板，铺在了阳台上。

师：你们觉得它在经历这些改变的时候快乐吗？

生1：我觉得它是快乐的，这都是它自己的愿望，它的愿望每次都能实现。

生2：它每次许愿的时候都会说"那一定会很好"，说明它对这个改变很满意，所以它是快乐的。

生3：我觉得它在变老的时候会不快乐，当它慢慢变老，还要作为手推车费力地跑来跑去，它才许愿想坐下来。等它坐着都吃力的时候，才许愿想躺下来。

师：你这个发现很有价值，那它是否真的在变老后就不快乐了呢？

生1：这粒种子的经历就像人的一生，它肯定也有不快乐的时候，可它一直用"那一定会很好"来安慰自己。

生2：它能够度过那么多艰难的日子，靠的就是"那一定会很好"这句话，它很乐观。

生3：因为它乐观地面对生活，所以它就变得快乐了。

师：的确，"人生不如意十之八九"，只要我们能乐观地面对生活，就不会被困难压垮。它最后变成木地板，可以舒舒服服地躺着了，为什么觉得自己又变成了一棵树呢？

生1：它想起了年轻的时候，自己还是一棵树。

生2：它不想老去，它还想变成一棵树。

生3：它觉得这一生都为人们服务，过得有价值。现在变成小木片了，没有办法做更多的事情了，所以它想变成一棵树，再继续为人们服务。

分析：学生的发言很耐人寻味，他们是真的感受到了这篇课文传递的深刻道理：只要有积极的心态，就能迎来阳光的生活，能够为人们服务也是一种快乐。

四、在观察插图中进行品德教育

小学语文教材中的课文插图深受学生欢迎，几乎每一篇课文都配有一幅或多幅色彩鲜艳的插图。课文插图与课文内容有着密切的联系，反映了课文的某一瞬间、某一片段或某个场景。教师在课堂上引导学生观察插图，进行创造想象，想象隐含在画面背后的事物，以补充画面的形象和情节，使画面人物活起来。这不仅有利于促使学生把课文较为抽象的内容形象化、具体化，加深对课文内容的理解，深刻体会作者作画的意图和表达的情感，还有利于培养学生观察、想象及语言表达和习作的能力，受到美的教育和熏陶，深化学生的思想认识，对学生进行品德教育。

案例7

《总也倒不了的老屋》

《总也倒不了的老屋》是部编版小学语文三年级上册第四单元的一篇童话故事。这篇童话故事讲述了老屋帮助小猫、老母鸡和小蜘蛛的故事，体现了老屋有爱心、乐于助人的精神。引导学生理解老屋的善良、助人为乐的美好心灵，培养学生乐于助人、关爱他人的品质是本节课品德教育的重点。教师以老屋总也倒不了的原因为线索，引导学生观察插图。

师：这是一座怎样的老屋呢？

生1：这是一座破旧的老屋，很久很久没人住了。

生2：老屋已经活了一百多岁了。从课文的插图，我也看到它的窗户变成了黑窟窿，门板也破了洞。

生3：我从课文插图中看到，这座老屋有很多皱纹，它很老了。它带着微笑，就像一位慈祥的老人。

师：你们观察得真仔细，老屋就像一位慈祥的老人。那你们觉得老屋会答应小猫的请求吗？

生：我觉得它会答应的，它那么慈祥，一定很善良，它不忍心小猫在暴风雨的夜晚无处可去。所以，尽管它很破很旧了，准备倒下了，它还是愿意帮忙。

师：是的，善良的老屋不仅帮助了小猫，还帮助了老母鸡和小蜘蛛。（大屏幕出示）

PPT出示：

老屋低头看看，把老花的眼睛使劲往前凑："哦，是小猫啊。好吧，我就再站一个晚上。"

老屋低头看看，墙壁吱吱呀呀响："哦，是老母鸡啊。好吧，我就再站二十几天。"

老屋低头看看，眼睛眯成一条缝："哦，是小蜘蛛啊。好吧，我就再站一会儿。"

师：同学们，你们读这三个句子，有什么发现？

生1：老屋太老了太累了，它快坚持不住了，它看小猫时要使劲往前凑；看老母鸡时发出吱吱呀呀的声音，似乎随时会散架；看小蜘蛛时，它的眼睛都睁不开了，眯着的眼睛成了一条缝。

生2：老屋越来越虚弱，可是遇到需要帮助的小动物还是愿意坚持下去。

生3：老屋身上乐于助人的精神非常值得我们学习。

师：是啊，老屋是慈祥的，善良的，它帮助了很多小动物，如果还有动物需要它帮忙，它肯定还不会倒下。它乐于助人的精神非常值得我们学习，在日常学习和生活中，我们可以怎样帮助别人呢？

生1：如果同桌忘记带课本了，我可以和他一起看。

生2：以后同学向我借彩色笔，我会借给他们，不会那么小气了。

生3：下雨天，如果看到同学没有伞，我可以送他回家。

生4：在操场上看到有人摔倒受伤了，就算不认识，也要扶他起来，带他去校医室。

生5：我上次在街上看到一个阿姨的购物袋烂了，水果蔬菜撒了一地，我马上跑过去帮她捡起来。

生6：我还试过给无家可归的流浪猫喂食。

生7：我还参加过清扫小区楼梯的志愿者活动呢。

师：同学们做过的好人好事还真不少，还有同学认识到之前做得不对的地方要改正，老师真为你们感到高兴。的确，无论谁在生活中都会遇到很多需要别人帮忙的事情，只要我们有能力去帮助别人，无论对方是我们认识的还是不认识的，我们都应该伸出援助之手，做个乐于助人的好孩子。

案例8

《赵州桥》

《赵州桥》是部编版小学语文三年级下册第三单元的一篇说明文。课文从美观和坚固两方面介绍了赵州桥在设计上的特点，并通过对赵州桥设计特点的说明，赞美了我国古代劳动人民的智慧和才干。引导学生理解赵州桥的巧妙设计，激发起学生的民族自豪感和爱国之情是本节课品德教育的重点。

师：（大屏幕出示赵州桥的课文插图）同学们，这座雄伟而美观的桥，1400多年来经受住无数次洪水的冲击，八次大地震的摇撼，以及车辆的重压，千年如一日，至今仍巍然挺立在汶河之上。你们知道它叫什么桥吗？

生齐答：赵州桥。

师：作者说赵州桥的这种设计，在建桥史上是一个创举。（大屏幕出示普通拱桥和赵州桥的图片）请大家边对比图片，边从文中找找赵州桥的设计和别的桥有什么不同。

生：赵州桥没有桥墩，只有一个拱形的大桥洞，大桥洞顶上的左右两边，还各有两个拱形的小桥洞。别的桥只有大桥洞，没有小桥洞。

师：这样的设计有什么好处呢？

生：这种设计既减轻了流水对桥身的冲击力，使桥不容易被大水冲毁，又减轻了桥身的重量，节省了石料。

师：你在文中找到的这个句子很准确，全面地说明这种设计的好处。为了帮助大家更好地了解赵州桥设计的好处，请大家看大屏幕出示的课文插图，老师还利用课文插图制作了一组视频。

（学生观看动画视频，教师讲解。视频分别直观演示了水流小时和发洪水时水流通过赵州桥的大、小桥洞的画面。）

师：这是水流小时河水缓缓流过赵州桥的大桥洞时的画面，这时赵州桥和别的拱桥没什么区别。这是发洪水时，汹涌澎湃的水流不仅通过了赵州桥的大桥洞，还通过了左右两端的小桥洞。洪水分流，不会集中冲击桥身，赵州桥就不容易被冲毁。而别的桥遇到大洪水，可能会因为未及时泄洪，而冲断桥身，造成损失。

生1：哇，赵州桥的设计真妙！

生2：在桥身上多挖了四个小桥洞，不仅能使洪水分流，还减少了造桥的石料，这个办法真好！

生3：1400多年前的人就能有这么好的设计，他们真棒啊！

师：赵州桥的设计体现了中国劳动人民的智慧和才干，精巧的设计使得赵州桥非常坚固。赵州桥不但坚固，而且美观。请同学们留意课文插图上，桥面两侧的石栏，栏板上雕刻着精美的图案。

（大屏幕出示插图的扩大图，重点突出栏板上雕刻着的精美图案。）

生1：我看到了双龙戏珠。

生2：我看到了互相缠绕的龙，它们的嘴里还吐出美丽的水花。

生3：课文里说，两条飞龙，前爪相互抵着，各自回首遥望，我也看到了。

生4：这些龙真是栩栩如生啊，难怪课文里说，所有的龙似乎都在游动，真像活了一样。

师：的确，赵州桥在建桥史上是一个创举。它不仅是中国劳动人民的智慧和才干的体现，还是我国宝贵的历史文化遗产。为了保护赵州桥这一历史文化遗产，赵州桥几经修缮，已经成为风景区，有一块石栏板还珍藏于中国国家博物馆。如果今天你们就是赵州桥风景区的小导游，你们可以试着用世界闻名、雄伟、创举和美观四个词语向游客介绍赵州桥吗？

分析：学生在小导游的说话练习中，不仅训练了口头表达能力，还加深了对赵州桥的了解，在介绍的过程中不知不觉地融入了自己的民族自豪感和爱国之情。

五、在人物分析中进行品德教育

小学语文教材有很多古今中外的人物故事，塑造了众多的人物形象。不同类别的优秀人物形象对学生的影响不同，他们都是学生学习的榜样，他们身上的高尚品质更是学生接受德育的好素材。在学习这类文章时，教师要将品德教育融入人物形象分析当中，让学生通过阅读教材文本，对其中的人物形象进行了解。教师要对学生进行适当引导，借助人物形象的具体分析，使学生既学会描写人物细节的方法，又受到人物崇高思想、出色品质的感染熏陶，引导学生感受这些人物的精神力量和人格力量，促使学生发现人物形象的闪光点，从而不断鞭策自己，进行自我反思，形成正确的世界观、人生观和价值观。

案例9：

《将相和》

《将相和》是部编版小学语文五年级上册第二单元的一篇课文。课文以秦、赵两国的矛盾为背景，以蔺相如的活动为线索，通过对《完璧归赵》《渑池会面》《负荆请罪》三个故事的记述，讲述了从将相失和到成为至交的一段历史佳话。三个看似独立的小故事之间有着千丝万缕的联系。《渑池会面》是《完璧归赵》的发展，《完璧归赵》《渑池会面》的结果又是《负荆请罪》的起因，突出表现了蔺相如勇敢机智、不畏强权、顾全大局，廉颇知错就改，以及他们两人以国家利益为重、识大体的可贵品质和政治远见。

师：同学们读了课文，知道"将"和"相"分别指的是谁吗？

生："将"指的是廉颇，"相"指的是蔺相如。

师：那《将相和》说的就是他们由不和到和的故事。你觉得廉颇和蔺相如不和的原因是什么呢？

生：廉颇觉得自己的功劳比蔺相如大，蔺相如没有什么能耐，就靠一张嘴，可他的职位却比自己高，所以廉颇很不服气，还说如果碰见蔺相如的话，要让他下不来台。

师：蔺相如真的就像廉颇所说仅仅靠一张嘴，没什么能耐吗？

生齐答：不是。

师：课文中哪些地方可以看出蔺相如并不仅仅是靠一张嘴，而是有能耐的呢？请大家先看《完璧归赵》这个故事，找出你的依据。

生1：在赵王左右为难的时候，蔺相如只是想了一会儿就有了解决问题的办法。从这里可以看出蔺相如是个有能耐的人，他的才智超过一般人。

生2：蔺相如看出秦王没有拿城换璧的诚意，便假借要指出和氏璧有小毛病夺回了和氏璧。从这里也可以看出蔺相如是个有能耐的人，他非常机智。

生3：蔺相如利用秦王喜欢和氏璧的心理，以用自己的脑袋和和氏璧一起撞碎来威胁秦王，使得秦王马上拿出地图划十五座城池给蔺相如看。从这里看出蔺相如智勇双全。

生4：最妙的是，蔺相如让手下化了装，带着和氏璧抄小路先回赵国去了。经过蔺相如的巧言，秦王不仅没有责罚他，还客客气气把他送回了赵国。

师：同学们分析得都很对，从《完璧归赵》这个故事，我们见识了蔺相如的能耐。接着看看《渑池会面》，从这个故事里，我们还能找到别的依据说明蔺相如是有能耐的吗？

生1：蔺相如看到秦王要赵王鼓瑟，还让人记下来，这是秦王存心侮辱赵王。蔺相如以死相逼："如果您不答应，我就跟您同归于尽！"让赵王为秦王击缶，也叫人记下来。从这里看出蔺相如舍身救主，维护了赵国的尊严。

生2：秦国的大臣不甘心，继续发难，但蔺相如毫不示弱，一一化解。蔺相如的确有能耐。

师：因为蔺相如在渑池会上又立了功，赵王封蔺相如为上卿。你们觉得这份功劳全部都是蔺相如的吗？

生1：不是，这里也有廉颇的功劳。

生2：对，如果不是廉颇在边境做好了准备，秦王也不会那么轻易放赵王回去。

师：同学们想问题想得很细，的确是因为秦王知道廉颇在边境做好了抵御的准备，才不敢拿赵王怎么样。正因为渑池会面的功劳廉颇也有份，可赵王却封蔺相如为上卿，职位比廉颇还高，廉颇很不服气。他是怎么说的呢？

生：廉颇说："我碰见他，得给他个下不了台！"

师：蔺相如听说后又是怎么做的呢？

生：蔺相如请病假不上朝，免得跟廉颇见面。

师：蔺相如不想和廉颇见面，可偏偏有一天，坐车出去，远远地看见廉颇过来了，他又是怎么做的呢？

生：他赶紧叫车夫把车往回赶。

师：蔺相如远远地看到廉颇掉头就走，看来蔺相如是真的怕了廉颇，真怕自己下不来台。

生1：不是的，蔺相如并不怕廉颇，只怕伤了和气。

生2：蔺相如怕伤害国家利益，不想给秦国留下攻打赵国的机会。

师：噢，原来蔺相如怕廉颇是假，怕伤和气、怕伤害国家利益是真。在这里你看到了怎样的一个蔺相如呢?

生：我看到了一个顾全大局、热爱祖国的蔺相如。

师：蔺相如的想法廉颇知道吗?

生：蔺相如的话传到了廉颇的耳朵里，他觉得自己不应该为了争一口气就不顾国家利益，于是背上荆条，到蔺相如门上请罪。

师：在这里你看到了怎样的一个廉颇呢?

生1：勇于认错、知错就改。

生2：廉颇愿意负荆请罪，以国家利益为重，他和蔺相如一样能顾全大局、热爱祖国。

分析：教师通过引导学生抓住故事中蔺相如和廉颇的语言、动作、神态及心理活动等进行分析，使一个机智勇敢、以性命捍卫国家利益和国家尊严的蔺相如跃然纸上。而廉颇是一个居功自傲、知错能改、顾全大局的人，他们最终能和好因为他们都是以国家利益为重的人。他们的优秀品质和爱国情感就这样扎根在了学生心里，从而实现了品德教育。

案例10

《军神》

《军神》是部编版小学语文五年级下册第四单元的一篇课文，讲述了刘伯承在眼睛受重伤后，为了尽量减少对大脑的伤害，拒绝使用麻醉剂，强忍剧烈的疼痛接受手术的故事。本文表现出刘伯承钢铁般的意志，体现出他为了能全身心地投入革命，不惜自己承受巨大痛苦的精神。引导学生理解刘伯承的军神形象是本节课品德教育的重点。

师：沃克医生是怎么发现刘伯承是军人的?

生：沃克医生看到病人的伤势很严重，病人却坦然处之。他当过军医，知道这么重的伤势，只有军人才能这样从容镇定。

师：为什么沃克医生后来称刘伯承为"军神"?

生1：刘伯承担心使用麻醉剂会影响脑神经，为了保持清醒的大脑，拒绝使用麻醉剂，让沃克医生很吃惊。

生2：在手术过程中，崭新的白床单被抓破了，刘伯承都一声不吭。他能承受剧烈的疼痛接受手术，这不是普通军人能做到的。

生3：刘伯承在忍受痛苦的同时，还能数医生的刀数，这让沃克医生非常敬佩。

师：刘伯承在没有使用麻醉剂的情况下进行手术，凭借顽强的毅力一声不吭，甚至在手术过程中一直数手术的刀数，难怪沃克医生会说——

生：（大声嚷道）你是一个真正的男子汉，一块会说话的钢板！你是一位军神！

师：会说话的钢板和军神有什么联系呢？

生：面对外来打击，钢板坚韧，不易曲折，刘伯承就是具有这样钢铁般意志的人，所以沃克医生称他为军神。

师：像刘伯承这样的人值得我们敬重。我们在日常的学习和生活中也会遇到困难和挫折，只要我们具有坚强的意志和勇于战胜困难的决心，就一定能到达胜利的彼岸。你们有什么想分享的吗？

生1：我要向刘伯承学习，做一名勇敢坚强的男子汉。人生在世，总会遇到一些困难与挫折，只要我有了刘伯承那钢铁一般的意志，就一定能够战胜人生道路上的困难与挫折。

生2：在董存瑞、黄继光和刘伯承这些革命先辈心中，国家利益永远居于首位。他们宁可牺牲自己，也要保卫祖国，正是依靠这样的信仰和精神，他们为战争取得胜利做出了巨大贡献。我们作为未来的接班人，要努力学习，承担起建设祖国的重担。

师：你们的认识很深刻，老师真是为你们感到自豪。

分析：通过对刘伯承这个人物形象的分析，学生明白了如何面对挫折，培养强大的内心和韧性，成为拥有钢铁般意志的人。从生活中的每件小事开始，感受乐观、坚强和勇气的力量，从而更好地成长和发展。

六、在朗读指导中进行品德教育

朗读指导是小学语文教师在教学中不可或缺的一种教学手段。朗读课文并不是简单地将课文内容直白地读出来，而是学生利用内部的语言体系，通过对课文的句子、段落以及词语的理解，带着个人感悟去读。朗读有助于学生加深对文章的理解、加强记忆、培养语感、提升审美鉴赏力。朗读更是一种高尚的精神享受。学生在朗读的过程中，把自己代入到课文中，感受文章中那些人格之美、艺术之美、文字之美。在一次次的朗读中，学生的审美鉴赏能力也慢慢提高了。教师通过朗读指导，让学生体会课文的内涵，感悟课文中所蕴含的情感，促使学生将课文中的思想转变成为自己的思想，接受感染与熏陶，从而接受品德教育。

案例11

《秋天的雨》

《秋天的雨》是部编版小学语文三年级上册第二单元的一篇课文。作者抓住秋天的特点，从秋天的到来写起，写了秋天缤纷的色彩和丰收的景象，还有深秋中各种动物、植物准备过冬的情景，从整体上描绘出了一个美丽、欢乐的秋天。《秋天的雨》是一篇抒情意味很浓的散文，名为写秋雨，实际在写秋天。文章写得很美，非常适合朗诵表演，只要把朗读指导到位，让学生感受到秋天的美好，学生热爱生活、热爱大自然的情感就会被激发出来。

> **PPT出示：**
>
> 　　它带着清凉和温柔，轻轻地，轻轻地，趁你没留意，把秋天的大门打开了。

师：谁来读读这句话？

（学生个别朗读。）

师：老师也想来读一读（师示范朗读）。同学们，你们发现老师读的和刚才那个同学读的有什么不同吗？

生1：老师读第二个"轻轻地"的时候，要比第一个"轻轻地"慢一些。

生2：我还发现老师读第二个"轻轻地"的时候，读得比第一个"轻轻地"轻一些，声音变小了。

师：你们听得很认真，发现了第二个"轻轻地"要比第一个"轻轻地"读得更慢更轻，这才能让人体会到在不知不觉中秋天就来到了，符合文中的"趁你没留意，把秋天的大门打开了"。大家也来试试轻轻地把秋天的大门打开吧。

（学生自由练习读，个别朗读。）

（学习第2自然段，教师在大屏幕一边出示黄色的银杏叶、红红的枫叶、金黄色的田野、美丽的菊花等图片，一边播放优美绵长的乐曲《秋日的私语》。）

师：你们觉得秋天美吗？

生1：秋天很美，因为它有很多不同的色彩。

生2：秋天不同颜色的叶子落下来也很美，有的像小扇子，扇哪扇哪，有的像邮票，飘哇飘哇。

师：你们能读出这种扇哪扇哪、飘哇飘哇的感觉吗？

生1：我来读……

生2：我也想读……

师：从你们的朗读中，我仿佛真的看到了银杏叶和枫叶在我眼前落下。后半段也写了其他颜色，谁再来读一读，把秋天的美带给大家。

生1：金黄色是给田野的……

生2：我也来试试……

师：秋天真美呀！我都陶醉其中了，秋天只有颜色美吗？你们还有没有其他发现？

生1：秋天还有好闻的气味。

生2：果子成熟了，飘出香甜的味道，想起来都流口水呢！

生3：所以，小朋友的脚，常被那香味勾住。大家都想吃水果，哈哈哈……

师：听到你爽朗的笑声，你肯定很喜欢秋天的水果吧。快，把你的喜欢读出来！

生1：秋天的雨，藏着非常好闻……

生2：老师，第4自然段说"秋天的雨，吹起了金色的小喇叭"，我非常喜欢，仿佛小动物们准备过冬，是收到了秋天带来的信息。这样的描写很生动。

师：你真会读书，这一句是拟人句，可以使我们的文章变得更生动。其实啊，整篇文章都把秋天的雨当作人来写，所以我们读起来才会觉得特别美。大家选自己喜欢的段落，带着自己的感受读给同桌听听吧，让同桌感受一下秋天的美。

（同桌间互相练习读。）

师："秋天的雨，带给大地的是一曲丰收的歌，带给小朋友的是一首欢乐的歌。"最后这句话怎么理解呢？

生1：秋天是丰收的季节，所以秋天的雨带给大地的是一曲丰收的歌。

生2：小朋友们在秋天里感到快乐，所以秋天的雨带给小朋友的是一首欢乐的歌。

师：同学们的理解都非常正确。看来大家已经深深地爱上了秋天的雨，爱上了秋天，爱上了我们的大自然。

分析：通过朗读指导，学生从走近秋雨到走进秋天，体会课文中秋天的丰收和欢乐的情景。整堂课学生始终保持着那份对秋天的喜爱，激发了学生热爱生活、热爱大自然的感情。

案例12

《穷人》

《穷人》是部编版小学语文六年级上册第四单元的一篇课文。课文讲述的是渔夫和妻子桑娜，在邻居西蒙死后主动收养她两个孩子的故事，真实地反映了沙俄专制制度统治下的社会现实，表现了桑娜和渔夫勤劳、善良，宁可自己受苦也要帮助别人的美好品质。课文用朴实、准确的语言，恰如其分地表达了真情实感，特别适合在朗读指导中融合勤劳、善良、乐于助人优秀品质的品德教育。

师：请同学们自由读第1—2自然段，思考桑娜家的生活怎样，从哪里可以看出来？

生1：桑娜家生活很艰难。他们家吃的是黑面包，菜只有鱼，孩子们没有鞋穿。

生2：渔夫冒着寒冷的风暴出去打鱼，桑娜也从早到晚地干活，却只能勉强填饱肚子。

生3：渔夫不顾惜身体出去打鱼，如果渔夫能平安回来，或许还能给家里人带来一些鱼吃。如果渔夫不能平安回来，或者生病了无法出去打鱼，他们一家七口可能连吃的都没有了。

师：这真是一个贫困的家庭，桑娜的生活那么艰难，他们的生活条件那么差，作者为什么说"这间渔家的小屋里却温暖而舒适"呢？

生1：因为外面又黑又冷，屋子里有炉火，对比起来，屋子里是温暖而舒适的。

生2：桑娜把地扫得干干净净，把食具擦得闪闪发亮，说明她很勤劳，她把整个家打理得井井有条，让人感觉温暖又舒适。

师：正是有了桑娜的辛勤劳动才有了这个温暖又舒适的小屋，同样付出辛勤劳动的还有谁呢？

生齐答：渔夫。

师：是的，渔夫和桑娜都是勤劳的人，因此就算家里生活艰难，他们和五个孩子也能够好好生活。如果他们是懒惰的人，那可能一大家子的人只能饿死了。

师：桑娜一家还算幸运，虽然生活艰难，但是大家都身体健康，生活还能勉强过下去。可她的女邻居西蒙就没有那么幸运了。请同学们默读第3—7自然段，看看西蒙发生了什么事情？

生1：西蒙生病死了。

生2：西蒙死后，留下了两个很小的孩子。

师：桑娜把两个孩子抱回家，她心跳得很厉害，自己也不知道为什么要这样做，但是觉得非这样做不可。从这里你们看到一个怎样的桑娜？

生1：桑娜抱回两个孩子的时候，想也没想，只是觉得"非这样做不可"，我觉得桑娜很善良。

生2：桑娜家里生活那么艰难，她还把两个孩子抱回家，这是乐于助人的精神。

师：如此勤劳、善良、助人为乐的桑娜在回到家后，开始忐忑不安了，谁来读读第8自然段，读出桑娜的心理变化。

生：桑娜脸色苍白……

师：你们注意到这个自然段里有五个省略号了吗？（大屏幕出示文段并把五个省略号描红）省略号在这里表示桑娜内心活动的时断时续，她非常矛盾。但她最后做好了挨打的准备，说明她的心理由矛盾到坚定。我们在朗读这段话的时候要注意读出桑娜的心理变化，想想该用什么语速和语调，什么地方该停顿。读给你的同桌听。

（同桌间互相练习读。）

师：谁来试试，让我们感受一下桑娜的心理变化。

生1：桑娜脸色苍白……

生2：桑娜脸色苍白……

师：感谢你们的朗读，让我们感受到了桑娜的心理由矛盾到坚定。她宁愿挨揍也要收留西蒙的两个孩子。从这里，我们又一次体会到了桑娜的——

生齐答：善良和乐于助人。

师：虽然桑娜决定了宁愿挨揍也要收留西蒙的两个孩子，可她还是很担心渔夫会反对，在等待渔夫回来的过程中，她的内心十分煎熬，不知怎么和渔夫说这件事。谁来读第9—10自然段，读出桑娜的坐立不安。

生1：门吱嘎一声……

生2：老师，第10自然段也有省略号，要稍微停顿。

师：你也来试试。

生：门吱嘎一声……

师：同学们真棒，关注了省略号，把文段读好了。后面的文段写渔夫回来后的情景，在桑娜和渔夫的对话中也有省略号，请同学们自由练习，然后同桌间分角色朗读。

（学生自由练习读、同桌间分角色朗读，教师选一组同学朗读展示。）

师：同学们的朗读真精彩！渔夫说"我们总能熬过去的"，从这句话中，你们体会到了什么？

生1：渔夫准备过更艰苦的生活。

生2：渔夫已经下定了决心，不管有多么大的困难，都要收留西蒙的两个孩子。

生3：渔夫和桑娜一样，他们都是勤劳、善良、乐于助人的人。

分析：通过朗读指导，学生在桑娜"忐忑—矛盾—坚定"的心理变化中，在高低起伏的朗读语调中，感受到了桑娜可贵的品质。从分角色朗读中，学生认识了一对勤劳、善良、乐于助人的夫妇，明白了他们的物质生活虽然穷苦，但他们的精神生活富裕。他们宁可自己受苦也要帮助别人的美好品质将深深地烙印在学生的心里。

七、在创设情境中融合德育

语文的工具性决定了它是一种交流思想和相互交际的工具。在日常生活中，在学习实践中，学生要交流思想，都离不开语文。在小学语文教学的实践过程中，教师通过创设真实的生活情境，开展合作表演，把教材中的文字变成学生熟悉的生活画面，能够有效拉近课堂和生活的距离，激发学生探究、解决问题的欲望；能激发学生的学习兴趣、引发学生的想象和联想、拓展学生的创新思维、提高学生的语言分析能力、促进学生合作习惯的养成；潜移默化地帮助学生理解教材，寓教学内容于具体生动形象的情境之中，让学生在情感上与作者产生共鸣，亲身感受和体会教材内容，有助于学生理解作者的写作意图，从而提高品德教育的效果。

案例13

《画杨桃》

《画杨桃》是部编版小学语文二年级下册第五单元的一篇精读课文。课文主要讲在图画课上，老师让同学们画杨桃，"我"根据自己看到的，把杨桃画成五角星的样子，遭到同学们的嘲笑。老师却通过这件事，启发同学们观察事物要从多角度出发，实事求是，尊重他人。嘲笑别人或受到别人嘲笑，这样的经历，孩子们在成长的过程中，肯定遇到过。教师除了让学生明白看问题或做事要实事求是，知道同一个事物从不同的角度看会有所不同，从中受到科学思想的熏陶，还要让学生学会怎样面对他人的误解，学会尊重他人。

师：（大屏幕展示课文插图，作者画成五角星样子的杨桃）同学们，你们看这是什么？

生齐答：五角星。

师：如果我告诉你们这画的是杨桃，你们信吗？

（学生一片哗然。）

师：（教师拿出杨桃，走到每个小组前面，杨桃正对着学生）请同学们坐在座位上看，大屏幕出示的杨桃和你们看到的杨桃一样吗？

生1：（学生看看大屏幕，又看看教师手中的杨桃）还真是很像五角星呢，和那幅画一样。

生2：原来这样看，杨桃的样子会不同。

师：同学们，其实很多时候，同一个事物从不同的角度看会有所不同。当我们发现别人看到的和我们看到的有所不同的时候，我们该怎么做呢？请大家自由读课文第2—11自然段，看看课文中作者的同学是怎么做的？

生1：他们看了作者的画，哈哈大笑。

生2：他们嘲笑作者，说他画得不像杨桃。

师：他们的做法，你们觉得好吗？

生1：不好。

生2：嘲笑别人是不对的。

师：同学们，作者的反应和你们刚才的反应其实是一样的，因为他们看到的杨桃不是五角星的样子。所以老师请那几个发笑的同学轮流坐到作者的座位上，看看杨桃像什么？他们看了之后，你们觉得他们会对作者说什么呢？

生1：我想，他会对作者说："对不起，我不应该笑你，从这个角度看，杨桃确实像颗五角星。"

生2：我想，他会这样说："对不起，我不应该嘲笑你。请你原谅我吧！"

师：他们知错了，羞愧得满脸通红，说话也会变得结结巴巴。老师和你们合作读，读出他们认错的态度，好吗？

生齐答：好。

师：现在你们看看那杨桃，像你们平时看到的杨桃吗？

生：不……像。

师：那么，像什么呢？

生：像……五……五角星。

师：同学们配合得很好，从你们的读书声中我感受到了你们道歉的诚意。

> **PPT出示：**
>
> 　　大家发现了吗？看的角度不同，杨桃的样子也就不一样。当看见别人把杨桃画成五角星的时候，我们不要忙着发笑，要看看人家是从什么角度看的。

师：老师教大家"不要忙着发笑，要看看人家是从什么角度看的"，这是让同学们懂得不能想当然地嘲笑别人，要实事求是，设身处地，尊重别人的看法。这是课文中老师对同学们的教诲，同时也是对我们的教诲。我们再来看看作者，他在遭受同学嘲笑的时候，心里肯定是很难受的。如果你是他，你会怎么做呢？

生1：我会很生气，大声嚷那些嘲笑我的同学。

生2：我会先解释给他们听，为什么会把杨桃画成五角星。如果他们不听，还一直嘲笑我，我可能会嚷他们。

生3：我会生气，也会难过，但他们人多，我不敢怎样，可能会偷偷哭。

师：感谢同学们真实地分享了自己的想法。但老师要告诉你们，面对别人的嘲笑，大声吼叫或者打架只会激怒对方，使得矛盾升级，解决不了问题。自己偷偷哭泣，不做回应也不能解决问题，可能还会加深别人的嘲笑。我们应该正面回应，指出对方认知的错误，然后寻求老师和家长的帮助。就像作者一样，在老师的帮助下，嘲笑他的同学们都认识到了自己的错误，不会再嘲笑他。

分析：教师通过创设画杨桃故事的情境，结合实际生活教育学生，使学生很容易就明白了看问题或做事要实事求是，同一个事物从不同的角度看会有不同的道理。设计同学对作者的道歉，使学生明白了要尊重别人。学生还在教师的引导下代入作者的角色，学会了如何面对别人的嘲笑。

案例14

《口语交际：安慰》

《安慰》是部编版小学语文四年级上册第六单元的口语交际教学内容，安慰在人际交往中十分重要，对培养学生适应社会的能力有着重要意义。引导学生对生活中需要帮助的人进行安慰，是对他人在孤独、困难、痛苦或碰到困难时而做的友善的交际行为。学生在此基础上能更好地体察别人的感受，站在别人的角度实施安慰，从而取得更好的安慰效果。在教学中，教师可以根据学生的生活实际创设安慰情境，让学生体验关爱他人、帮助他人的快乐，培养学生关心他人、助人为乐的良好品质。

师：同学们，我们每个人在生活和学习中，难免会遇到不顺心的事，心里会很难过。如果这个时候有人给你一个安慰，你会有什么感受呢？

生1：我的心情会好一些。

生2：我就会慢慢地不再想那件不开心的事了。

生3：别人的安慰让我感到温暖，他们还给了我解决问题的好建议。

师：看来大家都有过被别人安慰的经历，你们都是幸运的，在委屈、伤心、着急的时候，能得到别人的安慰。安慰给我们带来温暖和力量，还有解决问题的好建议。如果你身边的人遇到不顺心的事，你想安慰他，你该怎么说才能帮到他呢？

PPT出示：

　　情境一：在运动会4×100米接力赛中，小峰摔倒了，他的班级在这个项目上没有取得名次。

　　小峰说："都怪我，我要是没摔倒就好了。"

师：假如你是小峰的同学，你打算怎么安慰他呢？

生1：小峰，你不要怪自己，摔倒只是一个意外，我们知道你尽力了。

生2：小峰，没有关系，你不要自责了，同学们都没有怪你，我们这次没有得到名次，下次还可以努力。

生3：小峰，你是最棒的！虽然你这次摔倒了，班级没有取得好名次，可你依然是我们班的"飞毛腿"，我们以你为荣！

师：你们真是善解人意的孩子！小峰听了你们安慰的话，心情肯定会好起来。如果你们用一些肢体动作安慰小峰，给小峰信心与力量，小峰的心情会更好。老师想请两个同学来演一演，谁来试一试呢？

生1（扮演安慰者）：（拍拍小峰的肩膀）小峰，你不要怪自己，摔倒只是一个意外，我们知道你尽力了。你没有受伤吧？

生2（扮演小峰）：谢谢你！我没事。

师：你用拍肩膀的方式给小峰力量真好。谁还想来试试？

生3（扮演安慰者）：（竖起大拇指）小峰，你是最棒的！虽然你这次摔倒了，班级没有取得好名次，可你依然是我们班的"飞毛腿"，我们以你为荣！

生4（扮演小峰）：谢谢你的鼓励！我还以为大家会怪我呢。

生3（扮演安慰者）：（给小峰一个拥抱）你别多想了，大家怎么会怪你呢？大家都看得出来你尽力了，你摔倒后顾不上疼痛继续奋力追，这种精神比名次更重要。大家还要向你学习呢！

师：你真是个爱心天使，不仅用竖起大拇指肯定小峰的表现，还用拥抱给他温暖。听了你的安慰，小峰肯定不再自责了。

PPT出示：

了解原因　理解对方　提供帮助　肢体语言

师：通过刚才的练习，我们知道了安慰别人，首先，要了解对方烦心的原因；其次，要表示理解对方，不能指责他；再次，要给对方提供一定的帮助，解决烦心的事情；最后，在安慰的过程中用上肢体语言就更好了。同学们，这几个安慰的小窍门，你们都学会了吗？

生齐答：学会了。

师：那我们马上学以致用，看看以下两个情境，我们该怎样安慰情境中的主人公呢？

> **PPT出示：**
>
> 　　情境二：小丽家要搬到另外一个城市，她马上就要离开自己的好朋友了。
>
> 　　小丽说："我不想搬走，不想离开好朋友。"

> **PPT出示：**
>
> 　　情境三：出去玩的时候，小冰把手表弄丢了。这块手表是妈妈送给他的生日礼物。
>
> 　　小冰说："我特别喜欢这块表，丢了好心疼啊。"

师：请同桌间选择其中一个情境自由练习，等会儿向大家展示。

（学生同桌间选择情境练习。）

师：哪对同桌选了情境二呢？上来展示一下。

生1（扮演安慰者）：（拉着小丽的手）小丽，你不用担心，你搬走了，可我们依旧是好朋友啊。我们可以经常打电话、视频聊天儿。你到了新的城市会认识更多新朋友的。

生2（扮演小丽）：可是我们以后只能打电话、视频聊天儿了，我没有办法和你玩了。

生1（扮演安慰者）：寒暑假的时候，我还可以让爸爸妈妈带我去找你玩。你也可以回来找我玩啊，我们的友情不变。

生2（扮演小丽）：那一言为定。

师：在你的安慰下，小丽可以放心地和家人搬到外地去了，你真棒！哪对同桌选了情境三呢？

生1（扮演安慰者）：（给小冰一个拥抱）小冰，别伤心了。你想想今天在哪里取下过手表，你的手表很有可能就在那里，我陪你去找。

生2（扮演小冰）：今天在玩水枪的时候，我怕弄湿手表就取了下来，当时急着去玩水枪，我记得放在那里了。可我去找过了，没有看到，肯定是被别人拿走了。

生1（扮演安慰者）：小冰，我知道这块手表是你妈妈送给你的生日礼物，对你非常重要。可是，你妈妈送表给你是想让你开心，她肯定不想你因为这块表而难过啊。如果实在找不到了，你难过也没用，反而影响了自己的心情，多不值得啊！你吸取这次教训，下次注意点儿就行了。

生2（扮演小冰）：你说得有道理，我以后会好好保管自己的东西，不再丢三落四了。

师：你帮助了小冰，看到他不再难过，你也会跟着开心起来吧。这就是"赠人玫瑰，手有余香"的道理，我们在安慰别人的同时，也会让自己变得更加快乐！因为我们——

生齐答：帮助了别人。

师：希望大家在今后的生活中，能够保持一颗善心，关爱他人，安慰他人，做个乐于助人的好孩子。如果你们能够多多关心父母，发现他们的烦恼，并安慰他们，做他们最贴心的小宝贝，那就更好了。

分析：创设情境是口语交际教学中最常见的教学方法，教材提供了三个情境给学生进行口语交际练习。通过教师的引导，学生不仅学会了口语交际的技巧，懂得了选择合适的方式安慰别人，知道了加上肢体语言可以加强安慰的效果，还在安慰过程中学会了关心他人，从别人的角度想问题，成了助人为乐的孩子。

八、在提炼主题中进行品德教育

文章的主旨是一篇文章的灵魂，对于学生来说，在进行语文阅读的过程中理解文章的主旨就是其重要的任务之一。文章的主题是作者通过文章全部内容所表达出来的中心思想，它体现着作者的写作意图，流露出作者对所写事物或事件的基本认识、理解和思想感情。有些课文的主题作者会直接展现出来，学生通过文章标题或者中心句就能提炼出主题。有些课文的主题作者表达得比较含蓄，作者往往采用形象描绘的方法曲折地暗示，让读者通过对人物、情节、场面等认真揣摩、感悟其思想倾向性。在小学语文教学中，教师帮助学生概括文章的主要内容、提炼文章的主题、体会作者表达的思想感情有助于德育的融合，可以帮助学生形成正确的价值观和健全的人格。

案例15：

《漏》

《漏》是部编版小学语文三年级下册第八单元的一篇课文。本文围绕"漏"展开，老虎和贼对"漏"极其害怕的心理导致它们不辨真伪，盲目逃窜，下场可笑。故事讽刺了老虎和贼的愚蠢和贪婪，告诉人们做坏事没有好下场的道理。很多学生读这篇课文只是当一个故事来看，能明白干坏事没有好下场，却很难提炼出文章主题融合的德育内容。教师要通过提炼主题教育学生无论做什么事都不要道听途说，在不明真相的情况下不应该盲目采取行动。

师：同学们，你们初读课文后，知道"漏"是什么吗？

生齐答：漏雨。

师：那老虎和贼以为"漏"是什么呢？

生1：老虎以为"漏"是比自己厉害的怪物。

生2：贼也以为"漏"是比自己厉害的怪物。

师：老虎和贼都以为"漏"是比自己厉害的怪物，老虎吓得浑身发抖，贼吓得腿脚发软。他们为什么会害怕成那个样子呢？

生：老虎想吃小胖驴，贼想偷小胖驴，他们想干坏事，怕"漏"来抓自己。

师：他们想干坏事，所以心里就特别害怕被人发现，被人抓住，这就叫"做贼心虚"。贼吓得腿脚发软，从屋顶的窟窿跌下来，摔到了老虎背上，老虎有什么反应呢？

生：老虎以为是"漏"来抓它，撒腿就往外跑。

师：老虎驮着贼，一直跑，累得老虎筋都快断了，贼的骨头也被颠得快散了。在整个逃跑的过程中，老虎以为贼是"漏"，贼又以为老虎是"漏"，他们为什么认不出对方呢？

生1：当时下着雨，晚上天黑，他们看不清。

生2：贼和老虎都想偷驴，做贼心虚，忙着逃跑，啥都看不清了。

师：那就是说他们都是在不明真相的情况下，误以为对方就是"漏"，便盲目采取行动，开始逃跑。他们这样的行为，你们觉得可笑吗？

生齐答：可笑。

师：我们可不能像他们这样。他们后来怎么样了呢？

生1：老虎把贼蹭了下来，贼蹿到了歪脖老树上。

生2：他们原本摆脱了对方，可以离开了，可是他们太贪心了，又想回头去偷小胖驴。

师：他们偷成功了吗？结果怎么样？

生1：他们没有偷成功。贼准备下树，看到黑乎乎的老虎以为"漏"又来了，慌乱中滚下了山坡。老虎看到从树上掉下来的黑乎乎的贼以为"漏"又来了，腿一软也滚下了山坡。

生2：他们一齐滚下山坡，浑身沾满泥水，撞到了一块儿，吓晕过去了。

师：原来他们是自己吓自己，就是他们做坏事的下场。从他们身上，我们要吸取什么教训呢？

生1：老虎和贼真是太愚蠢了，在不明真相的情况下就盲目采取行动，闹了一场笑话，真是让人笑掉大牙！

生2：老爷爷和老婆婆只有小毛驴为伴，老虎和贼还去偷它，太没有道德！不是自己的东西不能要，他们太贪心了，所以没有好下场。

生3：我以后做什么事情都要多想想，不能别人说什么都信，特别是网络上的谣言。

生4：盲目采取行动真的很可怕，我之前看到新闻说，有人把鸡蛋放到微波炉里加热，在准备吃的时候，鸡蛋爆炸了，炸伤了眼睛。

分析：通过教师对主题的提炼，学生知道了干坏事没有好下场，还结合生活中的例子悟出了无论做什么事都不要道听途说，在不明真相的情况下不应该盲目采取行动的道理，这对学生今后的学习和生活有非常重要的指导意义。

案例16

《田忌赛马》

《田忌赛马》是部编版小学语文五年级下册第六单元的一篇课文。这篇课文讲的是战国时期齐国大将田忌和齐威王赛马，第一次比赛田忌连输三场，孙膑观看了比赛，帮助田忌用调换马出场顺序的方法，在第二次比赛中反败为胜的故事。本文赞扬了孙膑善于观察、勇于打破常规的思维方法。学生学完这篇课文，如果只是知道孙膑很厉害，帮田忌赢了齐威王，那就只是了解了故事内容。教师要帮助学生提炼主题，教育学生在做事情之前要细致观察，多动脑筋，对客观事物进行科学分析，扬长避短，灵活应变，培养学生认真观察、善于思考、科学分析的好习惯。

师：课文主要写了一件什么事？

生：《田忌赛马》讲的是战国时期，齐国的大将田忌与齐威王赛马，田忌在孙膑的帮助下调换了马的出场顺序，最后转败为胜的故事。

师：你能具体说说他是怎样调换马的出场顺序的吗？

生：他用下等马对上等马，上等马对中等马，中等马对下等马。

师：没有调换之前，马的出场顺序是怎样的呢？

生：之前是上等马对上等马，中等马对中等马，下等马对下等马。

师：除了这种调换方式，还有别的吗？

生1：还可以中等马对上等马，上等马对中等马，下等马对下等马。

生2：还可以下等马对上等马，中等马对中等马，上等马对下等马。

师：你们的思维真敏捷，这么快就找到了别的调换方式，可孙膑为什么没有用你们找到的调换方式呢？

生：因为只有他的那种调换方式才能稳操胜券。

师：田忌虽然有些不明白，但还是听从了孙膑的调换方式，为什么？

生1：因为他是田忌的门客，田忌对他非常赏识，证明他是个非常有智慧的人。他想出来的办法肯定行。

生2：田忌虽然有些不明白，但还是决定全听他的，说明他平时给出的建议都是可行的，这次想出的办法也不会错。

生3：在和齐威王赛马时，孙膑敢胸有成竹地对田忌说"将军请放心，按照我的主意办，一定能让您赢"，证明他非常有信心能赢。

师：同学们真厉害啊！孙膑看了几场田忌和齐威王及贵族们的赛马，就观察到大家的马脚力相差不多，才想出调换马的出场顺序的办法帮助田忌赢得了比赛。你们通过课文的这些重点词句分析出孙膑的调换方式一定能赢，你们和孙膑一样充满智慧，懂得分析问题。

师：这么好的主意，为什么田忌想不出来，齐威王也想不出来，孙膑却想出来了呢？

生1：赛马时，齐威王经常赢，他根本不用想办法去获胜。田忌认为输的原因就是马跑不快，如果要赢得比赛就要换几匹更好的马。

生2：孙膑在看田忌和齐威王及贵族们的赛马时，不仅仅是在看比赛，还在观察、思考。

生3：孙膑是个很有智慧的人，他敢于打破常规，他的思维方式和田忌的不一样，所以只有孙膑想出了调换马的出场顺序的办法。

师：从故事中，你得到了什么启发？

生1：还是原来的马，只是调换了一下马的出场顺序，就可以转败为胜。我以后遇到困难要多换几个角度去思考，寻求最佳的解决办法。

生2：田忌和齐威王赛马，是智力的比赛，不是力量的比赛，田忌的胜利是孙膑智慧的胜利。因此，无论做什么事都要细致观察、认真思考，采用恰当的方法，才能成功。

生3：我觉得做事情不能一成不变，总是按照以前的经验去做。我们只有多观察多思考，才能想出新的做法，收到意想不到的效果。

分析：通过教师对主题的提炼，学生读出了孙膑的智慧，也明白了做事情之前要认真观察，积极思考。从学生谈的启发中，我们也能看到学生已经有了科学分析事物的意识，逐步懂得了要灵活处理问题。

九、在课外阅读中进行品德教育

部编版小学语文教材每一册书都安排了"快乐读书吧"这个内容，旨在利用课外阅读拓宽学生视野和知识。小学语文教师把德育融入课外阅读，积极开展内容丰富、形式多样的课外阅读，不仅能让学生提高学识，还可以陶冶性情、坚定理想信念、培养责任意识以及良好习惯，在不知不觉中提升学生的道德涵养，令其受益终身。除了"快乐读书吧"里的推荐书目，教师还应该针对学生的年龄特点、兴趣爱好、思想实际，向学生推荐优秀读物，加强对学生的阅读指导，引导学生使用正确的阅读方法，帮助学生更好地与读物对话和交流。同时教师也要有目的地借助优秀读物传递给学生精神力量，促使读物中有关于道德的观念与学生个人的生活经验发生碰撞，进而引发学生对自己和周围世界的思考，在潜移默化中不断完善自我。

案例17

《我有友情要出租》

《我有友情要出租》是一个感人至深又能引发人深入思考的绘本故事，适合推荐给二年级的学生阅读。故事讲的是一只孤单寂寞的大猩猩采取"出租"自己友情的方式来寻找朋友，他与小女孩儿咪咪快乐玩耍，建立了友谊。后来，咪咪搬走了，留给大猩猩难忘的回忆。在此过程中，大猩猩渐渐明白了友情是不能用金钱买卖的。通过生动的图画，故事还暗含了另一个启示：朋友是要去找寻的，而且，他们都在附近，就等你去主动发现。

故事插图精美、生动，语言简洁、感人，容易引发学生的情感共鸣，但是故事蕴含的深层道理是二年级学生不易发现和理解的。低年级的学生虽然在日常生活中有自己的朋友，但有些学生对怎样去认识新朋友、怎样迈出交朋友的第一步还比较迷茫。教师要通过绘本故事《我有友情要出租》，引导学生懂得朋友是要去主动寻找的，不能靠金钱买卖，教育学生要珍惜友情。

师：（大屏幕出示绘本图片）你们觉得谁会来租大猩猩的友情呢？

生1：小老鼠。

生2：长颈鹿。

生3：小兔子。

师：你们都猜错了，来租大猩猩友情的是一个叫咪咪的小女孩儿。咪咪带的钱不够，她只给了大猩猩一块钱，为什么大猩猩还感到高兴呢？

生1：终于有人愿意和大猩猩做朋友了，所以他很高兴。

生2：大猩猩出租友情不是为了赚钱，他就是为了找朋友，现在有咪咪和他玩，他不在乎钱多少了。

师：后来，咪咪每天都来找大猩猩租友情，你们觉得大猩猩把咪咪当成朋友了吗？

生1：我觉得大猩猩没有把咪咪当成朋友，他还要收钱，哪里有和朋友一起玩要收钱的啊？

生2：我觉得大猩猩把咪咪当成朋友了，因为他在玩游戏时赢了，终于有机会踩咪咪的脚了，可是他重重地抬起脚，轻轻地落下。他怕踩疼咪咪，这是他对朋友的关心。

生3：我也觉得大猩猩把咪咪当成朋友了，他和咪咪玩的时候很开心。沙漏里的沙子都漏完了，他还不知道呢！

师：你们真是会读书的好孩子，观察图画也很细致。（大屏幕出示绘本图片）为什么大猩猩没有带小背包了呢？

生1：大猩猩明白了友情不能用金钱买卖。

生2：大猩猩不想收咪咪的钱了，他还小心翼翼地把饼干包好，想送给咪咪。这是朋友间的分享。

师：大猩猩等了好久好久，咪咪却一直没有来，为什么呢？

生1：咪咪没有钱了。

生2：咪咪要搬家了。

师：咪咪就这样走了，你们觉得咪咪把大猩猩当作朋友了吗？

生1：我觉得咪咪把大猩猩当作朋友了，因为她要搬家了，没有办法和大猩猩玩了，她把布娃娃留给了大猩猩，让布娃娃代替自己陪大猩猩玩。

生2：我觉得咪咪没有把大猩猩当作朋友，咪咪每次来找大猩猩都先给钱，没有钱就不来了。友情不能用金钱买卖。

生3：我也觉得咪咪没有把大猩猩当作朋友，她让大猩猩等了那么久都不来告诉他自己要搬家了，也没有和他告别。如果不是开车经过，可能都不会留下布娃娃给他。

师：你们太了不起了，老师都没有想到这些方面呢！咪咪走了，大猩猩一面啃着饼干一面想念咪咪。你们觉得他心里会想些什么？

生1：他想，咪咪还会回来吗？

生2：如果我不收钱了，咪咪就不会走了吧。

生3：咪咪走了，我没有朋友了。我还能找到朋友吗？

师：后来，大猩猩又在大树上贴了一片叶子，上面写着："我有友情免费出租。"你们觉得，他能找到新朋友吗？

生：那一片叶子都褪色了，他都没有找到新朋友。

师：这次友情是免费出租的啊，怎么等了那么久还是没有小动物来找大猩猩做朋友呢？小动物们都没有看到叶子上的字吗？

生1：小动物们看到了，可他们只是远远地看着大猩猩，没有走近他。

生2：大猩猩只会等别人来找他，没有去找别人，所以他一直没有朋友。

师：看着大猩猩在夕阳下等待的背影，你想对他说些什么呢？

生1：我想对大猩猩说："大猩猩，你这样一直等下去是找不到朋友的，你要主动去找小动物做朋友。"

生2：我想对大猩猩说："大猩猩，其实森林里有很多小动物都想和你做朋友，他们都在你身边看着你呢，你只要愿意走近他们就能找到朋友了。"

生3："大猩猩，你已经知道友情是不能靠金钱买卖的，所以你用免费出租友情的方法找朋友。可是友情不是租来的啊，你一定要自己去找朋友。"

分析：通过教师的引导，学生们都明白了友情是不能靠金钱买卖的，要主动去找朋友才能有自己的朋友。朋友是我们成长的伙伴，大家要互帮互助，珍惜友情。

案例18

<h3 style="text-align:center">《假如给我三天光明》</h3>

《假如给我三天光明》被誉为"世界文学史上无与伦比的杰作"，是美国著名女作家海伦·凯勒的代表作，适合推荐给六年级的学生阅读。该书以自传体散文的形式，完整地描述了海伦·凯勒富有传奇色彩的一生，以一个身残志

坚的柔弱女子的视角，去告诫身体健全的人应珍惜生命，珍惜造物主赐予的一切。本书表现了海伦·凯勒坚强不屈和积极乐观的精神，表露出她对世人强烈的爱和热切的希望。六年级的学生处于青春期，遇事容易冲动加上毕业考试的压力，有时候会产生厌学情绪，遇到困难也没有信心克服。教师通过推荐学生阅读《假如给我三天光明》，引导学生做一个有毅力、有信心，敢于挑战困难的人，懂得珍惜生命，关爱社会，感恩他人。

师：大家了解海伦·凯勒吗？

生：我知道海伦·凯勒出生时，本是一个健康的婴儿，却在19个月大时被一场突如其来的疾病夺去了视觉和听觉。突然变成聋盲人的海伦·凯勒由于对外界的恐惧变得狂躁不安，脾气越发暴躁，直至遇到了改变她一生的家教老师——安妮·莎莉文。海伦·凯勒在安妮·莎莉文老师的帮助下，凭借自己顽强的意志，最终顺利从哈佛大学毕业。

师：这本书其实是海伦·凯勒的自传，通过简介，我们可以了解海伦·凯勒。相信大家在阅读这本书的时候，都会被海伦·凯勒的自强不息而感动，有很多片段想跟大家分享吧。

生1：我想和大家分享这个片段："'忘我就是快乐。'因而我要把别人眼睛所看见的光明当作我的太阳，别人耳朵所听见的音乐当作我的乐曲，别人嘴角的微笑当作我的快乐。"从这里我看到了一个乐观向上的海伦·凯勒。虽然她身体有残疾，但她的心态很好。她会寻找快乐，寻找幸福，对于别人来说微不足道的东西，对于她来说就是一种快乐和幸福。

生2：我想和大家分享这个片段："身体上的不自由终究是一种缺憾。我不敢说从没有怨天尤人或沮丧的时候，但我更明白这样根本于事无补，因此我总是极力控制自己，使自己的脑子不要去钻这种牛角尖。"从这里我知道了海伦·凯勒是一个有自制力的人。我曾经听过这样一句话，每个成功的人肯定都是自制力很强的人。我觉得海伦·凯勒就印证了这句话。面对自己身体的残缺，她也曾沮丧，但她终究没有自暴自弃，而是用强大的自制力使自己不钻牛角尖。最终她学会了生活，她成功了。

生3：我想和大家分享这个片段："我的记忆中，而且还要研究她的容貌，发现她出自同情心的温柔和耐心的生动迹象，她正是以此来完成教育我的艰巨任务的。我希望从她的眼睛里看到能使她在困难面前站得稳的坚强性格，并且看到她那经常向我流露的、对于全人类的同情。"这是海伦·凯勒对安妮·莎莉文老师的感恩。她是在安妮·莎莉文老师的帮助下走向成功的，她非常感谢安妮·莎莉文老师，她还学会了用安妮·莎莉文老师对她的爱，去对待全人类。这是多么宽广的胸襟啊，真的很难想象这是一个聋盲人说出的话。

师：同学们的感受都很深刻，说明你们都很用心地在看这本书，和作者产生了共鸣。你们有留意到海伦·凯勒是怎样劝导我们这些健全人的吗？

生：她说："善用你的眼睛吧，犹如明天你将遭到失明的灾难。同样的方法也可以应用于其他器官。"我们应该热爱生活，珍爱生命。

师：你找得很准确，海伦·凯勒告诉我们要爱护身体、热爱生活、珍爱生命。你们还有别的收获吗？

生1：从海伦·凯勒的身上，我明白了一个人能不能取得成功，并不在于条件的好坏，而在于有没有奋斗的精神。我们平时遇到失败，总是找很多客观的原因，都没有从自己身上找原因，就算有客观原因存在，这和海伦·凯勒所遇到的相比，我们这些困难根本不值一提。以后，我们在困难面前要多想办法，不能退缩，更不能轻言放弃。

生2：我们比海伦·凯勒幸运多了，我们拥有健康的身体、良好的学习环境、优秀的老师、关爱我们的父母，还有什么理由不好好学习呢？我们从今天起以海伦·凯勒为榜样，抓紧每一分每一秒，认真刻苦学习，相信我们的努力会有回报。

生3：无论以后我们从事什么职业，我们都要懂得感恩社会、感恩父母、感恩老师，他们陪伴我们一路成长，给了我们很多帮助。当我们有能力的时候，一定要回馈他们。

分析：学生们激情洋溢的发言，感动了同学，也感动了教师。这节阅读分享课，学生们畅所欲言，精彩纷呈，可以看出学生们已经懂得了如何克服困难、面对失败、珍惜生命、心怀感恩，品德教育融合到位，效果明显。

十、在选材立意中进行品德教育

写作教学在小学语文教学中占据举足轻重的地位。要写好一篇作文，首先要做好选材立意的准备，这也是作者价值取向的体现。因此，在写作教学中，语文教师不仅要给学生传授写作知识和写作技能，还要在选材立意时对学生进行品德教育。教师要引导学生发现生活中的真善美，并让真善美引起学生心灵的震动，引导学生正确看待社会，形成积极向上、健康乐观的心态。教师应当有针对性地提问和引导学生进行探讨和交流，促进学生更全面地观察社会、更深刻地认识社会，赞美生活中的真善美，抨击现实中的假恶丑，培养学生明辨是非的价值观。

案例19

《那一刻，我长大了》

《那一刻，我长大了》是部编版小学语文五年级下册第一单元的习作内容，主要为了引导学生走进并品味他们童年的深刻记忆，体会其中浓浓的情意，并关注自己正在经历的童年生活。本次习作要求学生写一件自己在成长过程中印象最深的事情，要把事情的经过写清楚，还要把感到自己长大了的"那一刻"的情形写具体，记录当时的真实感受。这对五年级的学生来说不是特别困难，但要学生在把事情写清楚、明白的基础上，还要把感到自己长大了的"那一刻"的情形写具体，字里行间流露出自己的真情实感就有一定难度了。教师要通过文中配有的插图，刺激学生回忆在成长过程中的某一些瞬间，引发共鸣，帮助学生打开关于成长的记忆大门，引导学生联系生活和思想的实际，在选材立意时进行品德教育，写出自己独特的感受和体验。

师：请大家看看本次习作的要求，找一找关键词。

生：这是一篇写事的文章，关键词是"感到自己长大了"和"那一刻"。

师：你找得很准确。你们怎么理解"感到自己长大了"，从哪些方面的变化能感到自己长大了呢？

生1：长大就是长高了。

生2：长大就是年龄增长了。

生3：长大就是变强壮了，样子也变了。

师：同学们讲的这些都是看得见的长大，可这次作文强调的是"那一刻"

的长大，这个长大是瞬间的，是看不见的。人为什么会瞬间长大呢？这不是太奇怪了吗？

生1："那一刻"的长大应该就是受到了感触，有了新的认识。

生2：我觉得"那一刻"的长大是突然意识到了自己的责任，不能再像小孩子那样想怎样就怎样了，要有自己的担当。

师：同学们，我们的长大不仅是身体上的变化，还有思想上的变化。"那一刻"的长大就是思想上的变化，"那一刻"可能是一句话、一个眼神、一个动作……它触动了你的心弦，使你有了深刻的体会，所以你长大了。我们先来看看文中的三个例子，找找"那一刻"是什么。

> **PPT出示：**
>
> 例1：今年我过生日，妈妈给我切蛋糕的时候，我发现她的眼角出现了浅浅的皱纹……

生："那一刻"是妈妈眼角的皱纹，我感受到妈妈的辛苦，平时应多关心妈妈，帮妈妈做家务。

> **PPT出示：**
>
> 例2：今天爷爷走了很远的路，给我买了一双心爱的球鞋。接过爷爷递过来的球鞋，我感觉手上沉甸甸的……

生："那一刻"是一双心爱的球鞋，爷爷对我的爱是那么的深厚，我必须好好孝敬爷爷。

> **PPT出示：**
>
> 例3：三年级的时候，第一次在全校开学典礼上发言，我很紧张，看到同学们鼓励的目光，我又有了信心……

生："那一刻"是同学们鼓励的目光，同学们帮我树立了自信心，我从紧张变得自信，战胜了自己。

师：同学们说得太好了，这三个例子告诉我们长大的感悟是多方面的，或是懂事了，或是会感恩了，或是进步了……

师：请大家观察课文中的三幅图，你们有过类似的经历吗？长大的"那一刻"你们有什么感想？

生1：我以前学骑自行车是爸爸教我的，我不断地摔倒，爸爸每次都边扶我起来，边跟我说："没事，坚持就是胜利。"第二天我就学会了骑自行车，长大的"那一刻"我学会了不能轻言放弃。

生2：妈妈生病的时候，我给妈妈送过水。看着妈妈疲惫的样子，我才知道妈妈平时太辛苦了。"那一刻"我真的很想快点儿长大，让自己有能力照顾好妈妈，不用妈妈再为我操心。

生3：我四年级刚转来的时候，看到陌生同学，心里是很害怕的，担心大家都不和我玩。老师的关心和照顾让我很快融入了班集体，我也不再害怕了。"那一刻"我想对老师说声谢谢。

师：在我们的成长过程中，肯定还有很多让人感动的"那一刻"，请你和同桌交流，尽量把事情说具体。

（学生同桌间交流自己长大的"那一刻"，细说当时的情景。）

师：谁愿意和大家分享你长大的"那一刻"？

生1：我一直不敢自己独自睡觉，直到那天妈妈狠下心逼着我自己睡。虽然那一觉我睡得很不踏实，可我终于迈出了第一步，在睡着的"那一刻"，我变得勇敢了！

生2：我的弟弟很贪玩，中午也不肯睡觉，外婆为了大家能安心睡午觉总是陪着弟弟，让我们去睡觉。好几次我发现外婆困得都打瞌睡了，也不忍心打扰我们午睡，没有叫我们帮忙。外婆实在太辛苦了，我要好好孝顺她。

生3：爸爸工作很忙，总是没有时间陪我。我总感受不到爸爸的爱，可他那天晚上通宵加班后，一大早赶回家就为了送我去上学。妈妈说不用这么麻烦，他却说这是他唯一能为我做的事了。"那一刻"我觉得父爱并不比母爱少，我要多体谅爸爸。

分析：教师通过帮助学生选材立意，融合品德教育。学生在回忆的同时，感受到长辈、父母和老师对自己的关爱和付出，体会到在成长过程中需要勇敢、自信等，流露出感恩之情，成长之悟。

案例20

《我有一个想法》

《我有一个想法》是部编版小学语文三年级上册第七单元的习作内容。教材通过情境式的编排体系，为学生展示了生活中的两个情境：一是生活中玩手机的人特别多；二是设想在班级开辟一个植物角。用生活中学生熟悉的场景，引起学生对生活中一些现象和问题的关注，让学生提出自己的想法和建议，并选择一个自己发现的或同学列举的现象写一写。在写作指导中，教师要引导学生关心生活中的现象，积极进行思考，大胆表达想法，提高学生主动参与社会生活的意识，让学生明白自己是社会的一员，要尽自己最大的能力促使我们的生活变得更加美好，培养学生关心他人、关心社会的责任感，做一个对社会有用的人。

师：（大屏幕出示生活中不良现象的图片）同学们，看了这些图片你们有什么想法？

生1：他们在公园里乱丢垃圾，实在太不应该了，把公园美好的环境都破坏掉了。

生2：我们去洗手间洗完手应该把水龙头关好，不能浪费水资源。

生3：过马路的时候不走斑马线，实在太危险了，他们不要命了吗？

生4：同学之间要团结友爱，不能因为别人成绩差就嘲笑他是笨蛋。

师：这些都是我们生活中常见的现象，你们刚才观察图片了解了事情并发表了自己的看法，有些同学还提出了自己的建议，非常好。其实，生活中还有许多需要改进的问题，等待我们去发现、去指出。如果我们每个人都能积极发现并敢于表达自己的想法，同时再提出合理的建议和解决方法，相信这些问题就会越来越少，我们的生活也会变得越来越美好。（大屏幕出示教材中的两个例子）请同学们看看例子中的"我"都看到了什么问题或者现象，又分别产生了怎样的想法？

生1：例1中的"我"发现人们沉迷玩手机影响与人交往的问题，"我"提出不应该总是玩手机，应该用更多的时间关心身边的人的想法。

生2：例2中的"我"直接提出想法，想为班级开辟一个植物角。这样既可以使班里的同学了解不同植物的特点，还可以使大家亲近自然，为教室增添大自然的气息。

师：看来不一定是发现不良现象才可以提出自己的想法，在现有的基础上想把事情做得更好，把生活变得更美好，也可以提出自己的想法。生活中有哪些现象或者问题引起了你们的关注？你们对这些现象又有什么想法呢？

生1：同学们在课间十分钟的时候互相追逐打闹，不少同学因此受伤。这不仅伤害了同学的身体，也影响了同学间的感情。课间休息的时候，我们可以多看看绿色植物和远处的树木，保护我们的眼睛，还可以和同学聊聊天儿，多了解彼此，以增进友谊。

生2：我发现有些人在公共场合大声喧哗，还说脏话，实在太不文明了。我们应该做个讲文明讲礼貌的好公民，发现别人在公共场合大声喧哗，要及时劝告，或告知管理员叔叔。

生3：那次我和家人去喝茶，旁边那桌的人一直在抽烟，弄得我们被迫吸二手烟，服务员去劝阻他们，他们还很不情愿地把烟头随意扔在地上。吸烟有害健康，如果发现身边的人有吸烟的习惯，我们要劝他戒烟。实在忍不住要吸烟的话，应当到吸烟区去，不要让旁边的人吸二手烟。

生4：我发现有些同学吃课间餐的时候，是自己喜欢吃的食物才吃，不喜欢吃的就不去拿了，还有些同学吃几口就直接倒掉了。我们吃课间餐是为了补充能量，不管是不是自己喜欢吃的食物都要吃，不能挑食。造成粮食的浪费，真是太不应该了，农民伯伯种粮食是很辛苦的。

师：你们都是善于观察和思考的孩子，发现了生活中有那么多值得深思的现象，不仅发表了自己的看法，还提出了合理的建议。老师真为你们感到自豪。希望你们把这些想法写到作文里，让更多的人看到它，关注它。

分析：教师通过帮助学生选材立意，引导学生对生活中需要改进的问题或现象发表看法。学生观察的视角从学校到社会，思考得也很到位，提出了自己的想法，逐步意识到自己也有责任和能力使我们的生活变得更加美好，并且要做一个对社会有用的人。

十一、在实践活动中进行品德教育

实践活动是小学语文学习的有效途径，是小学语文课堂教学的有益补充。语文实践活动形式多种多样，在开展语文实践活动时，教师要多设计些学生乐于参与的、融语文与德育双重功效于一体的活动。演讲比赛，可以锻炼学生的口才，使他们的言谈举止高雅大方，陶冶自身情操。辩论赛，可以增强学生间的团结协作精神，让学生在辩论过程中去伪存真、由表及里地认识事物，有利于学生正确人生观和价值观的形成。做环保宣讲员，可以让学生在学会礼貌待人的同时，培养学生良好的道德素质，增强学生的环保意识和社会责任感，在潜移默化中对学生进行品德教育。这些实践活动既丰富了语文教学形式，又激发了学生学习语文的兴趣，让学生在轻松的活动中不知不觉地受到品德教育。

案例21

《制定班级公约》

《制定班级公约》是部编版小学语文五年级上册第一单元的口语交际教学内容。五年级的学生集体观念逐渐增强，对事物也有了自己的想法，他们都愿意为班级建设建言献策。教师要引导学生根据班级的实际情况，以实现班级建设目标为前提制定公约，努力营造良好的学习环境，建设团结友爱的班集体，提高班集体的凝聚力，培养学生的集体主义精神。

师：最近我发现咱们班出现了许多不良现象（大屏幕播放教师收集到的班级日常不良现象图片），这样下去可不行。俗话说："没有规矩，不成方圆。"为了杜绝班级这些不良现象的再次发生，营造良好的学习环境，我们今天一起来制定班级公约。你们知道什么是班级公约吗？

生1：班级公约是同学们共同制定、认可的规则。

生2：班级公约对班级中的所有人都具有约束力，每个人都应该遵守。

师：我们该怎样制定班级公约呢？

生1：既然班级公约要大家一起遵守，那就必须要大家一起制定，大家都同意，这样大家才会愿意去遵守。

生2：我觉得不可能每条公约大家都会一致同意，如果出现意见不统一的时候，应该少数服从多数。

生3：班级公约应该有针对性，像我们班在纪律和卫生方面要加强管理，那就应该针对这两个方面去制定班级公约，使班集体变好。

生4：我觉得制定班级公约要注意可行性，要大家都能做得到的才行，如果要求太高，很多人无法做到就没意义了。

师：同学们分析得很有道理，把制定班级公约要注意的问题都说清楚了。那我们接下来就分组讨论，写出你们小组制定的班级公约。讨论要求请看大屏幕：

PPT出示：

1. 每个同学先写出两三条自己认为比较重要的班级公约内容，然后依次在小组内读出自己写的公约内容。

2. 组员发言时，其他组员认真倾听，记住要点，然后逐条表决。

3. 组长记录大家通过的公约内容，去除重复的，按照不同方面分类整理，抄写到卡纸上。

（学生们在组长的组织下讨论。）

师：讨论时间到，请各位组长按照顺序把卡纸贴到黑板上并做简单说明，后面的小组发现和汇报小组内容相同的公约可以先画去。小组代表汇报时，其他小组的同学认真倾听，然后进行评价。如果小组意见不被大家认可，小组成员可以在大家表态后进行意见补充。如果大家的意见最终还是不能达成一致，该项内容暂不列入班级公约。最终大家都认可的公约将确定为班级公约。

（组长们轮流汇报，同学们评价。）

师：经过同学们的共同努力，我们班的公约已经形成，希望大家共同遵守，让我们班成为一个学习环境良好、大家团结友爱的大家庭。班级公约公布如下：

1. 按时上学，不迟到。

2. 上课专心听讲，大胆发言。

3. 课间休息不追逐，不打闹。

4. 每天按时完成作业。

5. 使用礼貌用语，不打人，不骂人。

6. 集会排队做到快静齐。

7. 不随地吐痰，不乱扔果皮纸屑。

8. 值日生每天按时打扫卫生，保持教室清洁干净。

9. 爱护公物，损坏公物要照价赔偿。

10. 节约粮食，课间餐不乱倒。

分析：在老师的引导下，学生们充分认识到了制定班级公约的重要性，并能将之细化，还根据实际情况制定了班级公约。在小组讨论和小组汇报的实践活动中，学生们互相倾听、互相尊重，对不认同的公约内容提出合理的建议，积极参与班集体建设，培养了学生们的集体主义精神，增强了班级凝聚力。

案例22

《轻叩诗歌大门》

《轻叩诗歌大门》是部编版小学语文四年级下册第三单元综合性学习的主题，有合作编小诗集和举办诗歌朗诵会两个主要内容。教材通过实践活动，激发学生学习诗歌的兴趣，增长学生诗歌方面的知识，培养学生合作学习的意识，锻炼学生自行开展活动的能力。学生在实践活动中主动探究、相互学习、分工合作，加深了对诗歌及中华传统文化的热爱之情。

师：同学们，上一周老师布置收集诗歌并抄写到A4纸上，今天都带来了吗？

生齐答：带来了。

师：老师看到你们收集到的诗歌有古代的，也有现代的，还有些同学创作了自己的诗歌。看来你们还真是非常喜欢诗歌呢！诗歌是我国传统文化的瑰宝，它既富含个人的情感，又具有深刻的文化底蕴和历史渊源，非常值得我们学习。为了方便阅读和学习诗歌，很多人会制作诗集。其实，我们把这些收集到的诗歌编成册就是一本诗集了。你们想拥有自己的诗集吗？

生齐答：想。

师：老师手上就有一本诗集，你们传阅一下，看看一本诗集都包括哪些部分呢？

生1：有封面。

生2：有目录。

生3：有很多诗歌，还分了类。

生4：每首诗还有插图。

师：同学们观察得很仔细，可是要制作一本诗集可不容易呢，需要小组成员分工合作才能完成。你们觉得小组成员该怎么分工呢？

生1：组长要组织大家确定诗集名字，再设计封面，还要把组员收集的诗歌分类整理，编写目录。

生2：还要请有画画特长的同学负责画封面图和插图。

生3：我觉得还要根据目录写上页码，再加上个封底就更好了。

师：同学们想得真周到，那么你们现在就开始分工合作吧。

（学生分小组讨论分工，在组长的指挥下按部就班地编写出自己小组的诗集。）

师：经过大家的努力，各小组的诗集都编写完成了。请每个小组派代表来介绍你们组的诗集吧。

（生轮流上台介绍小组诗集名字的意义，收集诗歌的类别，然后把诗集放到实物投影仪上逐页展示给大家看。）

师：各小组编的诗集都很棒，在这个过程中你们除了感受到诗歌的魅力，还有什么想和大家分享的吗？

生1：想把小组的诗集编好，大家一定要团结合作。特别是在大家意见不统一的时候，我们要懂得倾听别人的意见，再反思自己的想法有没有不妥之处。

生2：如果发现同学在编写目录或者画插图时有什么错漏，不要急着去责备他，应该友好地提醒他修改过来。

生3：那么多页的插图，我们不能光靠某个同学去画，可以多选两个同学帮忙，就算自己画得不够好，也可以帮忙涂色。大家分工合作，效率才会提高。

分析：从学生们畅谈感想中，教师可以了解到他们在合作编小诗集这个实践活动中，不仅加深了学生对诗歌的了解，使学生更加喜爱诗歌，还加深了学生间的情谊，使学生学会分工合作和团结互助，达到品德教育的目的。

十二、在布置作业中进行品德教育

对小学生的品德教育，仅仅依靠语文教师在课堂上的教学是远远不够的，教师可以利用布置作业继续融合德育。作业属于学校教育范畴，教师应该利用布置作业，凸显作业全面育人的功能。从本质上讲，作业设计的核心价值，在于强化学生对所学知识的认知与理解，培育学生的知识迁移和综合运用能力。语文教师要全面认识作业的功能，不能只把作业看成是提高分数的手段，在设计作业时要遵循学生身心发展规律，丰富作业内涵，使学生在完成作业的过程中，除了能收获知识、提高能力外，情感也能有所升华，进而形成优秀的道德品质，使整个小学语文德育形成一个闭环，由课内延伸到课外，从语文教材延伸到日常生活中。

案例23

《大自然的声音》

《大自然的声音》是部编版小学语文三年级上册第七单元的一篇课文。文章以独特的视角，丰富的联想，富有韵味的语言，将大自然中的事物比作音乐家，把它们发出的声音描绘成各种生动的乐曲，表现大自然的美妙。教师可以引导学生在读中体验、品味，激发学生对自然的探索和热爱之情。课后小练笔的设置，引导学生从关注大自然的声音到厨房的声音等，使教师可以在布置作业中融合感恩教育。

师：还记得大自然里有哪些美妙的声音吗？

生：风的声音、水的声音和动物的声音。

师：你们还记得作者是怎样描写这些声音的吗？

生1：作者用了排比句。

生2：作者还用了比喻句和拟人句。

生3：我发现第2—4自然段的第一句都是整段的中心句。

师：你们把作者的妙招都找出来了，真棒！作者就是通过用中心句引起下文的方法，采用总—分的结构，加上恰当的排比句、比喻句和拟人句把大自然的声音描写得惟妙惟肖，把自己对大自然的热爱之情展现得淋漓尽致。你们还听过哪些"美妙的声音"？

生：鸟是大自然的歌手。百灵鸟的歌声最动人，布谷鸟唱着"布谷、布谷"的曲调，喜鹊"啾啾"地附和着，合唱时鸟们发出"叽叽喳喳"的声音。

师：你认识的鸟可真多，我感受到了你对鸟和大自然的喜爱。如果能加上修辞手法就更好了，晚上写作业的时候记得加上哟。

生：池塘是一个歌剧院。青蛙蹲在荷叶上"呱呱呱"地唱着歌，卫兵似的猫头鹰站在高高的树上"咕咕咕"地唱着歌，蟋蟀躲在草丛里"唧唧"地唱着歌，它们的合奏就像是交响乐。

师：你是个会学习的孩子，用上了比喻等修辞手法。你也是一个热爱大自然的孩子。除了大自然，你们还发现别的地方有美妙的声音吗？

生：厨房是一个音乐厅。妈妈走进厨房，水龙头"哗哗"地引吭高歌。妈妈切菜时，菜刀和案板配合默契的"砰砰"声，如同有人卖力地敲打着大鼓。不一会儿，油锅发出"吱吱"声，那是一道好菜就要烧好了，像是长笛悠扬伴奏，又像是它不由自主地啧啧赞叹。

师：你观察的视角真独特，你觉得油锅发出"吱吱"声在不由自主地赞叹什么呢？

生：赞叹这道菜的美味。

师：这道美味的菜是妈妈做的，你觉得它还会赞叹什么呢？

生：它还会赞叹妈妈的勤劳和妈妈的爱。

师：你是个懂事的孩子，感受到了妈妈的勤劳和妈妈的爱。平时，你家里是妈妈做饭吗？

生：是的。

师：那你今晚吃饭的时候记得对妈妈说一句——

生：妈妈，您辛苦了！谢谢您每天做饭给我吃。

师：我们除了在口头上对妈妈表达感谢，平时还可以在行动上对妈妈表达感谢。你们会用什么行动感谢妈妈呢？

生1：我会帮妈妈洗菜。

生2：我会帮妈妈煮饭。

生3：我可以帮忙扫地、倒垃圾。

生4：我还会帮忙晾衣服、叠衣服。

师：同学们都是心怀感恩的好孩子，其实我们的长辈们为了培育我们健康成长，都付出了心血和辛劳，我们要对每个长辈都心怀感恩，用自己的实际行动去回馈和报答他们。今晚的课后小练笔让我们用上作者的妙招，也来写一写吧，把那份感恩之情也写出来。

分析：教师引导学生从关注大自然的声音到发现别的地方的美妙声音。学生从厨房里的声音感悟出这些声音都是妈妈勤劳的写照，对妈妈的感恩之情油然而生。教师再进一步引导学生感受长辈们的关爱，让学生以后主动帮家长做家务活，体谅长辈们的辛苦，感恩教育深刻到位。

《乡下人家》

《乡下人家》是部编版小学语文四年级下册第一单元的一篇课文。作者按照房前屋后的空间顺序和季节顺序交叉描写，描绘了一幅幅多姿多彩的乡间画卷。课文的画面感很强，每个场景、每个季节都如一幅画，展现了乡下人家朴实、自然、和谐与充满诗意的乡村生活，赞扬了乡下人家热爱生活，善于用自己勤劳的双手装点自己的家园、装点自己的生活的美好品质，表达了作者对乡村生活的喜爱和向往之情。

师：作者描写了乡下人家屋前的不同风光，瓜藤攀架图为我们展现了生机勃勃、绿意盎然的瓜果；鲜花绽放图为我们展现了顺着时令盛开的绚烂花朵；雨后春笋图为我们展现了茂盛的竹林和鲜嫩的春笋；鸡鸭觅食图为我们呈现了神气的大公鸡，负责的母鸡和水中嬉戏的鸭群；门前晚餐图为我们展示了乡下人家边吃边聊，说话毫无拘束，尽情地享受乡村生活的那份愉悦、快乐和惬意；月夜入梦图让我们体会到乡下人家从伴着秋虫的夜吟享受到甜蜜梦乡的幸福。你们最喜欢哪一幅图？可以结合自己的感受和同学们分享。

生1：我最喜欢门前晚餐图。我们平时都是在屋子里吃饭的，乡下人家可以把桌椅饭菜搬到门前，边看风景边吃饭，还有阵阵晚风吹拂而来，这会不会比在空调房里吃饭更舒服呢？我真的好想去试一试啊！

生2：我最喜欢鸡鸭觅食图。鸡和鸭在农村是最常见的了，有些人还会养几头猪呢。这些鸡和鸭白天在屋旁觅食，自由自在，等到主人喂食时，听到呼唤就会纷纷跑回来，却没有跑错家的，就像孩子们认得路回家一样，十分有趣。

生3：我最喜欢瓜藤攀架图。瓜藤长得茂密时，绿绿的，特别富有生机。等瓜成熟了，青的瓜，红的瓜挂在房檐、屋顶，是乡村最特别的风景。暑假我回乡下奶奶家玩的时候，奶奶家也种了青瓜、丝瓜和蒲瓜，她搭了个瓜棚任由那些瓜往上爬，那些瓜的叶子长得密密麻麻，把整个棚顶都铺满了，我坐在下面乘凉好舒服啊！奶奶把摘下来的瓜做成菜和汤，可好吃了。

师：是啊，乡下人家的生活是宁静、淳朴、富有趣味的。新农村改造后，我们的农村变得更美丽了，有的还成了旅游景点。很多人周末都喜欢到农村去度假。（大屏幕出示新农村的风光图，使学生直观感受如诗如画的乡村风景）同学们，我们一起来看看新农村的风光图。

师：看完这些图片，你们有什么感想？

生1：农村的风景真是太美了！图中的杏花村我和家人去过，真的好美，我还想到别的新农村看看。

生2：我的老家在彭村，假期回到老家，我发现乡下变美、变整洁了，让人感觉非常舒适。村里的荷花池开了满满一池的荷花，吸引了不少游人前来观赏。

生3：我的老家不仅变得更美丽了，到处都是景点，还开了农庄，很多城里人过去体验农村生活，亲手做石磨豆腐，做泥包鸡等。周末的时候比城里还热闹呢，我们一家都喜欢回到乡下玩。

师：我们的农村建设越来越好，乡村的风景如诗如画，和以前大不同了，让我们也用手中的笔写下我们眼中的乡村景致吧，那必然也是一幅绚丽多彩的画。

分析：生活在城市的学生很少去乡村，对乡村不够熟悉，很难激发学生热爱家乡的情感。教师利用作业布置融合德育，让学生去观察家乡人们的生活场景，感受家乡生活的美好，使学生也逐渐开始喜欢乡村生活，并在潜移默化中产生热爱家乡的情感。

小学语文教学中的品德教育，是蕴含在文章的字里行间的，需要语文教师采取润物细无声的教学方法，尽可能将相关的德育内容与语文知识结合。语文教师要不断提升自己的教学水平和理念，扎扎实实地在教学中做好德育的融合，这样才能使学生每天在潜移默化中由量变引起质变，培养出德才兼备的新时代接班人。

中 篇

小学语文品德教育的
教学实践

小学语文写字教学中的品德教育

随着科学技术的更新换代，人类社会进入了信息时代，手机、平板、电脑等电子产品在带给人们便利的同时，也使人们出现了越来越多提笔忘字的现象。汉字作为中国传统文化，它的继承与发展受到了前所未有的挑战。小学是学生学习汉字的初始阶段，教师必须在写字教学中要求学生掌握正确的写字姿势，坚持每天认真练习，促进学生良好品格和意志力的发展。教师可以通过汉字的历史和书法家的故事激发学生对汉字的学习兴趣，在书法作品欣赏中培养学生的审美能力，陶冶学生的情操，增强他们对祖国语言文字的热爱和传统文化的理解。教师还要特别注意在写字教学中进行品德教育，让学生"规规矩矩写字，认认真真做事，堂堂正正做人"。

一、在汉字历史中融合德育

我国的文字是世界上沿用至今最古老的文字，汉字经历了漫长的演变，承载了中华民族五千多年的文化历史，以及我国伟大的民族精神和智慧。细究每个汉字，我们都能发现深刻的人生哲理和生命智慧。汉字不仅是我国文化的传承，还是我国道德的传承。因此，教师在写字教学中，要引领学生寻找汉字的起源，了解汉字演变的过程，感受汉字在形成过程中的道德传承。在写字教学中，教师不仅要教学生写字的技巧，还要注重学生的品德修养和人格塑造。

由于汉字的丰富性，我国的书法成为固有的文化艺术形式之一，在不断演变中，成了独立的艺术。书法这项中国特有的艺术，属于我国的国宝。随着时代变迁，我国书法艺术的发展已有数千年的历史，自唐代以来，书法远播海外，早已传入周边国家，对周边国家文化和社会的发展产生了非常深刻的影响。包括西方国家一些优秀的艺术家，也积极地从我国书法艺术中吸取其所需要的创作元素，产生创作灵感，丰富作品内容，提升作品品质。随着我国综合实力的不断增强，在国际上的影响力不断提升，我国书法艺术的传播也越来越远，并且取得了世界范围内的认可。许多外国友人还不远千里到我国学习书法，感受我国书法艺术的魅力。教师在写字教学中，要注重对学生民族自豪感以及爱国主义情感的培养，让学生充分地了解我国书法发展的历史和现阶段的发展状况，激发学生的民族自豪感，增强文化自信，教育学生应当以成为这些优秀传统文化的奠基者而骄傲，同时也应该为传承这些优秀传统文化而不断努力。

二、在写字姿势中融合德育

小学生处于生长发育的关键时期，教师在教学生写字前，必须通过反复训练，让学生掌握正确的坐姿和握姿。如果学生写字姿势不正确，不仅影响其书写速度和书写质量，还会影响其身体发育，严重者会出现近视、斜视、脊椎弯曲、手指变形等情况。因此，教师必须高度重视学生写字的坐姿和握姿训练。写字的坐姿要求学生头正、肩平、身直、臂开、足安；握姿要求学生按照一抵二压三衬托标准正确握笔。"一抵二压三衬托"中的"一抵"是指用中指的指甲根从笔杆的下方将笔从下往上抵住，笔杆留出一寸长的距离，一般是在旋笔刀旋出锥形的根部；"二压"是指用大拇指从里侧、食指从外侧将笔捏紧后往下轻压，拇指和食指的指肚着力，这样捏时指肚面大，肉软且厚，不用费很大力气就能将笔握紧；"三衬托"是指无名指、小指略弯曲成前后状，两指成一平面贴于桌面，掌侧要贴实桌面，从而将中指及整支笔托起，形成既稳且活的握笔姿势。

在写字时，教师还要严格要求学生做到"三个一"。"三个一"具体指胸离桌子一拳，眼离书本一尺，手离笔尖一寸。刚开始训练时，学生可能会经常忘记写字姿势的要求，甚至会写着写着就趴到桌子上了。教师则要在学生书写时注意巡视，及时纠正姿势不端正的学生，帮助学生养成良好的书写习惯。教师在写字教学中，还要引导学生在写字前先观察汉字的间架结构，熟记汉字的书写笔顺。在学生写字时，教师要提醒学生必须按照汉字笔顺写，横要平、竖要直、撇有锋、捺有脚，发现学生写字不规范的时候，严格要求学生重写。教师要让学生明白，写字要规规矩矩，做事要认认真真，做人要堂堂正正。

三、在写字练习中融合德育

小学生要写得一手好字，光靠掌握正确的写字姿势是远远不够的，学生必须静下心来，认认真真不断练习才能有所进步。小学一二年级的写字教学以硬笔书法为主，三年级以上的写字教学增加了软笔书法，然而无论学生学习硬笔书法还是软笔书法，都是一个长期、持续的过程，是一件考验个人意志的苦差事。在临摹阶段，学生要聚精会神地观察，从汉字一点一画的运笔方法，到字体的间架结构，就连点画的位置关系也不能放过。在练习阶段，学生一丝不苟地根据观察所得把汉字临摹出来，也会常常忽略掉笔画的微妙变化，导致临摹出来的汉字大相径庭。此时，很多学生会有懈怠情绪，否定自己的付出，不愿意继续练习。教师必须及时开导学生，用书法名家们的勤学故事，如"怀素二十年不下楼，刻苦练字""王羲之墨池的故事""颜真卿辞官拜师"等激励学生，重新燃起学生对书法学习的热情，从故事中学习书法名家们的勤奋刻苦、持之以恒的学习精神。同时，教师还要引导学生把自己临摹出来的字和字帖上的字进行比较，比较字的形态，短长肥瘦，字的用笔、结构及神采等，看差在哪里，总结出原因，争取下次临摹有进步。

当学生把书法练习当作一种兴趣爱好，每天都能坚持不懈地认真练习时，我们会发现，学生不仅能逐渐掌握运笔的方法，挥洒自如，书法水平有所提高，学生的性格也会有所改变，原本心浮气躁的学生变得平心静气，做事不再急于求成，而是有条不紊。

做事毫无章法的学生懂了要按部就班，轻言放弃的学生学会不畏艰难，意志变得更坚强。这就是中国汉字的魅力，学生在写字练习中，不仅感受到汉字的美，同时受到文化熏陶，遇见更好的自己。

四、在书法欣赏中融合德育

书法是高雅的艺术，无论硬笔书法作品还是软笔书法作品，都是布局谋篇和书写内容完美结合的艺术品。在部编版小学语文教材中，不同年级的语文园地中都有关于书写指导或书法欣赏的内容。五年级下册的综合性学习《遨游汉字王国》还用了整个单元来介绍我国的汉字，让学生感受汉字的美、书法作品的美。小学语文写字教学中的书法欣赏教育不仅培养了学生的审美能力，还加深了学生对祖国语言文字的热爱。不同的字体展现书法作品不同的风格，篆书古朴雅致，隶书沉雄遒劲，楷书严整瑰丽，行书秀娟活泼，草书奔放奇逸，传递给人们不同的情感信息。正所谓"字如其人"，我国许多著名书法家不仅书艺精湛，而且人品高洁。教师在引导学生欣赏书法作品，感受汉字美的同时，还可以向学生讲述书法家们的故事，如王羲之"骨硬"，虞世南"德行忠直"，颜真卿"忠义光明"，柳公权"心正则笔正"，蔡襄"才德俊伟"，黄道周"不谐流俗"，让他们身上的中华民族传统美德启迪学生心灵，促进学生成长，使学生不断提高自身的道德修养。

　　小学语文教师要特别注意，引导学生欣赏书法作品不要仅限于书法名家的作品，还要关注学生自己的书法作品。毕竟小学生年龄小，他们要达到书法名家的书写水平，还有很漫长的一段路，他们欣赏书法名家的作品只能收获美的享受，对提高自己书写水平的作用不明显，很难激发学生持续学习书法的兴趣。但是同学的书法作品和自己的水平不会差太远，通过欣赏同学的书法佳作，学生很容易找到自己的不足之处。课余时间还可以和同学一起交流学习书法的经验和感受，这样学生的书写水平会提高得很快，也将为学生继续学习书法，传承中华传统文化打下坚实的基础。教师可以通过在班级黑板报开辟学生书法作品展示台、评选"小小书法家"、举办个人书法展等，营造学生学习书法的氛围，让学生把写一手好字当作一种本领，把能写一手好字看成一种自豪，帮助学生端正学习态度，培养学生的高尚情操。

　　写字是小学语文教学中最基础的部分，也是学生学习其他科目必不可少的基本技能。小学语文的写字教学不仅提高了学生的写字质量，还发挥着重要的育人作用。在写字教学过程中，学生受到书法作品艺术的熏陶，爱国情感得到培养，审美能力得到增强。在练字过程中，学生的意志得到磨炼，情操得到陶冶。学生明白了要从小写好中国字，做好中国人，为传承中华优秀传统文化贡献力量。

附录1

写字姿势教学中的品德教育案例

汉字是从古沿用至今的古老文字，从仓颉造字的古老传说至今，汉字生生不息，承载了中华民族五千多年的文化历史。在漫长的发展演变过程中，字体发生了很大变化，其中以甲骨文、金文、小篆、隶书、楷书五种字体最为典型。小学生从一年级开始就要学习写字，以楷书为主。"楷"是规矩、楷模的意思。楷书字形方正、笔画规整平直，学生在学习写字的过程中潜移默化地受到影响，明白做人也要堂堂正正、规规矩矩。因此，汉字不仅是文化的传承，还是道德的传承。写字姿势的教学是学生学习写字的基础，在教学中，教师要巧妙融入德育内容，对学生进行德育熏陶。

师：同学们，学习写字前，我们要先掌握正确的写字姿势。写字姿势包括坐姿和握姿，请同学们看大屏幕。（大屏幕出示坐姿图）你们看看图中这个小姐姐，她写字时是怎么坐的？

生1：她坐得很端正，腰挺得很直。

生2：她的头抬得很高，不像有些同学趴在桌子上写字。

师：同学们观察得很仔细，说得很不错。我们再仔细看看，小姐姐的脚是怎样放的呢？写字时，双脚要平放。这样整个人才能够安安稳稳地坐好，认认真真地写字。如果用十个字来总结坐姿就是"头正、肩平、身直、臂开、足安"。我们马上来练习一下坐姿吧！

（学生边对照图片边端正坐好，教师引导学生上身坐正，两肩齐平；头正，稍向前倾；背直，胸挺起；两脚平放在地上与肩同宽。）

师：同学们坐得都挺端正的，可有些同学胸部贴着桌子了，这样会影响书写的。老师告诉大家，正确的坐姿不仅会让我们把字写好看，还可以保护我们的身体。所以写字光坐端正还不行，我们还要牢牢记住"三个一"，这"三个一"就是：胸离桌子一拳，眼离书本一尺，手离笔尖一寸。同桌之间互相看看，现在你们的胸离桌子有一拳吗？

生：老师，他没有，他的胸还贴着桌子。

师：那你赶快提醒他坐好吧。

生：老师，眼睛要离书本一尺，那一尺是多远呢？

师：你真是个爱动脑筋的孩子，你提的这个问题特别好。一尺和一寸都是古人常用的度量单位，我们现代人用米、分米、厘米这样的度量单位，所以大家不知道一尺有多远很正常。因为大家还没有学习测量，老师告诉你们一尺约等于33.33厘米，你们也许还是不清楚具体是多远。请看老师，现在老师捧起书看，老师眼睛到书本的距离大约就是一尺了，保持这个距离看书，我们的眼睛就不容易近视。

生：老师，我这样看书的距离对了吗？（学生捧书看）

师：对了，对了，你学得很快，做得很好。大家也学着她的样子看书吧，感受一下一尺是多远。我们在写字的时候，眼睛看本子的距离也是一尺。

（学生自由练习，互相观察同桌看书、写字是否保持一尺距离，发现有误及时纠正。）

师：大家掌握了坐姿，接下来我们要学习正确的握笔姿势了。请同学们看大屏幕。（大屏幕出示握笔姿势图）

师：从图上看，可能同学们还不是很清楚正确的握姿是怎么样的。老师教给你们一句口诀"一抵二压三衬托"，牢记这句口诀就能掌握正确的握笔姿势。请同学们边看老师的示范，边跟着老师做。"一抵"是指用中指的指甲根从笔杆的下方将笔从下往上抵住，笔杆留出一寸长的距离。

师：同学们请留意看，老师现在手离笔尖的距离就是一寸，如果大家把握不准，那就握住旋笔刀旋出锥形的根部，这就是离笔尖一寸的距离。"二压"是指用大拇指从里侧、食指从外侧将笔捏紧后往下轻压。注意不要太用力，那样写字，手指会变形。

师："三衬托"是指无名指、小指略弯曲成前后状，两指间成一平面贴于桌面。老师的示范，同学们都看清楚了吗？你们试一试吧。

（学生练习握笔，教师巡视，发现有学生握笔错误时及时纠正。）

生：老师，我发现要写好字太难了。

师：我们是中国人，应该写好中国字。你们现在刚开始学写字，会觉得难，慢慢熟练后就不会觉得难了。

生：老师，写字为什么要有那么多规矩，拿起笔写不就行了吗？

师：你可千万不能这样想，无论做什么事都要讲规矩，写字也不例外。你也不能讨厌这些规矩，其实它在保护我们呢！否则我们又近视又驼背的，多不好啊！

生：可是写字的规矩太多了，我真怕自己记不住。

师：没关系的，老师和同学都会帮助你，在你忘记的时候，我们都会提醒你。你每天坚持练习，很快养成习惯，就不用死记硬背这些规矩了。

分析：通过观察图片和教师的示范，学生掌握了写字的正确姿势。但这只是一个起点，学生要掌握正确写字姿势并且把字写好需要持之以恒地勤学苦练。教师要不断鼓励学生，帮助学生，发现学生有畏难情绪的时候要及时开导，让学生逐渐爱上写字，学会做人。

附录2

汉字欣赏教学中的品德教育案例

《义务教育语文课程标准（2022年版）》的总目标明确指出："感受语言文字的美，感悟作品的思想内涵和艺术价值，能结合自己的经验，理解、欣赏和初步评价语言文字作品，丰富自己的情感体验和精神世界。"所以，在小学语文写字教学中培养审美能力，显得尤为重要。小学语文教师要具备美育意识，提高自身在这方面的修养，在教学中挖掘美育因素，引导学生感受汉字的形体美，调动学生的审美激情，培养学生对汉字的欣赏能力，激发学生的民族自豪感和爱国之情。

五年级上册第八单元《语文园地》中【书写提示】的内容是初唐著名的书法家欧阳询的楷书代表作之一《九成宫醴泉铭》。教师借助大屏幕出示欧阳询的楷书作品，让学生欣赏。

师：我国书法的历史源远流长，在各种书体中，我们现在最常用的就是楷体。现在我们一起欣赏欧楷书法作品，感受一下欧楷书法的特点。请看大屏幕，如图1所示。

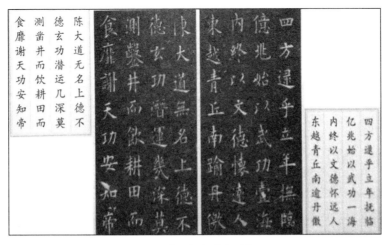

图1　欧楷书法

师：刚才大家欣赏的是欧体楷书作品《千字文》。你们看了有什么感觉呢？

生1：我发现每个字的大小差不多，都写在方格正中间，整整齐齐很好看。

生2：我以前在博物馆看到别的书法作品，那些字我都看不出来是什么，我感受不到它的美。可是这幅《千字文》上的字我能看懂，看起来很舒服，觉得很美。

师：这就是楷书的魅力啊！欧阳询是初唐著名的书法家，他流传下来的很多作品都为后人所敬仰。今天我们一起来欣赏他的楷书代表作之一《九成宫醴泉铭》。这个作品被后人称为"唐楷第一"，一般学习欧楷书法的人都会拿这个当作范本。请看大屏幕，如图2所示。

图2　《九成宫醴泉铭》

师：课本介绍上说欧阳询的楷书用笔方整，笔力刚劲，点画的起、收及转折处一丝不苟；字形竖长，各部分之间穿插巧妙，结构十分严谨；整体上显得既平正端庄，又险劲生动。你们从作品中能感受到吗？

生1：欧阳询的楷书横画和竖画修长而略带弹性，刚劲有力，长短比例悬殊，可以从作品中"井、方、青、丘、上、年"等字看出来。

生2：我从作品中的"测、深、无、潜"等字看出，欧阳询的楷书点画的起、收及转折处相互呼应、一气呵成，讲究变化而又错落有致。

生3：我还发现作品中的撇和捺讲究轻重缓急和粗细变化，劲健有力，可以从作品中的"大、天、文、逯、远、运"等字看出来。

师：你们的书法功底真是深厚啊！应该都是书法爱好者吧！

生齐答：是。

师：听到你们肯定的回答，老师真高兴。我为咱们班有那么多的书法爱好者而自豪。书法是中华传统文化的重要部分，我们应该多了解书法、多学习书法，传承我国的传统文化。

师：《九成宫醴泉铭》是欧阳询七十五岁时的作品，最能代表他的书法水平，充分体现了欧阳询的书法结构严谨，圆润中见秀劲的特点。他不仅是书法家，还是政治家、文学家，是"楷书四大家"之一。可你们知道吗？欧阳询曾因偶遇名家书法石碑，而连卧三天以学习名家书法。他勤学苦读，才有了今天的成就。所以，我们欣赏欧书，除了感受到它的美，还要向书法家欧阳询学习做人的道理。

师：你们学习了书法，有悟出什么人生道理或者其他感受和大家分享吗？

生1：我觉得练书法就应该选择好字帖，刻苦练习。做人也一样，要做一个刻苦的人，吃得苦中苦，方为人上人。

生2：练书法要认真读帖，注重运笔。做人也一样，为人之道就是要循规蹈矩，做一个坚持原则的人。

生3：我在特别烦闷的时候，就会去练习书法。在临摹的时候，我的注意力转移到写字上了，我的心情慢慢地就会平静下来。当我平心静气地再回头想那件烦心事的时候，反而觉得那件事也没什么大不了，根本不值得我去烦。所以，我常常告诉自己，遇到问题不能太冲动，冷静下来才能想到办法解决问题。

师：同学的感悟都很深刻。的确，学习书法是可以改变一个人的，我们常说的"文质彬彬""书香气"就是一个人喜爱读书、喜爱书法的体现。

分析：学生通过对欧楷书法作品的学习、观赏和评点，既能感受到端庄俊朗的文字，又可以丰富自身美感，培养自身审美和鉴赏能力。教师在指导学生欣赏书法美的同时，讲述书法家欧阳询苦学的故事，引发学生对书法学习的感悟，进而起到了陶冶学生情操、培养学生高尚品德的作用。

小学语文阅读教学中的品德教育

　　小学语文教学以阅读教学为主，阅读课是小学语文教学中最常见的课型。小学语文阅读教学涉及丰富多彩的内容，不仅实现了对中华文化的传承，而且对小学生的情感进行了熏陶，为融合德育创造了条件。小学语文阅读教学除了前文提到的在小学语文教学中融入品德教育的12种基本方法外，教师还可以在合理想象、课文批注、剧本表演和读观后感中融合德育。

一、在合理想象中融合德育

　　小学生的想象力是非常丰富的，随着年龄的增长，学生的想象力会逐渐减弱。在小学这个黄金时期，教师要深入研究教材内容，合理利用有效教学策略，培养学生的想象力。因此，在小学语文阅读教学中，教师可以适当引导学生放飞自我，发挥想象力，根据课文内容去身临其境地想象，感受语言文字的魅力。这不仅可以让学生更加深入地理解课文内容，体会文章表达的思想感情，还可以利用语言文字洗涤学生幼小的心灵，丰富学生的情感世界，升华学生的人文精神，对学生进行品德教育。

　　教师要在培养学生想象力时进行品德教育，那必须要求学生的想象是合理的。合理的想象指的是想象既要大胆，又要符合生活实际和自然规律，不能脱离实际，违背规律胡编乱造。指导学生发挥想象编故事，教师一定要让学生意识到想象不是妄想，要在现实的基础上进行大胆想象，创造出现实中不存在的独特的事物或景象。故事的情节发展要有因果关系，在逻辑上能联系起来说得通，人物的行为要与人物性格和情节发展保持一致，只有这样想象出来的故事才有真实性，才能让读者有代入感，成为一个好故事，有教育意义。

例如：在教学部编版小学语文二年级下册《蜘蛛开店》这篇课文时，课后题要求展开想象，续编故事。接下来会发生什么事呢？

首先，教师要引导学生根据蜘蛛之前的表现推测蜘蛛会不会帮蜈蚣织四十二只袜子。此时，蜘蛛已经吓得匆忙跑回网上，说明蜘蛛内心是抗拒的。之前他正因为织口罩比织围巾容易，改为织口罩，结果发现织口罩也不简单还很累，又改为织袜子，所以怕辛苦的蜘蛛应该不愿意帮蜈蚣织四十二只袜子。可是他现在正开着店，总不能因为怕麻烦就失去诚信，因此他既要委婉地拒绝蜈蚣，又不能砸了自己的招牌。要让故事合理地发展下去，就需要出现第三个人物，他比较聪明，能够出谋划策，帮助蜘蛛解决这个难题。在教师的引导下，学生很快想到了机灵的小猴子。小猴子给蜘蛛支招儿，在招牌上写了补充说明"一双袜子一元钱"，蜈蚣觉得价钱太贵就走了。如果故事编到这儿就结束了，那学生很容易产生害怕困难，遇到困难就想办法逃避的错误思想。猴子作为一个智者的出现也只是昙花一现，没有充分发挥他的作用——改变蜘蛛开店的困境，改变故事的整个结局。

其次，教师必须抓紧时机，继续引导学生展开合理想象，发挥育人功能，融合德育。蜘蛛开店除了打发无聊的时光，还想利用自己的编织特长去赚钱。之前他三次开店都失败的原因是，无论顾客是谁都只需要支付一元钱，导致自己累到趴下也没有赚到钱。猴子既然能帮他解燃眉之急，也能帮他想出个长久之计。于是，第二天，蜘蛛的招牌又换了，上面写着："编织店，不同商品，量身定做，价格不同。"后来，蜘蛛的生意越来越红火，生活也越来越幸福了。故事编到这儿，学生也明白了遇到困难要想办法克服，不能逃避，以及一分耕耘一分收获的道理，使品德教育水到渠成。

二、在课文批注中融合德育

学生边阅读边做批注是一个良好的阅读习惯。部编版小学语文四年级上册第六单元的语文要素也提出要学习用批注的方法阅读。批注式阅读，是在学生自主阅读的基础上，把在读文过程中的感觉、感想、感悟记录在旁，把不理解的，或难以理解的，或与作者不同的见解，在旁边做好标记，标明自己的观点。批注式阅读是学生在阅读的基础上做精细的批注，从而更容易体会文章所表达的情感。学生养成批注式阅读的习惯会潜移默化地把作者的思想和自己的思考融为一体，受到阅读文本人文精神的熏陶。

目前，小学生常用的批注方法有联想式批注、感受式批注、质疑式批注和点评式批注。联想式批注，即写下由文章而联想到的文外知识，能够由此及彼，真正地把知识学活。这种联想式批注方法有助于知识的迁移、信息的归类整理。例如：对《纳米科技就在我们身边》这篇课文中纳米技术的运用描写，学生做批注："生活中还有纳米雨伞，只要轻轻一甩，雨水就干了，不会弄得地板到处湿漉漉的。"感受式批注，即记下读文章时的感受以及自己阅读后的心得体会。这种感受式的批注方法，能够帮助学生深入地理解文本，把握文章主旨。例如：对《慈母情深》这篇课文中母亲工作环境的恶劣，为了赚钱辛苦工作而龟裂的手指、疲惫的双眼和弯曲的背的句子描写，学生做批注："这都是母亲对作者的爱啊！"质疑式批注，即记录自己阅读时的困惑，只有带着问题读书，学生才能真正走入课文，与文本、作者进行对话。这种质疑式批注方法，有利于培养学生的质疑与探究精神，让学生能够由此及彼地将知识迁移，拓展到文外。例如：对《鸟的天堂》这篇课文中作者第一次傍晚时分去"鸟的天堂"，没有看到一只鸟的描写，学生做批注："'鸟的天堂'不应该有很多鸟吗？为什么巴金一只鸟都看不到呢？鸟到哪里去了？"点评式批注，即写下我们对文章的内容、情感、语言特点、人物塑造、表现手法等各个方面的或褒或贬的评价。例如：对《猫》这篇课文中作者对猫性格古怪的描写，学生做批注："作者用明贬实褒的表达方式写猫，表达对猫的喜爱之情。"

批注式阅读虽是学生自主阅读的行为，但小学生的知识储备不足，可能读完整篇文章都找不到质疑类批注的答案，学生感受类批注也会存在片面性。因此，小学语文老师在鼓励学生自主批注的同时，还应该为学生提供交流批注的机会。教师可以在课堂上开展批注交流会活动，引导学生把自己写出的批注与同学交流，通过互相讨论、交换观点及感悟解开心中的疑团，加深对课文的理解。在讨论的过程中，同学们也许会因为意见分歧出现争论的场面。这时，教师不能急于揭开谜底，直接告诉学生谁对谁错，而是应该鼓励学生在听取别人的意见后再思考，多想想别人的感受为什么会和自己的不一样，别人说得有没有道理。如果教师发现学生冥思苦想后，还是无法认同同学的见解，就要在这个关键时刻对学生适当点拨。在这个过程中，学生会乐此不疲地阅读、思考、讨论、评价，在收获对文章更深刻理解的同时，也收获在思想情感、价值观等方面的品德教育。

三、在课本剧表演中融合德育

课本剧是以语文教材为基础，选取其中记叙性、动作性、冲突性较强的篇目加以改编，将课文的文学性与戏剧性相融合，经过艺术再创造形成的一种独特的戏剧表演形式。部编版小学语文四年级上册《西门豹治邺》的课后选做题就出现了让学生试着根据"阅读链接"中的剧本开头改编课文，并演一演这个故事。这意味着在阅读教学中融入课本剧表演的必要性。每个学生对课文的理解都会有自己独特的体会。在课文内容的基础上，学生能够围绕故事情节的发展和人物性格的表现，合理地编排人物动作、表情、对话等，使得人物形象更加直观、丰满，感染人，学生就已经沉浸其中，受到剧中人物高尚品格的影响。通过课本剧表演，学生不仅进行了语言练习，促进了心理素质、社交能力、想象力和创造力的发展，还体验了人物的情感，做出了正确判断，深化了道德观念，受到了德育熏陶。

学生要成功表演课本剧，编写剧本是关键。编写课本剧剧本是通过戏剧的方式把课文中的内容以及相应的故事情节以表演的形式呈现出来。在这个编写过程中，学生需要充分了解文章的主要内容，把握好文章的主题思想，通过自己的理解，把课文中叙事的语言改为人物的对话，还要给剧中的人物设计相应的动作和神态。这是学生对文章再创作的过程，也是学生深入感受角色内心、情感再升华的过程。例如：部编版小学语文六年级上册《桥》这篇课文，主人公老支书在洪水面前把生的希望让给群众，把死的危险留给自己，体现了老支书舍己为人、英勇献身的精神。同学们普遍能理解到这个层面，只有部分同学能从结尾处读懂老支书与小伙子是父子关系，理解到更深的层面，体会到老支书不徇私情、大公无私的精神。学生在编写这个课本剧的时候，如果没有读懂更深层面的精神，那在设计小伙子被老支书赶到后面去排队"瞪老汉"这个动作时就只有愤怒的神态，而小伙子此时的心情除了愤怒，还有对父亲的不理解和有苦说不出的无奈，这个"瞪老汉"的神态是有变化的。在剧本中应该有具体的提示，这样演员在表演时才会准确到位。

有了剧本，接下来的选角和排练也很重要。这也是提升学生组织能力、表达能力、解决问题能力等综合素质的过程。作为导演的学生在选角时，可能会遇到同学的拒绝，或因为角色的安排不如意造成同学间的不愉快。在排练中大家也会因为迟到、忘词、表现力不强等突发问题产生矛盾，出现互相指责或放弃表演等状况。此时，教师要及时为学生做好疏导工作、化解矛盾，引导学生无论遇到怎样的困难，都不能轻易放弃，只要大家同心协力，在问题中反思自己，学会沟通合作，互相帮助，互相欣赏就能找到解决的办法。所以，一场课本剧的成功演出，不仅带给学生知识，还教会了学生为人处世的道理。这种体验式的德育比口头式的说教效果更明显，学生也更容易接受。

四、在读观后感中融合德育

读后感是读者读了一本书或一篇文章后由获得的感受、体会以及受到的教育、启迪等而写成的文章。观后感是观众看了一部电影或电视剧后，由具体感受和得到的启示而写成的文章。读后感虽说是写作教学的范畴，可阅读教学也经常会运用。学生学习了课文后或在课外阅读时，有了自己的感受，有感而发就需要读后感这个载体把自己的想法表达出来与人交流。有些课文述说的故事非常有教育意义，这些故事会被搬到大屏幕上，教师可以让学生在学完课文的基础上带着自己的理解去观看影片，观看后若有了新的看法，也可以把自己的观影感受写下来，成为观后感。学生无论写读后感还是观后感都是自己思想认识的体现，是对生活中善恶美丑的分辨。因此，在学生的读后感和观后感中融合德育显得非常有意义。

学生无论写读后感还是观后感，这些"感"必须是认真读（观）作品，深入体会作者的表达目的和思想感情后才产生的。这里的"感"，可以是从作品中领悟出来的道理或精湛的思想，可以是受作品的内容启发而引发的思考与联想，可以是因作品引发对社会上真善美现象的赞扬，也可以是因作品而引发对社会上某些假丑恶现象的抨击。教师在指导学生写读后感和观后感时，一定要密切联系生活实际。只有联系生活谈感受，学生的感受才能成为其日常生活的行为准则，有助于其世界观、人生观、价值观的形成。例如：《狼牙山五壮士》《开国大典》《黄继光》《董存瑞舍身炸暗堡》等这些有教育意义的文章，教师可以让学生在学完课文后去找到相关的影片观看，感受英雄人物们为国捐躯的大义凛然，激发学生的爱国之情，再联系实际谈谈自己的爱国实际行动。又如：部编版小学语文五年级上册《"精彩极了"和"糟糕透了"》这篇课文，主要叙述了作者巴迪在七八岁的时候，写了人生中的第一首诗，母亲对此的评价是"精彩极了"，而父亲对此的评价是"糟糕透了"。父亲和母亲对"我"的作品截然不同的评价，对"我"产生了巨大的影响，使"我"在"精彩极了"的鼓励中，在"糟糕透了"的警告中，把握人生方向，成长为一名著名的作家。并且"我"也明白了，父母对自己的两个极端断言，其实是两种不同表达爱的方式。日常生活中，学生也许会有巴迪这样的经历，但由于年龄小还体会不到父母这两种不同态度的教育都是爱的表现，他们往往觉得赞扬自己的那个人才是爱自己的，批评自己的那个人虽然也是为了自己好，但表达的方式太难接受了，自己感受不到爱。学生学完这篇课文后，会慢慢理解父母对自己批评式的教育也是爱。这时，教师引导学生写下读后感，联系生活实际说说自己父母表达爱的方式与巴迪父母表达爱的方式有什么异同。学生就会在谈感受的过程中，回忆父母的付出、父母对自己的爱，从而理解父母对自己的批评教育，解除误会，心怀感恩。

正所谓"成才先成人，致学先致德"，随着我国教育人才观的转变，德育也逐渐融合到小学各个学科教学中，尤其在小学语文阅读教学中，其融合效果更为突出。在小学语文阅读教学中融合德育，实现了学科教育与品德教育的有机结合，两者相辅相成，既确保了阅读教学的基本成果，也巧妙地融合品德教育，对小学生的思想道德水平进行提升，以实现德、智、体、美、劳的全面发展。因此，在小学语文阅读教学中融合德育对促进学生身心健康发展具有重要意义。

附录1

《西门豹治邺》品德教育案例

《西门豹治邺》是部编版小学语文四年级上册第八单元的一篇课文。讲述了战国时期政治家西门豹治理邺地时，惩治恶人、破除迷信、造福百姓的故事。全文结构清晰，按事情发展顺序可分为三个部分：摸清底细、惩治巫婆和官绅、兴修水利。三个情节环环相扣，通过对人物言行的描写，表现出了西门豹的智慧和巫婆、官绅的奸诈。

《西门豹治邺》这篇课文很长，教师抓住课文的主线：把西门豹是怎样利用送新娘的办法破除迷信的这部分内容作为重点，并以西门豹的言行为切入点，引导学生深入理解西门豹的智慧，从而融合要相信科学、破除迷信的品德教育。

师：读了课文，你们能用简洁的语言概括课文中讲的三件事吗？

生：调查情况、惩治巫婆和官绅、兴修水利。

师：是的，课文主要讲的是西门豹在治理邺地时，发现巫婆和官绅以给河神娶媳妇为由，骗取老百姓钱财。西门豹惩治了巫婆和官绅，并带领老百姓兴修水利，灌溉田地。

师：在这三件事中，西门豹惩治巫婆和官绅的过程最耐人寻味。让我们在小组内展开讨论，提取关键词，梳理惩治巫婆和官绅的过程，如表1所示。

表1　惩治巫婆和官绅的过程

实施步骤	怎么说	怎么做
救下姑娘	新娘不漂亮	留下
惩治巫婆	重选，麻烦巫婆去说一声	
		把官绅头子投进漳河
	催巫婆和官绅头子	

学生交流展示，完善表格内容，如表2所示，说清楚西门豹惩治恶人的经过。

表2　西门豹惩治恶人的经过

实施步骤	怎么说	怎么做
救下姑娘	新娘不漂亮	留下
惩治巫婆	重选，麻烦巫婆去说一声	把巫婆投进漳河
惩治官绅头子	去催巫婆	把官绅头子投进漳河
惩治剩下的官绅	催巫婆和官绅头子	吓得剩下的官绅纷纷求饶

师：让我们来深入感受西门豹计策的巧妙之处。

PPT出示：

"西门豹一看，女孩满脸泪水。"

师：请你们揣摩西门豹此时是怎样的心情？有什么想法？

生1：他很心疼这个女孩。

生2：他很生气，想惩罚巫婆、官绅。

生3：他想一定要为民除害。

师：西门豹已经摸清了巫婆和官绅的底细，为什么不直接下达命令将他们捉来，还要配合他们演一出戏呢？

生1：直接捉走巫婆和官绅，老百姓不能认识到他们的诡计，也不会认识到这是迷信的做法。

生2：是的，当时科学不发达，很多人对不给河神娶媳妇，漳河就会发大水把田地淹了的说法深信不疑。

生3：西门豹配合演这一出戏，可以让老百姓目睹巫婆的下场、官绅的丑态，用事实说话，比直接劝说、强制命令更有效。

师：同学们分析得很到位。为了使老百姓走出迷信，西门豹的计策真是巧妙。我们来看看他具体是怎么说、怎么做的。

> **PPT出示：**
>
> "不行，这个姑娘不漂亮，河神不会满意的。麻烦你去跟河神说一声，说我要选个漂亮的，过几天就送去。"
>
> 西门豹说＿＿＿＿是假，＿＿＿＿，＿＿＿＿才是真。

师：谁可以根据大屏幕出示的句子填一填？

生1：西门豹说新娘不漂亮是假，救下新娘、惩治巫婆才是真。

> **PPT出示：**
>
> "巫婆怎么还不回来，麻烦你去催一催吧。"
>
> 西门豹说＿＿＿＿是假，＿＿＿＿才是真。

生2：西门豹说催巫婆是假，惩罚官绅头子才是真。

西门豹面对着漳河站了很久。"怎么还不回来，请你们去催催吧！"

西门豹说_____是假，_____才是真。

生3：西门豹说催催巫婆和官绅头子是假，教育官绅和百姓才是真。

师：是的，西门豹安排周密，假戏真做，在不动声色中就将巫婆和官绅的诡计破除了，还在无形中教育了老百姓迷信河神不可取，崇尚科学，兴修水利才能实实在在取得好收成。我们也要做新时代的好少年，做一个崇尚科学的人，利用科学为我们造福。

师：这个故事很精彩，尤其是西门豹惩治巫婆和官绅的过程最精彩，人物形象很突出：西门豹正气凛然，巫婆垂死挣扎，官绅胆战心惊，百姓半信半疑。我们可以试着编写课本剧，并演一演。

PPT出示：

剧本片段：

西门豹：（双手背在身后，大声地）来呀，把新娘领来让我看看！

（两个女徒弟搀新娘出场，新娘低声哭泣，用手抹泪。）

西门豹：（看看姑娘，皱着眉头对巫婆说）这个姑娘不好看！麻烦你去跟河神说一声，就说我要选一个漂亮的，过几天就送去。（对卫士）来呀，送巫婆上路！

卫士甲、乙：（上前，大声地）遵命，大人！（分别抓住巫婆的左右手臂）

巫婆：（满脸惊慌，身子往下沉，绝望地大喊。）不……不要啊，西门大人饶命啊！

西门豹：（一挥衣袖）休得多言，快快去通报河神！

（卫士拖巫婆下场，远处传来巫婆凄厉的叫声、落水声。）

（老百姓低声议声，众官绅吓得浑身哆嗦，低头不敢言语。）

师：请同学们小组合作，完善西门豹惩治恶人的整个过程，加上适当的内容，并分角色演一演。

分析：教师以西门豹是怎样利用送新娘的办法破除迷信的这部分内容作为重点，并以西门豹的言行为切入点，引导学生深入理解西门豹的智慧，在学习中融合破除迷信、崇尚科学的品德教育，并通过课本剧的形式，让学生角色扮演，在课本剧表演中加深对破除迷信、崇尚科学的理解。

附录2

《冀中的地道战》品德教育案例

《冀中的地道战》是部编版小学语文五年级上册第二单元的一篇课文。教材分别从冀中地道战出现的原因、地道如何方便人民生活生产、如何利用地道对付和防御敌人的"大扫荡"、地道里的人如何了解地面的情况等方面做了详细介绍，歌颂了我国人民在对敌斗争中展现出来的无穷无尽的智慧和顽强斗志。

课文内容距离学生比较远，教师引导学生用较快的速度默读课文，边读课文边提问题，让学生在梳理中初步了解课文的主要内容。文中介绍了为什么要进行地道战、地道的样式、地道出口设置的巧妙、应对敌人破坏地道战的妙法等，这些只是地道战的一部分知识。教师以课文的学习为切入点，在学生对地道战有一定的了解后，布置学生观看电影《地道战》，通过写观后感的方式，让学生写出自己的感受和体会，表达对中国人民的智慧和保家卫国的顽强斗志的精神的敬佩之情。

师：读了课题，你们有什么疑问？

生1：地道是怎样的？

生2：为什么要进行地道战？

生3：在地道里是怎么打仗的？

师：同学们提出的问题都很有针对性，下面让我们一起来深入了解地道战。

（师展示地道战相关影视作品和模型图片帮助学生理解什么是地道战，向学生讲解"烬灭作战"——"三光"政策指的是"烧光、杀光、抢光"，了解地道战的背景。）

师：在"大扫荡"的背景下，新的斗争方式出现了。地道构造之奇，奇在哪里呢？

生1："在广阔平原的地底下，挖了不计其数的地道，横的，竖的，直的，弯的，家家相连，村村相通。"从其中的"不计其数""横的，竖的，直的，弯的"可以看出地道的数量很多，样式也很多。

生2："地道的顶离地面有三四尺，不妨碍上面种庄稼。"读到这里我觉得地道设计很巧妙，既能躲避敌人，又能正常种粮食。

生3：从"村里的地道挖在街道下面，跟别村相通的地道挖在庄稼地下面"看出人们在设计地道时很注重地形，而且想到了地道之间相通，让地道的作用发挥到最大。我们中国人民真是太有智慧了！

生4："有的老太太把纺车也搬进来，还嗡嗡嗡嗡地纺线呢。"这句话让我感到地道里既不气闷也不黑暗，非常安全。

生5："一个大洞容得下一百来人，最大的能容二百多人"，说明里面非常宽敞，有充足的空间供老百姓躲避敌人。

师：地道奇在地道的构造和作用以及地道的保障功能，具有隐蔽性强、较为舒适、功能齐全的特点，能给人民群众提供足够的生活空间。那人们又是如何利用地道进行战斗的呢？

生1："在地道里，离出口不远的地方挖几个特别坚固的洞，民兵拿着武器在洞里警戒"，这几个洞设计很巧妙，就算敌人走进地道也不怕，我们守在这里，一看见敌人就可以把他们消灭掉。

生2：从第5自然段我知道了地道里有死道和活道，无论敌人进了哪个道，都逃脱不了。

生3：地道里每隔一段有一个孑口，只能容一个人爬过去，就算敌人躲过前面的重重关卡，到这里说什么也躲不过去了。

师：地道这么奇特，敌人想出了什么方法来破坏，我们又是怎样应对的呢？

生1：敌人用火攻，我们就用土和沙来灭火。

生2：敌人放毒气，我们可以用吊板挡住。

生3：敌人用水攻，我们可以连通枯井暗沟，使水流走。

生4：不管敌人用什么方法，各个村子的地道是相通的，我们可以转移到别的村子去。

师：冀中人民的智慧真是无穷无尽，任凭敌人想出什么毒辣的办法，他们都能用巧妙的方法应对。你们知道吗？《地道战》还被拍成了一部电影，请同学们课后去找来看看，了解更多巧妙的地道构造并将自己印象最深、感触最深的地方写下来。

分析：教师在学习课文后再布置学生观看电影，通过写观后感的方式写下自己的所思所想，所感所获。学生的内心会受到更大的感触，也更能体会中国人民的智慧和保家卫国顽强斗志的精神，从内心产生深深的爱国之情。

小学语文作文教学中的品德教育

作文教学是小学语文教学中的重要组成部分。在一二年级，它以写话的形式出现。到了三年级，小学生开始学习布局谋篇，写整篇文章。然而无论哪个年级，作文都是学生用文字表达自己所见所闻、所思所想、所感所悟的方式。对相同的事物，不同的学生可能会有不同的看法，他们通过作文表达出来，让别人了解自己的想法。这些想法可能是对的，也可能是错的，教师应该通过学生的作文密切关注学生的思想动态，帮助学生树立正确的世界观、人生观、价值观。由此可见，作文教学是学生进行品德教育的过程，在小学语文写作教学中融合品德教育显得尤为重要。

一、在素材积累中融合德育

俗话说"巧妇难为无米之炊"，学生写作文最怕的就是没有材料可写。《义务教育语文课程标准（2022年版）》的学段要求里明确指出，三四年级的学生，要"观察周围世界，能不拘形式地写下自己的见闻、感受和想象，注意把自己觉得新奇有趣或印象最深、最受感动的内容写清楚"。五六年级的学生，要"懂得写作是为了自我表达和与人交流。养成留心观察周围事物的习惯，有意识地丰富自己的见闻，珍视个人的独特感受，积累写作素材"。这些要求都指向了学生平时要学会积累作文素材，作文选材要源于生活要真实。只有真实的素材才有生命力，才能打动人、感染人。其实，作文和做人一样，要真诚质朴，不能弄虚作假。可现在很多学生害怕写作文，为了应付老师的作业检查去抄范文，捏造事情经过，写一些假大空的内容。这样不仅严重影响了学生写作能力的提高，还助长了一种不健康的文风。因此，教师在教学生学习写作文前，要先教会学生积累写作素材。

生活是写作的源泉，我们的生活每天都发生着值得记录的事情，只要仔细观察就会在平淡无奇的生活中发现美。而不会观察生活的人，对身边的事情视而不见、听而不闻，毫无感触，自然也发现不了生活中的美。首先，教师要注意培养学生观察生活的能力，教学生做生活中的有心人，用眼去观察生活，用心去感受生活。但观察也是有方法的。其次，教师要"授之以渔"，教学生在观察时要有选择、有侧重，不必面面俱到。例如：校运会的接力赛，全班共有三十个同学参加，大家都为争取胜利而拼搏。可我们不可能在写作文时把三十个同学的表现逐一写出来，那样就成为流水账了。我们应该将跑第一棒和最后一棒的同学作为观察的重点对象，如果比赛过程中有同学出现了掉棒和摔倒的现象，他也应该成为我们观察的对象。再次，教师还要教会学生分析观察到的事物，培养学生透过现象看本质的本领。例如：下雨天，同学把伞借给同桌，同桌收到的不仅是一把伞，还有一份情谊；公园里，游人随意采摘鲜花，他摘下的不只是一朵花，还有自己的道德。最后，教师还要培养学生把观察到的素材写入素材本的习惯。教师的具体实施方法：其一，让学生拥有自己的素材本，随时把生活中特别想分享的事情记录下来；其二，鼓励学生赞美生活中的真善美，抨击现实中的假恶丑，把自己真实的想法写出来，还可以把自己受到的委屈或遇到的困难等及时在素材本中宣泄出来，从而摆脱消极的心理，使自己的心境始终保持积极向上，也有利于教师及时把握学生的心理动态，适时进行疏导教育。这也是教师在作文教学中进行品德教育的重要契机。

二、在作文审题中融合德育

众所周知，要写好一篇作文，审题是关键。如果学生不会审题，写出来的作文很容易离题。教师在指导学生审题时，大多是采用抓关键词的方法，让学生在明白题意后开始选材。学生写作文用这种方法审题的话，只能确保写出来的作文不离题，并不能保证写出来的作文有血有肉，能打动人，成为优秀的文章。一篇好的文章，必定是有灵魂的，也就是能体现作者的思想情感。因此，教师在教学生审题的时候，不仅要教学生抓关键词，弄清楚作文题目的要求，还要引导学生分析题目，弄明白写这篇作文有什么目的，是赞扬某种精神还是批判某种现象，是表达某种情感还是说明一个道理，是吸取一个教训还是给人一种启迪。

例如：部编版小学语文五年级上册的习作《我的心爱之物》，题目要求写清楚心爱之物的样子，怎么得到的，为什么会成为你的心爱之物。这篇作文的目的就是找出这样东西成为你的心爱之物的原因，这个原因有很多，可能是自己亲手制作的东西，从中可以体会到成功的乐趣，找到了自信；也可能是家人千辛万苦带回的自己心心念念的礼物，这份礼物装着沉甸甸的爱，显得格外珍贵；还有可能是朋友间离别时互赠的物品，睹物思人，藏着无限思念。这些原因造就了心爱之物，也正是品德教育的体现。

又如：部编版小学语文四年级下册的习作《我学会了_____》，题目要求写学会哪件事情让你最有成就感，把学做这件事的经历体会写出来。既然是学做某件事情，学生肯定会在刚开始学习时遇到困难。教师适时引导学生回忆当时的想法，在困难面前是退缩还是前进，如何克服困难，对自己以后面对困难有什么启示，抓住品德教育的契机。而对于三年级的学生来说，他们刚开始学习写作文，主要还是要求学生把句子写通顺，把事情写清楚，教师不用过于强调在审题中的品德教育，遇到合适的题目点到为止就好。例如：部编版小学语文三年级上册的习作《那次玩得真高兴》，学生通过审题很容易知道这篇作文就是写一次玩得很高兴的经历，是一篇写事的文章，只要把当时怎么玩的经过写清楚就行了。诚然，学生写这篇文章能把玩的经过写具体就可以了，但如果教师能引导学生把高兴的原因写清楚，像"我"和同学玩掰手腕收获了友谊、"我"和父母一起去动物园感受到家庭温暖、"我"从爷爷教"我"钓鱼学会了做事要有耐心，这样文章就更吸引人了，这也是品德教育的体现。

三、在作文选材中融合德育

学生积累大量的写作素材，为的就是在写作文时能有所选择，做到"巧妇有米可炊"。可学生在面对具体题目的时候往往会不知道该选哪个材料。例如：部编版小学语文四年级下册的习作《我的乐园》，学生明白能带来快乐的地方才是乐园，可是能带来快乐的地方太多了，满是玩具的房间、学校的篮球场、爷爷的菜地等都是能带来快乐的地方，在这些素材中选哪个写更好呢？当学生选材有困难的时候，教师可以引导学生说说各素材分别给自身带来怎样的快乐。满是玩具的房间里的快乐来自玩具，学生在房间里可以尽情地玩耍。学校篮球场上的快乐来自球赛，学生在队友们密切配合下，那一次次成功上篮充满着欢乐。爷爷菜地里的快乐来自劳动，学生亲手收获自己的劳动果实，那是丰收的喜悦。对比之下，学生会明显感受到三个素材带来的快乐程度和意义都是不一样的。学生会更倾向于选择学校的篮球场或爷爷的菜地，然后结合实际情况就不难做出选择了。

学生积累的写作素材除了在写事作文中可以派上用场，在想象作文中也大有用处。教师在指导学生进行想象作文选材时要特别强调，想象虽然可以天马行空，但也要合情合理。例如：部编版小学语文五年级上册的习作《二十年后的家乡》，题目要求学生对家乡二十年后的巨变展开想象。这个巨变是和现在家乡的现状对比产生的，而且这个变化应该向好的方向去发展。科技在不断地发展，人们的生活水平也会不断地提高，如果二十年后的家乡变得不如现在，那这个想象就显得不合理了。教师要先引导学生去观察家乡的现状，看看哪些方面存在不足，再引导学生就观察到的现状展开想象，把家乡变得更好。

又如：部编版小学语文四年级上册的习作《我和_____过一天》，很多学生都喜欢选择神通广大的孙悟空，想借助孙悟空的神力完成自己平时无法完成的事情。这件要完成的事情就是作文选材的关键，有些学生会选择写孙悟空帮警察捉小偷等惩恶扬善的事情，也有小部分学生会选择写让孙悟空帮自己在考试中作弊等自欺欺人的事情。教师发现这样的现象，就要抓住这个关键点进行品德教育。单从作文要求来看，写这两类事情都符合，但是让孙悟空帮自己在考试中作弊等自欺欺人的事情是不正确的，对于这种自欺欺人、不讲诚信的行为，我们应该抨击而不是推崇。因此，教师在指导学生选材时，要把学生的这种苗头扼杀在摇篮里，引导学生往真善美方面思考，告诉学生写作文和做人是一样的，我们要做对社会有用的人，我们写的作文也要是对社会有积极意义的作文。

四、在作文评价中融合德育

作文的评价包括学生互评、教师批改和教师评讲。无论哪种形式的评价，评价者在进行作文评价时不能仅仅关注文章在文从字顺、有无错别字、重点突出等作文知识层面的内容，还要关注学生通过文章传递出来的思想感情或个人感受。对于小学高年级的学生来说，他们已经懂得如何修改自己的作文，有了一定的评改作文的能力。加上同班同学的年龄相仿，思想认识也比较一致，积极倡导学生互评互改作文，有利于学生之间进行心灵的交流，融合良好的思想品质。学生在互评互改作文过程中，不仅提高了语文学习能力，还了解到同学对事物的看法，在发现自己的看法和其他同学不同时，他们可以展开讨论，辨出是非黑白，在发现某位同学的思想有偏差时，可以及时开导他，或者报告给老师，寻求师长的帮助。

然而，学生评改作文的能力毕竟有限，社会经验也非常欠缺，有些事情根本无法点评。因此，在学生互评互改作文的基础上，教师还要再把把关，要特别注意学生作文的思想内容是否健康，主题是否积极有意义，选材是否实事求是，认识是否正确。例如：某个学生在《我想对您说》这篇文章里描述："参加了同学的生日会后非常渴望自己也能拥有生日会。可看到父母每天那么辛苦地工作，赚钱不容易，又不敢向父母开口，这件事压在心底，自己总是闷闷不乐。"这个学生能体恤父母的辛苦不敢要求办生日会，说明他是个懂事的孩子，只是压抑不住心里的想法，导致自己不开心。教师在写评语时要充分肯定这个孩子的体贴懂事，然后私下找他谈话，告诉他生日会的意义是和家人朋友一起庆祝自己的生日，分享自己的快乐。搞生日会要根据自己的家庭实际情况而定，不一定要花费很多钱才能办好生日会，大家一起开心最重要，如果他愿意，还可以在班里办生日会。教师通过评语的肯定和私下沟通，帮学生把心结打开了，使他又恢复了健康积极的心态。

如果说教师的作文评语是面向个别学生的品德教育，那么教师在课堂上的作文评讲就是面向全班学生的品德教育。例如：《多彩的活动》这个作文，很多同学写了六一儿童节演出、校运会等，有一个同学写了跟妈妈去当志愿者，参加社区的清理"牛皮癣"志愿者活动。

　　这个同学的选材很独特也很有意义，清理"牛皮癣"是一项非常艰巨的任务，有的"牛皮癣"很顽固，清理起来非常困难。很多成年人在可以选择的情况下都未必会愿意做这个活动的志愿者，何况他还只是一个小学生。他的这份不怕苦不怕累，为社区贡献力量的精神是值得表扬的。当发现学生在作文中有特别值得推崇的思想和做法，教师就应当在全班同学面前大力表扬小作者并展示他的文章，让同学们学有榜样，有利于培养学生们良好的思想品德。

　　在作文教学中，语文教师不仅要给学生传授写作知识和写作技能，还要结合实际情况在积累素材、作文命题、作文选材中融合品德教育，要让学生写出来的文章不仅做到结构正确，还要有丰富的情感和深刻的内涵。教师还要利用好作文的评价功能，唤起师生间平等的对话、情感的交流和心灵的沟通，让学生在不知不觉中受到高尚道德情操的熏陶和净化，成为对社会有用的人。

《习作：生活万花筒》品德教育案例

　　《生活万花筒》是部编版小学语文四年级上册第五单元的习作内容。习作要求学生选择生活中印象深的一件事，按一定的顺序把事情的起因、经过、结果交代清楚，做到详略得当，中心突出。教师要引导学生正确选材，在选材中融合德育，让学生在众多事情中选择最有意义的事情写下来，还要写出真情实感。

　　师：生活是个万花筒，每天都有许多的事情发生。有些事让人感动，有些事让人伤心，有些事让人生气，有些事让人高兴，等等。不管这些事是你亲身经历的，还是你看到的听到的，只要它给你留下了深刻的印象都可以成为我们今天写作的素材。谁来跟大家分享一下自己印象最深的事呢？

　　生1：上一年级的时候，我看到别的同学有钱去买零食，可是我没有。我就偷偷拿家里人的钱去买零食，结果被妈妈发现了，她骂了我三天，我以后都不敢偷钱买零食了。

　　师：偷钱买零食是不对的，你能认识到这个错误很好。我们还要明白偷东西是一种违法犯罪行为，情节严重的会被警察抓走的。

生2：去年暑假的时候，爸爸妈妈带我到广西都峤山风景区玩。那里的玻璃桥垂直地面高度达100米，是目前华南地区跨度最大、高度最高的玻璃天桥。我第一次走那么高那么长的玻璃桥，心里很害怕，刚开始我要牵着妈妈的手，才敢一步一步地往前挪，后来我敢放开妈妈的手，扶着栏杆自己慢慢向前走了。我挑战了自我，所以这件事令我非常难忘。

师：你真勇敢，老师也要为你点赞。

生3：周末的时候，我和家人去海边玩，我们一起捡贝壳、放风筝，玩得很开心。之前我在草坪上学放风筝一直放不成功，可能是风不够大。那天我在海边尝试放风筝，一次就成功了。我终于学会了放风筝，也感受到了成功的喜悦。

师：谢谢你的分享，在海边放风筝还真是一件值得回忆的事情呢！

生：老师，我印象深刻的事情有很多，我不知道该选哪一件事来写，怎么办？

师：不用急，你先把你想到的事情都简单说一说吧。

生：我印象比较深刻的事情有三件。第一件事是一年级的时候，我看到有人在学校门口卖小鸭子，我觉得挺可爱的，就请求妈妈给我买一只。妈妈说这些小鸭子我们不会养，买回去它们很快会死的，不肯给我买。可我偏不信，央求妈妈一定要给我买，我要试过才知道能不能养活。妈妈最后还是给我买了，可是没过几天小鸭子真的死了，我很伤心。第二件事是有一年回乡下过暑假，表哥带我逗小狗玩。原本我们和小狗玩得挺开心的，后来不知是不是我们把它弄得不舒服了，它就开始反抗，还追着我们跑。我和表哥费了九牛二虎之力爬上树才躲过了它的"追杀"，以后我还真不敢逗狗了。第三件事是为了写观察日记，我在阳台的花盆里尝试种花生，我每天都给它浇水，观察它的生长，没想到后来真的收获了花生。虽然从泥土里拔出的花生只有那么两三颗，可是我觉得那是我吃过的最好吃的花生，那是我通过劳动获得的果实。

师：老师觉得你想到的这三件事情都不错，你都从中受到了一些启发，对你的成长有帮助。同学们，要写好一篇作文选材是很重要的，我们想找到符合作文题目要求的材料也许不难，可要找到最合适的材料就要经过深思熟虑。那怎样的材料才算是最合适的呢？以这个同学说的三件事为例，我们来帮他分析一下。你们觉得他应该选哪件事写才是最合适的，你们选择的理由又是什么呢？

生1：我觉得他应该选种花生那件事，虽然种花生是他为了写观察日记才去种的，但他也有浇水，观察花生的生长，他是有付出劳动的，所以他感受到了劳动的快乐。

生2：我也觉得他应该选种花生那件事来写。其他两件事虽然也有意义，可是意义不如这件事深刻。这件事情告诉了我们劳动的快乐，我们要热爱劳动。其他两件事情只是说明了那样做不对，自己很后悔，以后不能那样做了，教育意义不够深刻。

生3：就这三件事而言，我也同意他应该选种花生那件事来写，但是我觉得用种花生这件事来说明劳动的意义还不够典型，重点不够突出。如果他能再换一件有连续性具体劳动过程的事情来写，那会更好。或者换一件更有意义的事情来写也很好。

师：同学们的分析都很有道理，我们在选材的时候就应该选最有意义的事情来写，这样才能突出中心，引起读者的共鸣，也更有教育意义。刚才还有三位同学分别说了自己偷钱买零食、第一次走玻璃桥和海边放风筝的事情，你们觉得这些材料合适吗？

生1：我觉得偷钱买零食和第一次走玻璃桥这两件事都挺不错的，因为这种经历不是每个人都有，写出来会比较吸引人，同时也有教育意义，而海边放风筝这件事就显得比较常见了。

生2：我觉得还是选第一次走玻璃桥这件事比较好，这件事情的教育意义是正面的。偷钱买零食的那件事情是反面素材。

生3：老师，他们讲得有道理，可是在经历过印象最深刻的事中，我就只能想到去海边放风筝了，如果这件事不合适的话，我写什么啊？

师：你能听取同学的建议很不错，不过别忘记了，作文要求我们写的这件事情不一定是亲身经历的，还可以是我们听到的或者看到的。如果自己亲身经历过的事情实在想不到有值得写的，我们可以再想一想，在看到的或听到的事情中有没有值得写的。还有刚才有同学说到偷钱买零食是反面素材，不适合写。我觉得没有必要太苛刻，反面素材也是有教育意义的，只不过我们不能只是简单地写自己认识到错误就结束了，还要延伸到其他领域去谈谈正确做法，那样会更有教育意义。

师：今天我们通过讨论选材知道了如何选择合适的材料去写作文。从同学们的分析中，我也知道你们掌握了分辨材料是否合适的方法，大家课后回家把它写下来，注意要把事情的起因、经过、结果写清楚，写出真情实感。希望大家以后在写其他作文的时候也要多考虑材料的教育意义，这不仅可以让自己的作文更精彩，还可以促使自己成长。

分析：教师通过先引导学生分享在生活中印象深刻的事，再请同学分析材料是否合适，在无形中教会学生选材要典型、要有教育意义。学生在一次次选材思考和分析材料中，语文素养水平和道德思想水平都得到了不同程度的提高，更深刻地认清了社会中的真善美和假丑恶。

附录2

《习作：形形色色的人》品德教育案例

《形形色色的人》是部编版小学语文五年级下册第五单元的习作内容。写作要求学生选择一个人，选取最典型的事例来表现他的特点，运用本单元学过的描写人物的方法把人物的特点写具体。教师要引导学生认真审题，理解典型，正确选材，在审题和选材中融合德育。

师：同学们，今天我们要来学习本单元的习作《形形色色的人》。在写作之前，我们先要认真审题，请大家看大屏幕。

> **PPT出示：**
>
> 我们每天都会接触到形形色色的人：小区里锻炼身体的爷爷奶奶，学校里的老师、同学，还有上学时遇到的公交车司机、维持秩序的交通警察……选择一个人写下来，运用本单元学过的描写人物的方法，具体地表现人物的特点，题目自拟。写的时候，要选取典型的事例。

师：我们审题的时候都会先去抓关键词，大家认为本次写作要求的关键词是哪些呢？

生1：我认为是"形形色色的人"，还有"特点"。

生2："形形色色的人"，还有"特点"，讲的就是"人物特点"。所以，我觉得本次写作要求的关键词是"人物特点"和"典型的事例"。

师：你们找得很准确。我们本次写作要求的关键词就是"人物特点"和"典型的事例"。"人物特点"这个关键词我们还是比较容易理解的，那怎么理解"典型的事例"呢？课本里画了一个思维导图，帮助我们理解什么是"典型的事例"。

（学生看思维导图，理解"典型的事例"。）

师：在这个思维导图中，罗列了四个事例来表现叔叔记忆力超群，事例1和事例4最能表现叔叔记忆力超群，属于典型的事例，那为什么事例2和事例3不能表现叔叔记忆力超群呢？

生1：事例2说"他记住了我昨天说过的一句话"，想记住别人昨天说过的一句话，只要自己留心记一下就可以了，没有什么难度，很多人都能做到。所以，事例2不能说明叔叔记忆力超群，不能成为典型事例。

生2：事例3说"他能记住我的生日"，这也太常见了，很多人都能记住别人的生日。我也能记住爸爸妈妈和弟弟的生日啊，但我的记忆力并不超群。所以能记住生日这个事情，也不能作为叔叔记忆力超群的典型事例。

师：同学们分析得很对，那现在大家都明白什么是"典型的事例"了吗？

生：我知道了，"典型的事例"是特别能说明这个人特点的事例，如果某件事是大部分人都能做到的，就不能称为"典型的事例"了。

师：同学们的理解能力真强。我们知道每个人都是有特点的，我们要突出这个人的特点就要通过典型事例来表现。可以说典型事例是为人物特点服务的，因此我们在写这个人的时候要先确定写他的什么特点，再根据他的特点去选择典型事例。你们想好写谁了吗？你们打算写他的什么特点，用什么典型事例去表现呢？

生：我的爸爸是个球迷，只要有球赛看，他可以不吃饭不睡觉，就算明天要上班，今晚的球赛半夜才开始，只要是他支持的球队，他肯定会守在电视机前。叫他去睡觉吧，他嘴上说好，可只要球赛不结束，他是不会去的。

师：你的爸爸还真个铁杆球迷啊，可是喜欢看球赛只是他的兴趣爱好，不能当作他的特点来写。一个人的特点应该是他与众不同的表现，大家要特别注意。

生：我想写我那爱唠叨的妈妈，每天放学回家，她总是催我做作业。无论跟她说什么，她都会先唠叨一句："作业做完了吗？"好像只要我没有做完作业，做什么都是错的。我真的好烦她啊。

师：你的妈妈爱唠叨，这可以算是妈妈的一个特点。但老师想告诉你，其实你的妈妈对你唠叨，也是对你的关爱啊！如果你暂时感受不到，可不可以想想妈妈身上别的特点呢？例如：细心、勤劳、善良等。多想想这些正面的特点和典型事例写下来，不仅你的文章会更出彩，你还能看到妈妈不同的一面，感受到妈妈对你的爱，你也就不会那么烦她了。

生：老师，我想写负责我们小区环境卫生的环卫工人。我观察她好久了，我觉得她是一个非常有责任感的人。无论什么季节，她每天都会一大早准时就过来打扫卫生，而且打扫得干干净净。有一次，早上下暴雨，大家都躲在家里不敢出门。我想，那个环卫工人今天该在家休息了吧。可大雨刚停不久，我就发现了她忙碌的身影。我真佩服她，可以对工作如此认真负责。

师：我觉得你选的这个人特别好。说到写人，很多同学只会关注自己身边熟悉的人，可你留意到了一个陌生人。你留心观察环卫工人每天的工作，了解到她责任心强的特点，非常好！这个同学为我们的选材提供了一个新角度，同时也告诉了我们平时要多留心观察生活中不同的人，用我们的眼睛去发现生活中的真善美，可能很多美好的瞬间就在我们的身边。

生：老师，我明白了，要写好这篇文章，选取这个人的特点很关键。人的特点有很多，有一些是他个人的能力与众不同，如课本里说的叔叔，他记忆力超群；还有一些人的动手能力很强，他做的东西非常精巧、栩栩如生。但表现这些人物特点的典型事例只能让人了解到这些人物非常厉害而已，没有能从这些人物身上学到的精神品质。所以我们应该尽量选取人物身上的优秀品质，用其典型事例让大家知道这些高尚精神，向其学习。

师：你说得很好，感悟很深刻。本节课我们学习了如何选取典型事例写人物特点，大家课后回家写作文的时候还要注意，要运用本单元学过的描写人物的方法把人物的特点写具体，我们下节课再分享交流。

　　分析：教师通过引导学生审题、选材，教会学生在写人的作文中可以把观察的视角放得更宽更远，让学生明白自己是生活在社会群体中的个体，要学会关心社会、关心生活、关心身边的人，只有这样才能更好地了解社会、融入社会，做好建设祖国的接班人。

小学语文古诗文教学中的品德教育

古诗文是中华优秀传统文化的重要组成部分，蕴藏着古人丰富的思想感情。小学语文教材选用的古诗文更是经典中的精髓，学生们在学习古诗文的过程中不仅能受到优秀传统文化的熏陶，还能从古人身上学到优秀的思想品质。在小学语文教学中，教师要有意识地做好古诗文教学的品德教育，积极引导学生感悟理解诗意，更深层次地去体会作者的情感，在古诗文学习与积累的过程中提升学生的道德修养和思想品质，帮助学生树立正确的世界观、人生观、价值观，为学生们的未来做好思想引领作用。

一、在背景分析中融合德育

古诗文的创作时间距今年代久远，而这些古诗文都是在特定的历史背景下产生的，饱含着作者对人生、对社会的态度与情感。学生不了解这些古诗文创作的历史背景，在学习古诗文时就会产生许多障碍，出现对古诗文感悟不深、情感体验不强的现象，更无法深刻理解古诗文所蕴含的优秀思想品质。因此，教师要在古诗文教学中融合德育，必须在学习古诗文前让学生去查找资料，了解作者的生平、时代背景及个人理想等背景资料。只有这样，学生才能知人论世，读懂作者表达的真情实感，真实感受到古诗文本身的精髓和丰富的人文精神。

例如：在学习部编版小学语文五年级上册《题临安邸》这首诗时，教师先让学生去查找资料，了解这首诗创作的背景是北宋靖康元年（1126年），金人攻陷北宋首都汴梁，赵构逃到江南，在临安即位，史称南宋。南宋小朝廷并没有接受北宋亡国的惨痛教训，当政者不思收复中原失地，只求苟且偏安，对外屈膝投降，对内残酷迫害岳飞等爱国人士；政治上腐败无能，达官显贵一味纵情声色，大肆歌舞享乐，沉沦于奢侈糜烂的腐朽生活中。学生清楚创作背景后才能理解，诗人第二句诗用反问句，不但强化了自己对这些当政者不思收复失地的愤激之情，也表现出诗人因对国家命运的担忧而产生的忧伤之感。"游人"在这里不是指一般的游客，而是特指那些忘记国难、苟且偷安、寻欢作乐的南宋统治阶级。他们终日沉醉于歌舞之中，把临时苟安的杭州当作北宋的汴州，做着昨日的美梦，没有用实际行动去救国。学生有了这些理解后，很自然地就会与诗人产生共鸣，对南宋统治者充满愤恨，从而激发学生的爱国之情。

再如：在学习部编版小学语文三年级上册《赠刘景文》这首诗时，由于三年级的学生古诗积累还不是很多，在他们的潜意识中，古诗中的春天代表希望和美好，秋天代表悲伤和落寞，他们很难理解作者为什么在诗中写深秋时节的丰硕景象。教师借助这首诗的创作背景帮助学生理解，就会事半功倍。这首诗是苏轼在宋哲宗元祐五年（1090年）任杭州太守时写的。苏轼在杭州见到刘景文时，刘景文已经58岁，但是苏轼认为刘景文具有很高的学问和才华，并向朝廷竭力举荐刘景文，希望能够发挥刘景文的才干，让他为国效力。在苏轼的推荐下，刘景文得到了小小的升迁，官至文思副使。学生了解了这首诗的创作背景后，就容易明白这是苏轼赠给刘景文的共勉诗，告诫自己和刘景文，虽青春流逝，步入中老年，但此时也是人生成熟、大有作为的黄金阶段，要好好珍惜时光，乐观向上、积极进取，不能意志消沉、妄自菲薄。教师抓住这个契机，培养学生积极面对困难的乐观精神就是在古诗文教学中融合德育的体现。

二、在理解鉴赏中融合德育

在小学阶段，学生学习古诗文的首要任务就是理解其内容，在理解的基础上再深入了解其表达的思想感情。但这些理解多数停留在字面意思上，学生很难领会古诗文的意象和意境，这会影响学生对古诗文思想感情的把握。因此，教师在教学过程中要适当地引导学生鉴赏古诗文，帮助学生找诗眼、抓意象、感意蕴、进意境，分析古诗文中所使用的表现手法和修辞手法产生的效果。还要特别注意鉴赏古诗文中的名句，这些名句之所以称为名句，不仅是因为其语言精美，更重要的是其思想内涵丰富，具有深刻的哲理，这也是古诗文中丰富的德育素材。

例如：在学习部编版小学语文四年级下册《芙蓉楼送辛渐》这首诗时，教师要抓住"孤"字引导学生理解诗人此时的心情，这个"孤"不单指孤峙的楚山，还指孤独的作者自己。因为友人回到洛阳，就可以和亲友相聚，而留在吴地的作者，只能像这孤零零的楚山一样，伫立在江畔空望着流水逝去。作者也想回到洛阳与亲友相聚，可无奈自己被贬于此，只能托辛渐告知洛阳亲友自己的消息。作者没有直接表达对洛阳亲友的想念，反而以"冰心""玉壶"自喻。由于诗人不拘小节，得罪了朝廷权贵，受到诽谤，他先被贬到岭南，归来后任江宁丞，不久后再次被贬到更偏远的龙标，接连被贬，而且一次比一次偏远。处于这样的环境中，以王昌龄个人的微弱力量，根本没有任何办法做出改变，他唯一能做的就是坚持内心的正道，保持自己冰清玉洁的情怀，保持不向权贵低头的人格，蔑视那些奸小对自己的诽谤。"一片冰心在玉壶"是诗人对洛阳亲友的告慰，消除了亲友对他的担忧，这比任何想念的言辞都更能表达他对洛阳亲友的深情。这句诗成了世人告诫后辈做人的道理的名句，教师也应该在鉴赏中融入做人要做光明磊落、表里如一的人的品德教育。

再如：在学习部编版小学语文五年级下册《闻官军收河南河北》这首诗时，五年级的学生已经积累了大量的古诗，他们对杜甫的诗并不陌生，在学生的印象中，杜甫的诗歌通常写的是对家国的挂念、对百姓疾苦的同情、对漂泊流离的悲伤，诗风沉郁顿挫。《闻官军收河南河北》却是一首充满喜悦之情的诗，还被称为杜甫"生平第一快诗"。教师要在鉴赏中引导学生找出诗中的"喜"，理解诗人"喜"的原因。诗人始终心系百姓疾苦，诗中此刻的"喜"正是源于八年来熬过的苦。唐代宗广德元年（763年）春，"安史之乱"结束，这一场浩劫终于像噩梦一般过去了，诗人可以返回故乡了，喜不自胜。"涕泪满衣裳"则以形传神，表现突然传来的捷报在"初闻"的一刹那所激发的感情波涛，这是喜极而悲、悲喜交集的真实表现。下一句更是用"喜欲狂"来形容诗人的喜悦程度，以致年事已高的作者不仅要"放歌"，还要"纵酒"，这正是"喜欲狂"的具体表现。"即从巴峡穿巫峡，便下襄阳向洛阳"是诗人的联想，作者将"即从""穿""便下""向"贯穿起来，表达自己迫切回乡的心情，虽身在梓州，却觉得已回到家乡。学生通过鉴赏诗中的词语，很容易感受到诗人真挚的爱国情怀和高尚的精神境界并受到感染，使品德教育水到渠成。

三、在朗读吟诵中融合德育

朗读对于小学生学习古诗文有着非常重要的作用。朗读不仅可以帮助学生积累语言，提高学生的理解能力和记忆力，还可以让学生在朗读的过程中感受古诗文的韵律美、意境美和品格美，陶冶性情，开阔胸怀，文明言行。朗读古诗文是现代人的读书方式，而古人的读书方式是吟诵。学生学习吟诵，能够较高程度地还原古人读书的感受，在平上去入的音高、音长变化中，体悟古人的心态、意境的不同，与古人对话。因此，教师不仅要教学生朗读古诗文，还要尝试教学生吟诵古诗文，让学生通过有感情地反复朗读、高低起伏地吟诵，沉浸在古诗文的情境之中，与古人产生情感上的共鸣，领略古人的优秀思想品质。

例如：学习部编版小学语文六年级下册《两小儿辩日》这篇古文，文章的主要内容是两个小孩儿争辩太阳在早晨和中午距离人们远近的问题。既然是争辩，那教师在指导朗读的时候就要引导学生注意争辩的语气和动作。两个小孩在陈述自己的观点时都有理有据，第一次交锋他们用的是陈述句。一儿曰："我以日始出时去人近，而日中时远也。"一儿曰："我以日初出远，而日中时近也。"读这两个句子时候，要读出坚定的语气，突出他们各执一词，互不相让的局面。为了说服对方，第二次交锋他们用了反问句。一儿曰："日初出大如车盖，及日中则如盘盂，此不为远者小而近者大乎？"一儿曰："日初出沧沧凉凉，及其日中如探汤，此不为近者热而远者凉乎？"教师在指导学生读这两个句子的时候，不仅要读出反问的语气，还可以加上动作，如向前走一步靠近对方，在气势上给对方造成压力，边说边用双手比画太阳大小，让对方更明确自己的观点和立场。最终，他们谁也不能说服对方，于是请求博学的孔子评判。孔子以"知之为知之，不知为不知"的严谨治学和实事求是的态度，表明不敢妄加判断。此时，教师要向学生阐述学无止境，积极探索的道理，让学生明白，即使是孔子这样博学的人也会有不懂的知识，我们更要坚持不懈地努力学习。

再如：部编版小学语文二年级上册《登鹳雀楼》这首五言绝句。这首诗两两对仗，读起来朗朗上口。教师可以先画出节奏，指导学生朗读。白日/依山/尽，黄河/入海/流。欲穷/千里/目，更上/一层/楼。在教师的指导下，学生的眼前浮现出黄昏时分，夕阳沿着远山缓缓向下移动，直到消失在山的尽头；滔滔黄河连绵不绝地向东流动，奔赴大海的画面。祖国山河的壮丽一览无遗，还想看到更远处的美景，那就再登上一层楼吧。读到这儿，学生们已经能感受到诗人热爱祖国大好山河的感情。如果用吟诵的方式再吟一次，学生的感受会更深刻。第一句的"白"和"日"是入声字，要吟得短促，"依"和"山"是平声字，要吟得平缓，吟"山"字的时候要拖长音，到"尽"这个入声字时收住。通过吟诵，太阳仿佛是随着学生吟诵的快慢在下沉，学生对夕阳慢慢落下到看不见的过程感受更直观了。第二句长吟的"河"字之后紧接着入声字"入"，把黄河一泻千里、汹涌澎湃的气势表现了出来，最后一个"流"韵尾拖长，就像黄河连绵不绝地向东流动。第三句从景色的描写转为理性的思考，音调可适当放低，"穷"字长吟，表达千里遥远之感。尾句"一层楼"在吟诵时，情绪慢慢低落，入声字"一"要短促，韵尾"楼"在吟诵时可拖长，细细体会作者的不尽忧思。吟诵后，学生不仅能体会出这首诗除了写作者对祖国大好山河的热爱之情，还能体会作者感慨生命短暂、时光易逝，要不断进取、奋发向上的精神，从而实现品德教育。

四、在配画写作中融合德育

"诗画同源"有着悠久的历史传统，苏轼评价王维的作品是"诗中有画，画中有诗"，宋代张舜民也说"诗是无形画，画是有形诗"。在古诗文教学中，教师鼓励学生在理解内容的基础上展开想象，为古诗文配画，可以让学生进一步感悟经典文化的内涵，体验古诗文的独特韵味，从而得到美的启蒙，受到美的熏陶。古诗文可以走进画卷，同样也可以走进文章。教师在指导学生写作时，要引导学生恰当地运用古诗文中的经典名句。这不仅可以为学生的文章起到画龙点睛的作用，还可以提高学生文章的整体水平。古诗文走进学生的文章后，学生的文章能散发出经典的魅力。学生学会用独特的形式表达内心的情感，学生的语文素养和道德水平必定也会得到提高。

让古诗文走进画卷。例如：部编版小学语文四年级下册《清平乐·村居》

这首词。作者描绘了一家五口在乡村的生活状态，表现了生活之美和人情之美，体现了作者对田园安宁、平静生活的羡慕与向往。学生为这首词配画，首先要根据"茅檐低小，溪上青青草"和"溪头卧剥莲蓬"确定描写的季节是夏季，溪边长满了碧绿的小草，荷花开了，还结出了莲蓬。画面以绿色为主，加以蓝色溪流上的粉色荷花点缀，黄色的茅屋下，一对老夫妇正聊着家常。学生在构图的设计和色彩的选择时，审美能力得到了训练。学生勾画好主图后，教师要引导学生关注人物细节，抓住细节展现人物形象。这对夫妇有三个儿子，大儿子在锄豆，在茅屋后要画上一片田野，画上大儿子辛勤锄豆的场景。二儿子也没有闲着，正坐在屋前编织鸡笼。画小儿子时，要抓住"卧"字去构图，小儿子在溪边卧着剥莲蓬，小脚丫高高翘起，一个天真、活泼、顽皮的小孩儿形象便跃然纸上。整个画面彰显着农家生活的和谐美好，老年人颐养天年，年轻人勤劳肯干，小孩子活泼可爱。学生在作画的过程中肯定也会受到感染，激起其热爱家乡、热爱生活的情感。

让古诗文走进文章，主要体现在文章的题目、开头、结尾、过渡等起关键作用的地方。教师要提前让学生把多年积累下来的古诗文分类，特别是古诗文中的名句要深刻理解，烂熟于心，这样才能在写文章时结合实际快速准确地想起来、写出来。歌颂英雄，可以加入诗句"但使龙城飞将在，不教胡马度阴山""人生自古谁无死，留取丹心照汗青"，深入刻画英雄人物为保家卫国视死如归的精神；思念故乡，可以加入诗句"春风又绿江南岸，明月何时照我还""独在异乡为异客，每逢佳节倍思亲"，抒发内心对亲人和家乡的无限思念；感恩母亲，可以加入诗句"谁言寸草心，报得三春晖"，表达对母亲深深的感激之情；描写春天，可以加入诗句"迟日江山丽，春风花草香""草长莺飞二月天，拂堤杨柳醉春烟"，让人感受春天的生机勃勃、鸟语花香；与朋友分离，可以加入诗句"桃花潭水深千尺，不及汪伦送我情"，述说朋友间的深情厚谊，还可以加入诗句"莫愁前路无知己，天下谁人不识君"，劝慰朋友不要深陷于离愁别绪，应尽快适应新环境。学生的文章加了古诗文，既增添了文采，又丰富了内涵。而学生能在写文章时融会贯通地使用古诗文名句，自身必定是对古诗文名句有了独特的见解，领悟了古诗文名句表达的深意和文化精髓。在这个过程中，学生潜移默化地受到了古诗文中优秀思想品质的影响，提升了自身的道德素养。

古诗文是我国传统文化的瑰宝，其价值不仅在于给人以艺术的熏陶，更能启迪人的思想，陶冶人的情操，对学生的品德教育具有积极的推动作用。教师要根据学生的具体学情，灵活地在教学中通过分析古诗文的创作背景，引导学生理解鉴赏古诗文、指导学生朗读吟诵古诗文、为古诗文配画、在写作中融入古诗文等，教学活动融合德育，激发学生的民族意识和民族自豪感，让他们意识到作为中华文明的传承者，有义务也有责任让传统文明延续下去，薪火相传、绵延不息。

附录1：

古诗《山居秋暝》品德教育案例

《山居秋暝》是部编版小学语文五年级上册第七单元的一首古诗。这首诗是写山水的名诗，描绘的是清秋薄暮雨后初晴时的山村景象。作者通过对清泉、竹子、莲叶等景致的动态描写，衬托了山间傍晚的幽静，表现了作者寄情山水田园并对隐居生活怡然自得的满足心情。教师要通过引导学生欣赏古诗中的静态描写和动态描写，理解王维诗歌"诗中有画"的特点，感受王维远离官场、洁身自好，追求心灵宁静和高洁人格的志向。

师：今天，我们要学习《山居秋暝》这首诗，谁知道《山居秋暝》的意思呢？

生："山居"是指山中的居所；"暝"是日落时分，天色将晚；这里的"秋暝"说的是秋天的傍晚。"山居秋暝"就是诗人住在山中所看到的秋天傍晚时分的景象。

师：你能够先逐字解释，再连起来理解，这是个好方法。苏轼评论王维说，他的作品是"诗中有画，画中有诗"。我们一起来找找这首诗里藏着的画吧。第一句诗给我们描绘了一幅雨后秋山图。在这幅图中，你们看到了什么？

生：我仿佛看到了空旷的山林下过一场雨，空气清新，天气清凉，傍晚时分让人感觉到阵阵秋意。

师：你能结合诗句的理解想象画面，真是个会学习的孩子。作者为什么说这座山是"空山"呢？"空"的本意是什么也没有。"空山"是说整座山什么也没有吗？

生1：从诗的后两句来看，山中有松、泉、竹、莲那么多的景物，我觉得这座山不是什么也没有，应该是山里很安静，所以说是"空山"。

生2：因为刚下过雨，很少有人到山里来，山里才显得特别安静，所以说是"空山"。

师：第一句诗给我们营造了一个寂静、清新的山中环境，让我们感受到了大自然的美。接着我们来欣赏明月清泉图，请齐读（教师指向大屏幕，大屏幕出示"明月松间照，清泉石上流"）。你们觉得这句诗是静态描写还是动态描写呢？

生1：我觉得是静态描写，这句是写景物的，景物是静态的。

生2：我觉得你说得不对，清泉是流动的，这是动态描写。

师：你们说得都有道理，其实这句诗是动静结合，景物是静态的，动态的泉水流动的淙淙声也是为了衬托山里的静。正因为山里如此安静，才能听到泉水的流动声。另外，渐渐升高的明月照射在松树林中，这也是一个动态的描写。这个动态描写虽然没有发出声音，可在视觉上给我们带来了美的感受，给我们描绘出了一幅优美的明月清泉图。

生：老师我懂了，第三句诗是不是也用了浣女们的喧闹声衬托山里的静？用"莲动下渔舟"在视觉上给我们带来美的感受，给我们描绘出了一幅优美的浣女渔舟图。

师：你可真是个小小诗歌鉴赏家，会学以致用，真棒！请大家带着想象，读这两句诗，感受山中的美景吧！

（学生齐读诗句，感受美好画面。）

师：最后一句"随意春芳歇，王孙自可留"，诗中的"王孙"，你们知道指的是谁吗？

生：我知道，指的是王维自己，书上的注释有写。

师：你真会读书，"王孙"就是王维自己。就算春天已过，百花凋谢，王维还是愿意留在这山中。这不仅是他对山中美景的留恋，还是他对隐居生活的渴望。而他为什么想隐居山林呢？请看大屏幕。

PPT出示：

王维，字摩诘，父亲早逝，母亲笃信佛教。二十岁中进士，可是仕途多舛，中年遭遇挫折，逐渐走上了明哲保身、远祸自全的道路，思想日趋消沉。开元二十四年（736），唐玄宗时期最后一个开明的宰相张九龄被李林甫等排挤罢官，朝政日趋昏暗，王维的政治热情冷却下来，对政治抱着消极的态度。开元二十八年（740）后，他在终南山构筑了房屋，过着半官半隐的生活。《山居秋暝》就是他这一时期的代表作品。

师：正是在这样的背景下，作者不想与世俗同流合污，渴望归隐山林。结合背景，我们理解诗中的"空山"就不只是安静的意思了，还有作者远离官场，空无一物，寻得心灵净土，遇世外桃源的意思。诗中的"清泉"也是作者洁身自好的写照。我们学诗要知人论世，这样才能深刻领悟作者表达的情感。

分析：教师通过引导学生鉴赏诗句，想象画面，感受王维"诗中有画"的创作特色。在理解诗意的基础上，教师再结合诗歌的创作背景引导学生感悟诗人远离官场、洁身自好，追求心灵宁静和高洁人格的志向，对学生进行思想熏陶，实现品德教育。

 附录2

古文《囊萤夜读》品德教育案例

《囊萤夜读》是部编版小学语文四年级下册第七单元的一篇文言文。这篇小古文讲的是车胤勤奋好学，在他家境贫寒，不能经常得到灯油的情况下，用白绢做成袋子，装几十只萤火虫照着书本，夜以继日地学习的故事。这个故事展示了我国传统文化中勤奋学习、持之以恒的精神，教育学生无论在怎样的环境中，都不能放弃学习，只有坚持不懈地勤奋学习，才能取得成就的道理。

师：请同学们认真观察课文插图，你们有什么发现？

生1：车胤夜晚读书没有蜡烛。

生2：他家里很穷，他穿的衣服都是打了补丁的，他家也没有油灯照明。

生3：他为了能在夜晚读书，抓了萤火虫，借萤火虫之光读书。

师：同学们观察得很仔细，插图上描绘的就是车胤以萤火之光夜以继日勤学苦读的样子。条件虽然艰苦，车胤读书却是那样认真，不知疲倦。你们有什么想对车胤说的吗？

生1：车胤，你真是个勤奋好学的孩子。

生2：车胤，你是我们学习的榜样。

生3：车胤，你在那样的环境下还想尽办法读书，我们现在环境好多了，更应该努力学习，增强见识。

师：除了车胤的故事，你们还知道哪些勤奋好学的人？

生1：我读过《凿壁偷光》的故事，故事的主人公是匡衡，他的家也很贫穷，没有蜡烛。但是他的邻居家里有蜡烛，他就在墙壁上凿了洞，借邻居家的光来学习。他为了读书，去大户人家家里做工不要工钱，只想读遍主人家里的书。

生2：我还知道《江泌映月》的故事，因为家里很穷，江泌白天要农耕劳作，只好利用晚上时间学习。他买不起灯油，夜晚无法看书，等到月亮出来了，他便拿着书，爬到房顶上借着月光读书。就算不小心摔下来，他也顾不上疼痛，重新爬上房顶读书。

师：是啊，"书山有路勤为径，学海无涯苦作舟""少年不知勤学苦，老来方知读书迟"这两句诗都告诉我们要勤奋学习。读了这些故事，你们有什么收获呢？

生1：我们要珍惜读书的机会，勤奋读书。

生2：我们要向车胤、匡衡、江泌学习，刻苦读书。

生3：只有勤奋读书，刻苦学习，以后才能有所成就。

生4：他们的心思都放在学习上，而我们总想着玩，把学习当作一种负担。如果我们家夜晚停电了，我肯定不会想着如何找到光源学习，而是会因此而高兴不用写作业了。

生5：我们平时在学习中遇到困难就想放弃，难题不想思考，单词不想背，作文不想写……他们却迎难而上。我们真的应该向他们好好学习。

师：同学们，你们有这样的认识很棒！学习是一个艰苦的过程，只有珍惜机会、克服困难、勤奋学习，才能有所收获。你们既然看到了自己的不足，就应该努力改正。希望同学们有所进步，最终学有所成。

分析：教师通过引导学生观察图片，让学生体会车胤学习的艰苦环境和勤奋学习的精神，通过拓展，让学生在更多的人物故事中汲取榜样的力量。教师要善于抓住教材中的榜样形象，有效利用人物形象进行品德教育，引导学生感受榜样身上所具有的品质，为学生的成长注入精神力量。

小学语文口语交际教学中的品德教育

　　小学是学生认知事物的黄金时期，同时也是学生口语交际能力培养的关键时期。部编版小学语文教材从一年级到六年级由浅入深地安排了不同的口语交际学习内容，也充分说明了在小学阶段培养学生口语交际能力的重要性。但传统小学语文口语交际课堂片面重视口语交际的知识教学，对学生的道德发展不够关注。教师认为学生能掌握口语交际的知识就够了，没有意识到学生口头表达的内容、态度和方式是学生知识应用、观察思考和道德水平的体现。因此，教师要更新教学理念，在传授口语交际知识的同时，注重德育的融合，打造充满德育要素的口语交际课堂，帮助学生奠定坚实的发展基础，从而促使学生更好地成长和发展。

一、在表达要求中融合德育

　　小学语文口语交际教学的主要任务是让学生学会交往的基本技能，而口语交际是个互动的过程，既包括听别人说话也包括对别人说的话做出反馈，发表自己的见解。在听别人说话的时候，我们要尊重对方，认真倾听和抓住重点；在对别人说话的时候，我们要眼睛看着对方、注意礼貌用语和用合适的音量。虽然不同的年龄段有不同的口语交际内容训练，但都离不开这些口语交际表达的基本要求。教师要在指导学生进行口语交际内容训练的同时，融合德育，使学生成为品德高尚、彬彬有礼的小公民。

　　例如：部编版小学语文一年级上册《用多大的声音》这个口语交际内容，主要是让学生明白在不同的场合和不同的时间说话，要用不同的音量。一年级的学生观察能力不强，在观察插图的时候不能抓住重点，他们也许只能从教材的三幅插图中了解到小同学要坐下看书、小同学捡到一块橡皮到办公室交给老师和小同学站在讲台上讲故事。教师要先让学生观察，还要边观察边引导学生总结出图一的地点是阅览室，墙上有一个"静"字，提醒着同学们在阅览室里要保持安静。小同学在阅览室见到空座位想坐下，于是问旁边的小女孩儿："请问，这里有人吗？"小同学在说这句话的时候应该小声一些，这样才不会打扰到阅览室里的其他人。这也是小同学有修养、讲文明的体现。图二的地点是办公室，小同学捡到一块橡皮想走进办公室交给老师。小同学进办公室前要先报告，得到老师允许后才能进入。这个细节学生不能从图中看出来，需要教师在上课时进行补充，实现文明礼仪的品德教育。小同学进入办公室后，他和老师说话的声音要比刚才在阅览室说话的声音大一些，让老师能听清楚他说的话。在日常交际中，让别人听清楚自己说的话也是一种礼仪，否则别人会有一种要跟我说话却又不让我听见的不被尊重的感觉。图三的地点是教室，小同学要站在讲台上给全班同学讲故事，这时小同学说话的声音要洪亮，让教室里所有的同学都能听到自己讲的故事。学生能够在大家面前大声地表达也是自信的表现，对其心理健康发展有举足轻重的作用。

再如：部编版小学语文三年级下册《该不该实行班干部轮流制》这个口语交际内容。刘杰浩所在的三年级（2）班，班干部是由同学轮流担任的。有人认为这样很好，也有人认为这样不太好。大家需要就该不该实行班干部轮流制这个问题展开讨论，自由表达自己的观点。教师要教育学生在听别人发表意见的时候，认真倾听，做到一边听一边思考，想想别人讲得是否有道理，如果对方表达的观点自己认同，可以示以微笑，点头肯定；如果对方表达的观点自己不认同，也要充分尊重对方，耐心地听对方讲完再发表自己不同的意见，绝对不能在别人表达观点的过程中随意打断，那是非常不礼貌的行为。学生在表达观点的时候，除了把自己的理由讲清楚，还可以就刚才已经发言同学的内容进行反馈，把自己不同的意见表达出来，争取获得同学的肯定。特别要注意的是，某些同学在发言后听到别人不同意自己的意见也许会有情绪，激动者还会和别人发生争吵。因此，教师一定要在学生开展讨论前教育大家，一是在讨论的过程中，大家是平等对话的，每个人都是为了该不该实行班干部轮流制这个问题，发表自己的观点，力求使大家达成共识，得出一个公认的结论，为以后班干部的选拔和培养提供方向；二是在讨论的过程中，出现不同的意见在所难免，大家只是就事论事，出发点都是好的，没有针对谁的意思，千万不能因为观点不同而责怪对方，从而发生矛盾。教师通过这样的教育使学生充分理解，人与人之间的交际要建立在平等和尊重的基础上，学会克制自己的情绪、接受别人的不同意见也是人际交往中的必修课。

二、在技巧指导中融合德育

在小学语文口语交际的学习中，教师教会学生认真倾听别人说话，大胆把自己的观点表达出来，这只是最基本的教学内容。教师不能仅仅满足于达成这样的目标，而是要在完成口语交际内容学习的基础上适当对学生传授口头表达的技巧，提高学生的口头表达能力，让学生在日常交际中脱颖而出。口头表达的技巧在于明确自己要实现的交际目标，还有巧妙地运用自己的面部表情和肢体语言。学生只有明确自己要达成的目标才会在交际中有的放矢而不是泛泛而谈，积极回应的面部表情和恰如其分的肢体语言也会让人感到温暖和亲切，使人与人之间的关系更加和谐，这也是品德教育的重要组成部分。

例如：部编版小学语文四年级下册《自我介绍》这个口语交际内容，主要是让学生明白面对不同情境的自我介绍，由于对象和目的不同，介绍的内容也要有所不同。教材里为学生创设了四个不同的情境，在自我介绍练习前，教师要引导学生先找出在这个情境中，自我介绍的对象和自我介绍的目的，然后再思考自我介绍的内容。情境一是转学生到新学校，向全班同学做自我介绍。介绍的对象是全班同学，目的是让大家了解自己，内容就应该是自己的基本信息、特长、爱好等。情境二是应聘校报记者，介绍的对象是校报负责人，目的是应聘校报记者，内容就应该是自己的采访经历和写作特长。情境三是报名参加电视台《我是小歌手》节目，介绍的对象是节目导演，目的是获得报名资格，内容就应该是自己曾经获得的唱歌奖项，还可以现场表演一下。情境四是到车站去接一个不认识的客人，对象是不认识的客人，目的是让客人出站就能找到自己，内容就应该是自己的外貌特征、穿着打扮和等待的地点。在这个口语交际内容训练中，明确目标是最重要的表达技巧。学生通过在不同情境中的练习可以深刻地体会到，明确目标可以最大限度地达到口语交际的效果，这对听者来说也是一种尊重，让人感受到你的诚意。

再如：部编版小学语文六年级下册《辩论》这个口语交际内容，让学生对一些容易产生分歧的问题，通过摆事实、讲道理来丰富认识，帮助学生全面地看待事情，处理问题。在辩论的过程中，学生分成正方和反方展开辩论，除了发展学生的辩证思维，训练学生的逻辑表达能力外，教师还要培养学生在口语交际中和对方进行观点交流、辩论的良好习惯：一是教育学生虽然大家持不同的观点，但辩论是同学之间的交流而不是吵架；二是辩论的过程要讲普通话，注意用语文明，发表观点的音量要适中，不能咄咄逼人，也不能随意打断对方说话，更不能因为观点不同就对对方进行人身攻击，而是应该认真倾听，听出别人讲话的矛盾或漏洞，抓住漏洞进行反驳，反驳选择的事例要有说服力，可以适当引用名人名言；三是在表情上不能轻蔑对方或怒视对方，在肢体上更不能冒犯对方，或用手指边指向对方边说话，或叉着腰说话等；四是辩论过程中要仪态得当，依据辩论赛要求保持端正坐姿或者站姿，在坐姿交谈过程中要上身坐直，两腿自然分开，不能频繁抖动双腿或跷二郎腿，在站姿交谈过程中要正面面向对方，双手交叉自然垂于身前，两腿自然分开。通过辩论，学生明白了在日常的交际中，人的面部表情和肢体语言也是能传递信息的，能真实反映说话者的内心，体现个人素质。

三、在交际实践中融合德育

教师在课堂上传授学生口语交际的要求和技巧，做不同内容的口语交际训练，最终的目的都是想让学生将这些要求和技巧在现实生活的交际实践中灵活运用，实现人与人之间的友好交往、和睦相处，不能让学生把学到的口语交际的要求和技巧脱离生活实践，造成学生离开了课堂就变得听不明白也说不清楚，不敢主动与人交流。因此，教师要通过创设与学生生活密切相关的真实情境，把学生熟悉的生活画面搬到课堂上，通过学生间的合作表演激发他们的表达动机，使他们产生表达的需要，从而在实践中提高他们的表达能力，展现个人的综合素养。

例如：部编版小学语文一年级下册《请你帮个忙》这个口语交际内容，主要是让学生在交际中学会使用礼貌用语，在平时能够礼貌地待人接物，主动地帮助有困难的同学和朋友。教材中创设的是向叔叔问路、向同学借水彩笔和请大姐姐帮忙捡球三个情境，都是学生日常生活中常见的情境。学生通过口语交际训练能明白，请求别人帮忙态度要诚恳、有礼貌，别人才会愿意帮助自己。可这样的训练只是实现了本节课的教学目标而已，学生在生活实践中还会遇到各种不同的情境，很多时候不是仅仅使用礼貌用语就能得到别人的帮助的，还要学会选择合适的时机。例如：哥哥刚打完球回来，大汗淋漓，又累又渴，正想好好喝杯水休息一下，这个时候去请求哥哥帮忙修理玩具，即使用上了礼貌用语，也会遭到哥哥的拒绝。再如：妈妈正忙着做家务，根本抽不出身，这个时候去请求妈妈辅导自己写作业，妈妈也是有心无力。虽然一年级的学生审时度势的能力还不强，不懂得什么时候才是请求别人帮助的最好时机，但是教师可以通过这些反面例子告诉学生，请求别人帮助要先考虑别人的感受，多为别人着想，换位思考一下如果自己是对方，现在是否愿意去帮助别人。只要学生心中建立起了这种为别人着想的观念，学生在交际中自然会用上礼貌用语，同时还会理解别人的难处，在自己有能力的时候也会主动去帮助别人。

再如：部编版小学语文六年级上册《请你支持我》这个口语交际内容，主要是让学生有礼貌、有理有据地说服别人支持自己做某件事情。教师先通过小组分角色扮演，模拟与老师交流，让学生体验请老师支持自己办一份报纸，并提供必要的帮助的过程，让学生明白要获得别人的支持，就要先跟对方说出自己的想法，再把具体的理由讲清楚，还要事先设想对方可能的反应，在交流的过程中恰当地应对，做到面对不同的人解决不同的问题，还要特别注意使用的语气、语调也不同。说服妈妈答应自己在家养一只小狗，此时面对的是家长，语气可以亲昵、随意些，跟妈妈说清楚自己为什么想养一只小狗，养狗有什么好处，自己为养狗做了哪些准备等。说服同学在班里设立"生物角"，语气可亲切一点儿，有号召力一点儿，向同学说明在班里设立"生物角"的好处，自己对"生物角"日常管理的设想等。说服校长在学校组织一次义卖活动，语气要庄重诚恳，有理有据，向校长汇报打算开展的义卖活动的主题和意义，以什么形式展开，目前自己已经做了哪些准备等。特别要注意的是，上课前教师要让学生明白请别人支持自己做某件事情，比请别人帮助自己做某件事情的难度更大。在请别人帮助自己做某件事情的时候，那是自己遇到了困难，请别人给予帮忙，通常别人出于同情和友善，会伸出援助之手。但在请别人支持自己做某件事情的时候，别人就不一定会支持了。因为别人会从不同的角度考虑，你提出的这件需要支持的事情是否合理，如果别人认为不合理，他就一定不会支持你。当遭到别人拒绝的时候，一定要虚心听取别人的意见，反思自己得不到支持的原因，坦然接受现实，不要在心里生闷气，更不能与对方发生争执。这也是对学生受挫能力的培养，能促进学生的心理健康成长。

小学是学生发展口语交际能力的重要时期，口语交际比单纯的"听话、说话"要求要高，除了听得明白、说得清楚之外，还要根据对象和场合，恰如其分地予以应对。在小学语文口语交际教学中，教师不仅要教给学生掌握语言应用技巧和口语交际方法，还要融合德育，在创设的具体情境实践中提高学生的道德素养，全面落实立德树人的根本任务，让学生获得全面发展，健康成长。

《口语交际：朋友相处的秘诀》品德教育案例

《朋友相处的秘诀》是部编版小学语文四年级下册第六单元的口语交际教学内容。学会与朋友相处是一个人成长的重要经历，在日常生活中，很多学生和朋友闹矛盾，不懂得反思自己，只会一味地埋怨别人，导致友情破裂，失去了朋友。教师要通过指导学生讨论，总结出与朋友相处的秘诀，引导学生用和朋友相处的秘诀与朋友交往，教育学生要珍惜友情，朋友间发生矛盾要多反思自己。

师：同学们都有自己的朋友吧，谁来分享一下自己和朋友发生过的最难忘的事情？

生1：我和朋友一起去爬山，我爬不动了，他鼓励我，最后我们一起爬到山顶看到了美丽的风景，这件事情我最难忘。

生2：放学后，我和朋友一起做游戏，我觉得很快乐。

生3：我每天和朋友一起上学、放学，有不懂的题目还可以互相交流，我很喜欢我的朋友。

生4：前几天我和朋友吵架了，现在还没有和好，他见到我都不和我说话了。

师：原来和朋友相处有快乐的时候，也有不快乐的时候。看来与朋友相处，我们还真需要点儿秘诀呢！今天，我们就来讨论与朋友相处的秘诀。

> **PPT出示：**
>
> 1. 和朋友相处，最重要的是什么？有人认为，是彼此信任；有人认为，是愿意分享，不自私……你的看法是什么呢？
> 2. 分小组讨论，至少提出大家认为最重要的三条意见。

师：同学们，我们本次讨论的目的是要找到大家认为最重要的三条意见。所以，我们在讨论的过程中要有记录员，记下大家的意见再整合。大家看课本中的例子，某小组讨论"怎样表达对父母的爱"时做的记录，学习他记录的方式。

生1：老师，我发现他们把每一个人的观点都记了下来，相同的观点不重复写。

生2：如果有类似的观点，他们会删去其他的，只保留其中一个。

生3：在同学发表的观点后，他们都写上了名字，这样就知道哪个观点是最多人赞同的了。

师：你们分析得都很对，接下来大家就按照这样的方式记录小组讨论的结果吧。大家先选好记录员，然后开始讨论。记得讨论时要轮流发言，耐心听别人把话说完。

（学生分组讨论，教师巡视，了解小组讨论交流情况，查看记录员做的记录，适时点拨、指导。）

师：讨论时间到，哪个小组来向大家汇报一下你们的讨论结果呢？

生：我们小组认为与朋友相处最重要的三个秘诀是：相互尊重，愿意分享，还有彼此信任。

（教师边听学生汇报边把相应的秘诀写到黑板上。）

师：你们组讨论得出来的秘诀真不错，你们小组的成员可以结合生活中的例子，说说这三个与朋友相处的秘诀吗？

生1：我们平时和朋友相处的时候要尊重对方，如自己想去打球，可是朋友想去看书，我们不能强迫朋友和自己去打球，应该根据实际情况商量大家一起打球好还是看书好。

生2：老师，第二个秘诀我来说，我们要主动和朋友分享自己的喜怒哀乐。快乐的事情和朋友分享，我们会得到双倍的快乐；难过的事情和朋友分享，难过会减少一半。

生3：既然大家是朋友了，我们就要彼此信任，不要连借本书给朋友看，都怕朋友不还而不肯借。

师：感谢你们的分享，我们得到了三个与朋友相处的秘诀。还有其他小组有不同的秘诀分享给大家吗？

生：我们小组有两个秘诀和他们的不一样，是互相帮助和互相包容。

师：老师把你们组的这两个秘诀也写到黑板上了，朋友之间互相帮助，大家都挺容易理解的。你能结合生活中的例子说说互相包容这个与朋友相处的秘诀吗？

生：每个人都会有做错事的时候，如果我们揪着不放，不给朋友改正的机会，不去包容他，我们就会失去朋友。上次我和朋友抢平板电脑玩，结果我朋友没抓稳平板电脑，把我的平板电脑摔爆屏了。当时他很害怕，他怕我告诉家长让他赔钱。可我没有责怪他，我知道我也有错，如果我没有和他抢平板电脑就不会发生这样的事情了。后来，我把事情告诉妈妈，妈妈帮我拿去修好了。

师：你真是个善解人意的好孩子，懂得反思自己、包容别人，和你做朋友的人肯定很幸福。希望同学们也能像这位同学一样，在与朋友发生不愉快的时候，不是先想着找别人的不足，责备别人，而是先反思自己、包容别人。这样，我们才能和朋友和睦相处，友谊长存。

师：今后的日子里，同学们与朋友相处不要忘了我们今天讨论得到的这五个秘诀哟！

分析：如何与朋友相处是每个学生在生活中都会遇到的难题。教师通过组织学生讨论交流，得到了五个与朋友相处的秘诀并引导学生联系实际例子应用到日常生活中。学生学会了与朋友相处的方法，也明白了在与朋友发生矛盾时要多反思自己，这不仅能教育学生珍惜友情，还能提升学生的素养。

附录2

《口语交际：意见不同怎么办》品德教育案例

《意见不同怎么办》是部编版小学语文六年级上册第六单元的口语交际教学内容。在日常生活中，大家都会遇到和别人意见有分歧的时候。教师要引导学生尊重别人，认真倾听别人讲话，准确把握别人的观点，不歪曲，不断章取义，在面对不同的意见时不要固执已见，要换位思考，以平和的态度与别人积极沟通，以理服人。

师：同学们，你们在日常生活中有遇到和别人意见不同的时候吗？你们是大吵一架、不欢而散，还是互相协商、统一意见呢？今天我们一起来学习口语交际《意见不同怎么办》，学习正确处理意见不同的办法吧。

生齐答：好！

师：课文给我们提供了两个可选择讨论的材料，第一则材料关于春节该不该燃放烟花爆竹。第二则材料关于要路还是要树。我们今天一起讨论第一则材料，春节该不该燃放烟花爆竹？关于这个问题，大家之所以有分歧，那是因为大家的身份不同，看问题的角度不同。这些人分别是普通市民、消防队员、环卫工人和鞭炮厂工人，请小组内先分好角色，然后根据自己的角色准备好发言内容，再展开讨论。在讨论时要特别注意以下三点，请看大屏幕。

> **PPT出示：**
>
> 1. 准确把握别人的观点，不歪曲，不断章取义。
> 2. 尊重不同意见，讨论问题时，态度要平和，以理服人。
> 3. 表达观点时，要简洁明了，有根据。

（学生分小组分角色讨论，教师巡视，发现有小组发生争吵，教师马上停止全班讨论时间。）

师：你们组怎么吵起来了呢？

生：老师，他扮演的是鞭炮厂工人，他一直强调我们不给他工作，不给他饭吃，没办法生活了。我们根本没有办法讨论下去了。

师：你们代入角色讨论太投入了，都忘了大屏幕上的温馨提醒了。当大家意见有分歧的时候，要平心静气，以理服人。

扮演鞭炮厂工人的学生：老师，他们都说不能燃放烟花爆竹，可我就是做这个的，一年就靠春节卖几个烟花爆竹维持生计了。现在不让燃放烟花爆竹，我们不都要失业了吗？日子怎么过啊？

师：你有你的难处，可他们反对燃放烟花爆竹的理由你认真听了吗？你觉得有道理吗？

扮演鞭炮厂工人的学生：我听了，他们认为燃放鞭炮有危险，会产生大气污染和噪声污染，还会造成火灾。

扮演环卫工人的学生：你别忘了，还造成了很多鞭炮纸屑垃圾，我们环卫工人每年过年清扫这些鞭炮纸屑苦不堪言。原本大家都回乡下过年了，城里的人少，我们可以轻松地完成工作回家，可大家都放鞭炮的话，我们就没法儿下班了。

扮演鞭炮厂工人的学生：打扫卫生本来就是你们环卫工人的工作，这有什么好埋怨的呢？你只是迟点儿下班，起码你还有工作。如果你们都不燃放鞭炮，我连工作都没了。

师：你别激动，你这样说就是断章取义了。她刚才想表达的是大家放鞭炮会造成很多不必要的垃圾，很难清理干净。你不能理解成她不想工作啊。

扮演鞭炮厂工人的学生：老师，那这样看来，他们说得都有道理，那我们鞭炮厂的工人都要准备下岗了，我该怎么办？

师：你别着急，我问一下其他小组的组员有没有支持你，同意放鞭炮的。有吗？请跟大家分享你的理由。

生1：我认为春节应该燃放鞭炮，这是多年来流传下来的老规矩了，再说，如果没有鞭炮声，过年的味道就没有了。只不过放鞭炮的确存在危险，大家说的造成大气污染、噪声污染和火灾也不容忽视。如果鞭炮厂能改良一下生产技术，生产出无污染、爆炸力不那么强的鞭炮就好了。

生2：我也觉得过年要放鞭炮才有年味，不过市区还是不要放了。我们可以回乡下老家放鞭炮，那里人员相对没有那么密集。只不过放鞭炮的时候一定要注意安全，小孩子千万不要放鞭炮。

师：谢谢你们的建议，看来放鞭炮这个事情还是可以商量的。你们看，大家平心静气地好好说话，总能找到解决问题的办法的。同学们，当我们的意见和别人不一致的时候，千万不要因此生气，大吵大闹，那样解决不了问题，反而会使问题更严重。我们要冷静下来，换位思考，多想想别人的难处，给别人多提建议，这样大家才能达成共识。

分析：课堂上，教师及时制止了小组讨论时发生的争吵。以扮演鞭炮厂工人的学生表现为例，现身说法，让学生深刻领悟到与人交流要讲文明，发生冲突也不能大吵大闹。学会换位思考就更能理解别人的难处，学会包容能使大家愉快相处。

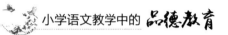

小学语文综合性学习中的品德教育

小学语文综合性学习是指在以小学语文课程作为学习主体的基础上，以学生的自主学习和亲身体验为主要活动方式，以学生为活动主体，以学习语言知识、形成语言能力为主要内容，以促进学生全面发展为主要目标的活动课型。部编版小学语文教材中综合性学习的内容有三年级下册的《中华传统节日》、四年级下册的《轻叩诗歌大门》、五年级下册的《遨游汉字王国》、六年级下册的《奋斗的历程》和《难忘小学生活》。其中，五年级下册的《遨游汉字王国》和六年级下册的《难忘小学生活》这两个综合性学习，完全取代了常规单元的教材内容，没有编入阅读、口语交际、习作、语文园地等内容，是对综合性学习的整体设计。这些综合性学习的主题与中华优秀传统文化、革命文化有关，不仅能够促进学生语文素养的全面发展，还能够使学生在活动中丰富生活经验、陶冶情操，有利于学生身心的健康发展和良好道德品质的形成。

一、在活动设计中融合德育

小学语文教材中的综合性学习对每个学习主题都有明确的活动设计，具有丰富的品德教育内容。但是，小学语文综合性学习不能只局限于这五个综合性学习专题内容，如果这样的话，学生要到小学三年级才能接触到综合性学习，不利于其语文素养的培养。根据小学语文综合性学习提倡的与生活联系的实践性，教师可以从一年级起结合教材内容合理地设计与生活息息相关、实践性强的综合性学习活动，让学生从一年级开始就有综合性学习的概念，为今后的综合性学习打下坚实的基础。

例如：部编版小学语文一年级下册《文具的家》这篇课文，主要是教育小学生要爱护文具，养成放学后收拾文具的好习惯。教师可以先让学生通过学习课文明白文具盒就是文具的家，每天放学后要把文具收拾好放回文具盒里，把它们送回家，然后让学生谈谈自己有没有因为放学后没有收拾文具而找不到文具的经历，最后通过收拾桌面文具的比赛来锻炼学生收拾文具的速度。这样学生在读课文、谈经历、做比赛的过程中，自然而然地明白爱护文具的重要性，形成放学后收拾文具的自觉性。这样的课堂，教师可以在融合德育的同时，让学生初步感受到综合性学习的乐趣。

再如：部编版小学语文二年级下册《大象的耳朵》这篇课文，它以大象的耳朵为话题，告诉我们针对别人的意见或建议，要动脑筋，选择适合自己的这个道理。教师可以在教学过程中，让学生戴上小动物的头套进行角色扮演，在表演中感受大象的心理变化，再让学生结合生活实际说说自己如何理解大象说的"人家是人家，我是我"这句话，最后让学生找找动物的尾巴是否也有不同，进一步让学生明白动物不同，它们的耳朵不同，作用也会不同，深刻理解大象说的"人家是人家，我是我"这句话，悟出我们在针对别人的意见或建议时，要动脑筋，选择适合自己的这个道理。对于教师设计的活动，学生们参与度高，学习热情高涨，已初步具备了开展语文综合性活动的概念。

小学语文综合性学习要做到与生活相关、实践性强，那学习的主题选取就不能局限于课内，还要放眼于课外。因此，教师要注重小学语文综合性学习资源的整合和开发，找准那些贴近学生生活的内容，教会学生善于发现生活、感受生活。这样才可以促进学生勇于探究，激发他们发现问题的意识；善于总结，培养他们分析和解决问题的能力；乐于分享，提升他们在生活中学习语文的综合能力。例如：教师开展爱国、感恩、自信等主题演讲活动，组织学生到社区表演朗诵、做宣讲员，对关注的话题或热点问题进行社会调查等，还可以邀请相关的专业人士给学生开展安全、健康、劳动等主题讲座。这些活动不仅能增强学生的认识，拓宽学生的视野，还可以培养学生珍爱生命、积极学习、热爱生活等积极向上的阳光心态，从而有效完成小学语文综合性学习中品德教育的任务。

二、在活动过程中融合德育

　　小学语文综合性学习是建立在实践活动基础上的，在活动实施过程中需要同学们互相合作完成，通常以小组合作的形式来呈现。小组成员在确定活动目标、活动内容、活动步骤后，各成员要按照计划完成自己负责的内容。在完成分工后，小组成员间交流整合、分析整理相关材料，并得到最后的活动成果。在合作的过程中，小组成员间要树立互相倾听、互相学习的意识，要注意合作能力与合作精神的培养。整个活动完全由学生自主策划、组织、协调和实施，教师在各个环节中只是起指导作用，进一步拓展学生的学习空间，延展学生语文学习的深度与广度，充分调动学生语文学习的积极性和主动性，培养学生的合作意识和与人沟通的能力。

　　例如：部编版小学语文四年级下册《轻叩诗歌大门》这个综合性学习的内容，设置了合作编小诗集和举办诗歌朗诵会两个活动。由于这是在现代诗单元学习后安排的综合性学习，学生对诗歌有了一定的了解和积累，要收集诗歌甚至创作诗歌都不会很难，难的是要合作编小诗集。要完成这个活动，学生们必须分工合作，在搜集、整理、写诗、画图、编诗集、评选、展示等一系列活动中，根据自己的爱好特长自主选择任务，发挥所长，积极参与。刚开始，学生可能只会考虑几个比较要好的朋友在一起合作编小诗集，这样容易沟通。可在活动过程中，他们会发现光是沟通容易还不行，要编好一本诗集必须要有会画画的同学参与进来。这就考验学生与人交往的能力了，如何邀请别人进入自己的团队，在磨合的过程中又如何相处，等等，都是摆在学生面前的难题。此时，教师要从旁指导，让学生学会看到每个人的长处，学会广交朋友，学会与人相处，与人合作。

　　再如：部编版小学语文六年级下册《难忘小学生活》这个综合性学习的内容，主要由"回忆往事"和"依依惜别"两个板块组成，在"回忆往事"这个板块设置了制作成长纪念册的活动。这个活动非常有意义，既可以勾起学生们校园生活中的美好回忆，又可以加深学生们对学校和同学的感情。这个活动以全班集体讨论再小组分工合作的形式开展，同学们通过集体讨论确定班级纪念册的形式，商量纪念册的前言、后记、封面和名字，要给每一个同学都留有展现个人成长足迹的空间，内容包括照片、插图、文字介绍等，完成后汇集起来，统一装订成册，还要补充班级集体活动照片、集体获得的奖状等。接着小组分工，分别完成相关图片搜集、全班同学个人信息统计、班级纪念册的封面设计和前言后记的撰写工作等。在这个活动中，同学们懂得了与人合作就要学会与人交流，在有意见分歧的时候，要多听听别人的意见，尊重他人的想法，再反思自己的想法，才能得到最好的方案，使得大家合作愉快。这些多姿多彩的综合性学习活动，既培养了学生的合作意识、集体观念，又提高了其尊重他人、聆听他人意见的宽容品质，大大提升了德育的教学效果。

三、在多元评价中融合德育

小学语文综合性学习的活动通常分为准备、实践、展示等三个阶段。学生展示完活动成果并不意味着学生的本次综合性学习全部完成了，在学生展示后还有一个最重要的环节——活动的多元评价。这个多元评价包括学生自评、学生互评、教师评价和家长评价。学生自评的重点是学生的自我反思，包括自己的优势和劣势、在活动中的表现、今后努力的方向。学生互评则要求学生对组内成员好的表现要大力表扬、给予肯定，对组内成员存在的问题要诚恳地指出来，提出自己的改进建议，帮助同学进步。教师评价是教师对学生的课前准备情况、活动参与态度和活动中合作能力、交际能力、探究精神、创新意识等进行评价。家长评价主要包括学生活动前在家的表现和活动后在家的变化两方面。通过多元评价，教师力求更全面、更客观地评价活动效果和学生表现，让学生更深刻地认识自己，为学生的全面发展提供方向。

例如：部编版小学语文五年级下册《遨游汉字王国》这个综合性学习的内容，主要由"汉字真有趣"和"我爱你，汉字"两个板块组成。"汉字真有趣"这个板块涉及的内容非常多，需要在五年级第一学期期末放寒假时就布置相关准备工作。教师可以让学生在寒假外出游玩的时候留心观察，发现有趣的汉字就及时拍摄下来，如趵突泉的"突"字少了两点，大明湖的"明"字多了一横等。教师可以引导学生把博物馆中展览的书法作品上的汉字、旅游景点中古代建筑上挂的匾额、石碑上刻的碑文等拍摄下来，作为图片资料收集起来。新学期开学后，教师还要引导学生收集体现汉字特点的古诗、歇后语、对联、故事等资料。这些都属于学生的课前准备情况，需要从家长和教师的评价中得以体现。在猜字谜活动中，教师只是起指导作用，作为主持人邀请各小组代表轮流上台为大家出字谜、选答者、解谜底，帮忙记录小组猜字谜得分等。各小组从前期字谜的收集分工，到后期字谜出题的精选，小组代表的遴选等都是合作完成的过程。在这个过程中，学生可以感受到自己在小组合作中是否善于与人沟通，意识到自己找到的字谜是否不如别人的有趣，自己是否只顾选字谜而不顾是否会解谜底，自己是否不敢参加小组代表遴选等问题，这都是学生自评的内容。教师在引导学生互评时要针对同学的自评给出相应的回应，给同学提出改进建议，帮助同学进步。猜字谜活动结束后，首先，教师要及时总结在活动中发现的问题，对活动过程和活动效果做出客观的评价。评价既要有面向全班的整体评价，也要有针对小组和学生个人的个别评价，从教师的角度发现活动中表现出色的小组和个人，表扬在合作中积极完成自己收集字谜任务的学生、帮助别人解决问题的学生、认真倾听并采纳别人意见的学生。其次，教师还可以请在活动中善于与人沟通的同学谈自己的做法和感受。最后，教师还要通过问卷星等设计调查问卷收集家长的反馈意见。通过调查，教师可以了解学生是否在参加活动后变得注意汉字的书写，喜欢与人交流和合作，做事变得更有主见，等等。小学语文综合性学习的多元评价，使学生更了解自己的特长和短板，能最大限度地发挥学生的主体性，有利于培养学生的责任意识、创新意识、合作意识等，对学生的身心健康成长，适应今后的社会生活，具有重要的作用和长远的意义。

小学语文综合性学习侧重语文学科内外的联系，突出在实践活动中培养学生的观察感受能力、综合表达能力、人际交往能力、收集信息能力、组织策划能力、互助合作和团队精神等。教师要在活动设计、活动过程和多元评价中融合德育，帮助学生树立正确的价值观、人生观和世界观，培养学生高尚的道德情操和思想品德。语文与德育有机结合，不但可以有效地实现小学语文的教学，而且对德育的实现具有重要意义，从而达到事半功倍的教育教学效果。

附录1

《综合性学习：中华传统节日》品德教育案例

《中华传统节日》是部编版小学语文三年级下册第三单元综合性学习的内容。这个综合性学习活动是围绕传统文化展开的，先从不同角度介绍了各具特色的民风民俗，反映了中华传统文化的深厚底蕴，再要求学生选择一个自己感兴趣的传统节日，写一篇习作。此活动通过对中国传统节日的认识和理解，培养学生对中华传统文化的热爱之情，弘扬民族精神，激发爱国热情。

师：同学们，还记得我们在第9课学过的《古诗三首》吗？这三首古诗分别描写的是我国的哪些传统节日呢？

生：我记得，分别写了春节、清明节和重阳节。

师：我国有很多传统节日，而且每个节日都有不同的习俗，谁来说说春节、清明节和重阳节的习俗呢？

生1：春节有贴春联、吃年夜饭和舞狮的习俗。

生2：清明节要去扫墓，缅怀祖先。

生3：重阳节要登高、插茱萸。

生4：我还知道重阳节又叫老人节，是尊老的体现。

师：除了课本上提到的这三个传统节日，你们还知道其他传统节日和节日习俗吗？

生1：我还知道端午节要吃粽子、划龙舟，为了纪念屈原。

生2：中秋节在农历八月十五，中秋节月亮圆满，象征团圆，又叫"团圆节"，这一天一家人要聚在一起吃月饼、赏月。

生3：元宵节在春节后不久，有赏花灯、吃元宵、猜灯谜的习俗。

师：看来同学们课前搜集的资料还真不少，知道那么多我国的传统节日和节日习俗。可同学们刚才对传统节日的介绍还是过于简单，没能让人全面了解我国的传统节日。现在请大家在小组内分享交流，把自己搜集到的资料进行分享，组长整合大家的资料，形成小组汇报成果。

（学生分小组分享交流，教师巡视。）

师：分享时间到，哪个小组先来汇报成果呢？

生1：我们组搜集了关于春节的资料。传说中国古时候有一种叫"年"的怪兽，凶猛异常，每到除夕，便来伤害人命。又到了一年的除夕，村里来了一个白发老人，说他定能将"年"驱赶走。当"年"像往年一样准备进村的时候，突然传来爆竹声，"年"浑身战栗，仓皇而逃。从此，每年的除夕，家家都燃放爆竹，守更待岁。这就是"过年"的来历。吃年夜饭前，大家都要先贴春联，春联也叫门对、春贴、对联、桃符等，抒发人们对生活的美好愿望。还有些人会贴年画，增加过年欢乐喜庆的气氛。年夜饭后，长辈会给晚辈发压岁钱，据说压岁钱可以压住邪祟，晚辈得到压岁钱就可以平平安安度过一岁。因为各地风土人情的不同，很多习俗也有细微差别。我们茂名地区有舞狮、飘色、游神等，还有过年后一直持续的年例，都是我们的地方特色习俗。

生2：我们组具体来说说端午节。端午节是中国比较古老的节日之一，每年农历的五月初五是端午节。关于端午节的由来，说法甚多，诸如：纪念屈原说、纪念伍子胥说、纪念曹娥说、纪念介子推说以及起于三代夏至节说、恶月恶日驱避说，等等。但千百年来，屈原的爱国精神和感人诗词，已深入人心，纪念屈原说，影响最广最深。端午习俗主要有划龙舟、饮雄黄酒、拜神祭祖、洗草药水、吃粽子、拴五色丝线、佩香囊等。全国各地因地域文化不同而又存在着习俗内容或细节上的差异，但大家都会在这一天吃粽子。划龙舟活动在中国南方沿海一带十分盛行，传到国外后深受各国人民喜爱并形成了国际比赛。我就特别喜欢看划龙舟比赛，大家为了胜利团结一致、齐心协力冲刺的那个场面真是激动人心。

生3：我们小组给大家介绍不一样的清明节。说起清明节，大家都会想到祭祖，可清明节又叫踏青节。三月清明，春回大地，正是大家踏青郊游、亲近自然的大好时光。清明节，人们外出踏青，还会有荡秋千、放风筝、拔河等多种户外活动。蹴鞠是古代清明节时人们喜爱的一种游戏。蹴鞠起初是为训练军队而发明的一项活动。唐代时，蹴鞠已十分流行。荡秋千不仅可以强身健体，而且可以培养勇敢精神，至今为人们，特别是儿童所喜爱。

师：非常感谢这几个小组代表给我们分享的传统节日资料，让我们更全面地了解了我国的传统节日。那同学们和家人过节又是怎么过的呢？根据习俗做了哪些事？选印象最深刻的一件事写下来，可以将自己搜集到的资料中的节日来历写进作文里，还可以写进自己在这个节日里懂得了什么，学到了什么知识等。我们下节课继续分享。

师：同学们，中国传统节日是特殊的中国符号，是每个中华儿女独特的记忆。它不仅承载了美好的、难忘的记忆，还承载了独特的精神文化内涵，传承着我们中华民族感恩、爱国、敬老等优良传统。希望同学们将传统文化继承和发扬下去。

分析：教师通过引导学生搜集相关资料，了解传统节日背后的内涵和寓意，让学生体会到传统节日是中华传统文化的重要组成部分和表现形态，是人们日常生活的精华，积淀了博大而精深的文化内涵，培养学生对中华传统文化的热爱之情，使其弘扬民族精神，激发其爱国热情。

附录2

《综合性学习：奋斗的历程》品德教育案例

《奋斗的历程》是部编版小学语文六年级下册第四单元综合性学习的内容。这个综合性学习活动是围绕革命传统文化展开的，学生通过学习，可以加深对中国共产党伟大奋斗历程的认识和感受。在教学中，教师借助阅读材料，引导学生分享最感人的人和事，让学生在分享中感受人物形象，提升爱国情怀，让学生分享课前收集的红色诗词，感受共产党人和中国人民坚忍不拔、宁折不屈的大无畏精神。在深入地感悟后，学生将自己的心愿通过适合的方式写下来，表达自己的内心愿望。

师：千百年来，无数仁人志士以爱国为崇高之志，以报国为终身之责，在国家危急存亡之时，他们挺身而出，奉献出了自己宝贵的生命。今天我们就一起来阅读《奋斗的历程》中的"阅读材料"，了解历史人物故事，深刻体会文章的思想感情，然后和同学分享你的感受。

生1：《飞夺泸定桥》讲述了红四团在北上抗日途中攻打泸定桥，突破敌人封锁的战斗过程。阅读时我重点关注了激烈战斗场面的描写，感受到红军战士英勇无畏、不怕牺牲的伟大精神。

生2：《狱中联欢》节选自长篇小说《红岩》，描绘了被捕的革命者在狱中自发组织联欢表演的片段。阅读时，我从革命者表演歌舞的场景中感受到共产党人的坚定信念和乐观精神。

生3：《伟大的友谊》讲的是无产阶级革命导师马克思和恩格斯互相关怀、互相帮助的动人事迹。阅读时我抓住文章第一句话这个中心句，快速把握了文章的主要内容，并从后面的细节描写中理解了这个中心句的意思。

生4：通过了解创作背景，我知道了《囚歌》这首诗是革命家叶挺在国民党的集中营里创作的。在狱中，叶挺受尽各种酷刑，却仍坚贞不屈。此诗揭露了国民党反动派的丑恶行径，表现了革命者的伟大气节，抒发了作者为革命献身的壮志豪情。

生5：通过了解创作背景，我知道了《春天的故事》是由蒋开儒、叶旭全作词，王佑贵谱曲的歌曲。这首歌作为中国改革开放的代表歌曲，唱出了人民对改革开放的拥护，展现了中国在改革开放后发生的巨大变化和所取得的卓越成就。

师：同学们的感悟真深刻，相信革命先辈们的高尚精神已经深深印在了你们的心里。课前老师还让大家搜集了红色诗词，请大家带着对革命先辈们的崇敬之情朗读出你们搜集到的红色诗词吧！

生1：《诀别》邓恩铭，卅一年华转瞬间，壮志未酬奈何天。不惜惟我身先死，后继频频慰九泉。

生2：《就义诗》夏明翰，砍头不要紧，只要主义真。杀了夏明翰，还有后来人。

生3：《狱中诗》恽代英，浪迹江湖忆旧游，故人生死各千秋。已摈忧患寻常事，留得豪情作楚囚。

生4：《黑水白山·调寄满江红》赵尚志，黑水白山，被凶残日寇强占。我男儿无辜倍受摧残……

生5：《我的"自白"书》陈然，任脚下响着沉重的铁镣，任你把皮鞭举得高高，我不需要什么"自白"，哪怕胸口对着带血的刺刀……

师：从你们的朗读中，我感受到了共产党人和中国人民坚忍不拔、宁折不屈的大无畏精神。课后，班长可以把大家搜集到的红色诗词汇总起来，组织组长分类编排好，共同制作一本诗集。

　　师：一百年来，无数优秀的中华儿女为了中华民族的伟大复兴，进行了艰苦卓绝、可歌可泣的斗争，他们共同的心愿就是实现人民当家做主，过上幸福美好的生活。你们的心愿是什么？我们可以从社会、家庭、个人三个方面展开来说，仔细想一想，选择你们最想和别人交流的心愿写下来！下节课继续分享。

　　师：同学们，今天的幸福生活来之不易，是无数革命先烈用生命为我们换来的。我们必须铭记历史，向革命先烈表示崇高的敬意，刻苦学习，以一腔热血报效国家，传承他们的革命传统。

　　分析：教师通过让学生阅读革命故事，朗诵红色诗词，使学生在搜集资料的过程中了解历史奋斗故事和英雄人物，激发学生强烈的爱国主义精神。在此基础上再让学生写出自己的心愿，引导学生从社会、家庭、个人三个方面去关注生活、关注他人，从小立志为实现人民美好生活的共同愿望而不懈努力。

下 篇

小学语文品德教育的

案例分析

一年级上册品德教育案例

《雨点儿》

  《雨点儿》是部编版小学语文一年级上册第六单元的一篇课文。课文用拟人化的手法，通过从云彩里飘落下来的大雨点儿和小雨点儿的对话，告诉学生有了雨水的滋润，才有草长花开的美丽景象。雨点儿要去帮助花草体现了互助精神和万事万物离不开雨水滋润的道理。教师可以引导学生在日常交往中也要互帮互助，团结友爱。

  师：同学们，你们还记得上节课我们认识了雨点儿这个新朋友吗？

  生齐答：记得。

  师：请同学们看大屏幕（大屏幕出示动画，雨点儿纷纷从云彩里飘落下来），这些雨点儿从哪里来呢？

  生：云彩里飘落下来。

  师：他们是一样大小的雨点儿吗？

  生：不是的，他们有大雨点儿和小雨点儿。

  师：他们要到哪里去呢？

  生1：小雨点儿要去有花有草的地方。

  生2：大雨点儿要去没有花没有草的地方。

  师：请同桌分角色朗读小雨点儿和大雨点儿之间的对话，和同桌说一说，为什么他们去的地方不一样呢？

  （学生同桌间分角色朗读并交流，教师巡视。）

师：谁能告诉大家，为什么小雨点儿和大雨点儿去的地方不一样呢？

生1：小雨点儿要去给小花和小草浇水，所以他去了有花有草的地方。

生2：小雨点儿去了有花有草的地方，所以大雨点儿就要去没有花没有草的地方。

生3：不对，大雨点儿也可以给小花和小草浇水，他也可以去有花有草的地方。但是，不知道他为什么要去没有花没有草的地方。

生4：如果小雨点儿和大雨点儿都去有花有草的地方，那花和草就要被淹死了，没有花没有草的地方也需要雨水啊，所以他们要去不同的地方。

师：你们真是聪明的孩子。水是生命之源，雨水落到地面，滋润万物，才可以使万物生长。雨水要飘落到大地的各个角落，我们的大自然才会充满生机。已经有花有草的地方，说明那里比较湿润，所以只需要小雨点儿过去帮忙就可以了。可是别的地方还没有长出花草，说明那里特别干旱，需要更多的雨水滋润，所以我们应该请大雨点儿过去帮忙。

生1：哦，我知道了，所以有了小雨点儿的滋润，有花有草的地方，花更红了，草更绿了。

生2：没有花没有草的地方，有了大雨点儿的滋润，雨水充足了，原本干旱的大地得到了滋润，慢慢地也开出了红的花，长出了绿的草。

师：是啊，在小雨点儿的帮助下，有花有草的地方，花更红了，草更绿了。在大雨点儿的帮助下，没有花没有草的地方，开出了红的花，长出了绿的草。正是因为有了雨点儿的帮助，我们的大自然才能变得越来越美。除了帮助花草生长，你觉得雨点儿还会落到哪里，去帮助谁呢？

生1：我觉得雨点儿还会落到庄稼地里，帮助庄稼长得高高的。

生2：我觉得雨点儿会落到果园里，让果树结出甜甜的果子。

生3：雨点儿还会落到城市的道路上，带给我们干净的大马路。

师：热心的雨点儿落到不同的地方，帮助了花草、果树、庄稼、马路等，正是这份热心帮助，才有了我们美丽的大自然和美好的生活。我们平时和同学相处也应该互相帮助，那你们会怎么帮助同学呢？

生1：同学有不会做的题，我会教他。

生2：同学忘了带笔，我会借给他。

生3：下雨了，同学没有带伞，我会和他一起打伞回家。

生4：有时我发现同学值日时人不够，我也会去帮忙。

师：老师听到你们的回答真高兴，你们懂得了同班同学要互相帮助的道理。希望大家以后无论在哪里，都要乐于助人，能够帮助别人是很快乐的事情，这份快乐可以传递给每一个人。

分析：教师以大雨点儿和小雨点儿去的地方不同作为品德教育突破口，让学生明白在大雨点儿和小雨点儿的帮助下，才有了大自然的美好，再顺势引导同学之间也要互相帮助，使品德教育落实到位。

《乌鸦喝水》

《乌鸦喝水》是部编版小学语文一年级上册第八单元的一篇课文，语言简洁，通俗易懂，贴近儿童生活，学生不难理解。课文以"乌鸦喝水"为线索，描写了一只聪明可爱，遇到困难能仔细观察、认真思考的乌鸦。通过课文学习，教师让学生明白任何事情只要开动脑筋想办法，就能克服困难。

师：（大屏幕播放视频，乌鸦飞来飞去）同学们，小乌鸦飞来飞去的要干什么呢？

生：它口渴了，在到处找水喝。

师：它找到了吗？

生：它看见一个瓶子，瓶子里有水，可是它喝不到。

师：为什么呢？

生：因为瓶子里水不多，瓶口又小。

师：是啊，乌鸦的嘴又大又长，瓶子的口那么小，它的嘴没有办法伸到瓶子的底部。它喝不到瓶子里的水，就这样飞走了，放弃了吗？

生：它没有放弃，乌鸦看见旁边有许多小石子儿，便想出办法来了。

师：它想出了怎样的办法？

生：乌鸦把小石子儿一颗一颗地放进瓶子里。

师：这个办法有用吗？

生：有用啊，乌鸦把小石子儿一颗一颗地放进瓶子里后，水位渐渐升高，乌鸦就喝着水了。

师：它已经很渴了，应该想快点儿喝到瓶子里的水。它为什么不直接把瓶子里的水倒出来喝呢？

生：直接把水倒出来的话，全部洒在地上就没办法喝了。

师：哦，这样看来，乌鸦在遇到困难后有开动脑筋思考过多种办法才决定放小石子儿的，它真是一只聪明的小乌鸦。请看大屏幕，看看乌鸦喝水的过程，然后同桌之间说一说乌鸦是用什么办法喝着水的。

（学生认真观看大屏幕播放乌鸦喝水的动画视频，然后同桌交流。）

师：同学们，如果你们看到了这只乌鸦，你们有什么其他好办法帮助它吗？

生1：我会给乌鸦一根吸管，这样乌鸦可以直接用吸管喝到瓶子里的水，不用把小石子儿一颗一颗地放进瓶子里，那样太辛苦。

生2：我会在瓶子一侧刨个小坑让瓶子倾斜，这样瓶子里的水就能流到瓶口，乌鸦伸嘴进去就能喝到水了。

师：谢谢你们的好办法！那学习了这篇课文，你们有什么感想吗？

生1：乌鸦可真聪明啊！

生2：我以后也要向乌鸦学习，遇到事情要善于观察、善于思考。

生3：我以后会像乌鸦一样遇到困难，认真思考，积极想办法解决。

师：是啊，我们也要像乌鸦一样，遇到困难别害怕，多动脑筋思考，多观察，也许就能把问题解决了。那一刻，你们一定是最开心的。

师：在生活中，你们曾经遇到过什么样的困难，你们是怎么解决的？谁来分享一下？

生1：做作业遇到不会做的题目，我没有马上问爸爸妈妈，而是先自己看看书，再思考一下，就把题做出来了。

生2：那次我在商场看玩具入迷了，没有跟上妈妈，我知道妈妈一定会回来找我的，就在原地等妈妈。

师：看到同学们这么积极动脑解决生活中的困难，老师很为你们开心。希望同学们以后能多观察，积极开动脑筋去解决生活中的困难，那一刻你们会收获满满的快乐。

分析：教师通过乌鸦喝水的故事，让学生明白遇到困难要积极开动脑筋，想办法解决问题。然后教师让学生为乌鸦想其他办法，培养学生积极动脑的好习惯，引导学生谈在生活中动脑解决困难的例子，鼓励学生以后遇到困难多想办法，不轻言放弃，锻炼学生的受挫能力。

一年级下册品德教育案例

《小公鸡和小鸭子》

《小公鸡和小鸭子》是部编版小学语文一年级下册第三单元的一篇课文。课文讲的是小公鸡和小鸭子一起玩，小公鸡捉虫给小鸭子吃，小鸭子在小公鸡落水时救小公鸡的故事，层次清晰，叙事完整，情节生动，字里行间流露出伙伴间互相帮助、友好相处的情感。

师：同学们，今天的课堂来了两个可爱的伙伴，它们把自己的名字藏在了谜语里，请你猜猜它们分别是谁？

第一则谜语：芙蓉冠，头上戴，锦衣不用剪刀裁，果然是个英雄汉，一唱千户万门开。

生：我猜是小公鸡。

第二则谜语：扁扁宽嘴巴，唱歌嘎嘎嘎，雪地画枫叶，下水捉鱼虾。

生：是小鸭子。

师：今天学习的内容就和这两个伙伴有关，它们之间发生了什么事呢？我们一起去了解一下吧！

（教师播放课文朗读视频，学生了解课文内容。）

师：来到草地上的小公鸡和小鸭子，它们的心情分别是怎样的呢？

生1：小公鸡找到了许多虫子，吃得很欢，很高兴。

生2：小鸭子捉不到虫子，急得直哭，很伤心。

师：为什么小公鸡可以找到虫子吃，小鸭子却捉不到虫子吃呢？请看大屏幕上的图片（图片展示对比，小公鸡和小鸭的外形不同），看看你们能不能找到答案。

生1：小鸭子的嘴是扁扁的，不容易捉到虫子；它的脚有蹼连着，也很难踩住虫子。

生2：小公鸡的嘴是尖尖的，非常容易捉到虫子；它的脚趾是分开的，尖尖的，很容易踩住虫子。

师：小鸭子捉不到虫子，又着急又伤心。你们觉得小公鸡见了会对小鸭子说些什么呢？

生：我觉得小公鸡会说："鸭子哥哥，你别伤心，我捉虫子给你吃。"

师：那小鸭子应该怎么回答小公鸡呢？

生：小鸭子应该说："公鸡弟弟，谢谢你！"

师：说得真好，别人帮助我们的时候，我们要真诚地说声谢谢。后来它们又来到了小河边，它们想干什么呢？

生：小鸭子想到河里捉鱼给小公鸡吃。小公鸡也想去，但是小鸭子不让它去。

师：为什么小鸭子不让小公鸡一起去呢？

生：因为小公鸡不会游泳，它会被淹死的。

师：小鸭子为小公鸡的安全着想，不让它跟着去捉鱼。可是，小公鸡不信，偷偷地跟在小鸭子后面下了水，结果发生了什么事情？

生：结果小公鸡要被淹死了，拼命喊救命。小鸭子飞快地游过去，把它救了上来。

师：同学们，小公鸡不会游泳还要偷偷下水捉鱼，实在太危险了。我们可不能像它那样，不听劝告，私自下水游泳哟！

生1：老师，我知道，想游泳的话要去游泳池，那里有救生员。

生2：还要有家长陪同，不能自己去游泳。

师：说得对，我们不能自己去游泳，否则发生意外都没有人能救你。小公鸡幸好被小鸭子救上来了，否则就没命了。同学们，小公鸡给小鸭子捉虫吃，小鸭子捉鱼给小公鸡吃，还有小公鸡有危险时小鸭子去救它，这都是朋友之间互相帮助的表现。在日常学习生活中，同学之间也要互相帮助，友好相处。你们有过类似的经历吗？和大家分享一下。

生1：小东做完了美术作业，可是语文作业不会做。我做完了语文作业，可是美术作业不会做。于是，我们互相帮助，小东教我做美术作业，我教小东做语文作业。

生2：有一次，我忘记带尺子了，我的同桌小兰借给我用。后来，她没带手工剪刀，我也借给她用。

师：同学们做得真好！同学之间就是要互相关心，互相帮助，做学习上的好朋友，做生活中的好伙伴。

分析：教师引导学生理解小公鸡和小鸭子之间互相帮助的故事，通过小公鸡不听劝告私自下水的危险性，融合了防溺水的安全教育；通过小公鸡给小鸭子捉虫吃，小鸭子捉鱼给小公鸡吃，还有小公鸡有危险时小鸭子去救它，教育学生之间要互相帮助。教师充分挖掘了课文的德育内涵，在阅读教学中灵活地融合了德育。

《端午粽》

《端午粽》是部编版小学语文一年级下册第四单元的一篇课文。这是一篇关于传统节日习俗的散文，生动地介绍了粽子的样子、味道、花样和端午节吃粽子习俗的由来，让学生在体会浓浓亲情的同时，感受端午节的传统文化。教师引导学生了解、热爱中华传统文化，并对传统文化继承和发扬。

师：同学们，我们都知道端午节要吃粽子。那粽子是怎么包的呢？需要提前准备什么材料？请大家在课文中找一找。

生1：粽子是用青青的箬竹叶包的，里面裹着白白的糯米，中间有一颗红红的枣。

生2：包粽子需要提前准备箬竹叶、糯米、红枣和绳子。

师：同学们，你们平时吃过什么馅儿的粽子呢？

生1：我吃过花生、绿豆、瘦肉馅儿的，也吃过半肥肉半瘦肉馅儿的。

生2：我吃过瘦肉加栗子馅儿的粽子。

生3：我吃过冬菇虾米馅儿的粽子。

生4：我还吃过加有咸蛋黄的粽子呢，味道很特别。

师：看来粽子馅儿的花样还真多啊，那课文中的外婆给作者做的是什么馅儿的粽子呢？

生：外婆做的粽子，除了红枣粽，还有红豆粽和鲜肉粽。

师：外婆做的粽子十分好吃，花样也多。如果让你们包粽子，你们会包什么馅儿的粽子给自己和家人吃呢？

生1：我会给自己包鲜肉的，再加个蛋黄，给爸爸妈妈包红豆馅儿的。

生2：我要包鲜肉加虾仁的粽子，我和家人都爱吃。

生3：我选鲜肉和花生，我妈妈喜欢吃有花生的粽子。

师：同学们都记住了家人爱吃什么口味的粽子，看来你们都是关心家人、懂得分享的好孩子。如果有机会的话，希望大家在端午节能动手包粽子给家里人吃。

师：那端午节人们除了包粽子、吃粽子，还会做什么呢？

生：赛龙舟！

师：你见过赛龙舟吗？

生1：我见过！龙舟上坐着两排人，他们的动作很整齐！

生2：还有人在船上打鼓，喊口号。

师：那我们一起去看看吧！（大屏幕播放赛龙舟的视频）看完赛龙舟，你们有什么感受？

生1：心情很激动，好想去现场看！

生2：我觉得他们很团结。

生3：他们动作那么整齐，平时肯定训练很辛苦吧，真佩服他们。

师：吃粽子、赛龙舟都是五月初五端午节的习俗。你们知道这些习俗的来历吗？知道为什么要在端午节这一天吃粽子吗？

生：课本上写，据说是为了纪念爱国诗人屈原。

师：谁能给大家讲讲屈原的故事？（学生试讲，老师补充。）

屈原的故事：

农历五月初五是端午节，民间有吃粽子的习俗，传说是为了纪念战国时期的楚国大臣屈原。

屈原是我国伟大的爱国主义诗人，他积极主张楚国联合齐国，抗击秦国，可是他的意见不仅没有被采纳，还被罢了官，并发配到边远的地方。楚国快要灭亡时，农历五月五日这天，屈原投汨罗江自杀。人们纷纷划船捞救，无果，可又害怕河里的鱼虾会咬食屈原的身体，便将糯米团投入江中喂食鱼虾，希望这样可以保全屈原的遗体，之后便形成了端午吃粽子的习俗。年复一年，人们为了纪念屈原，每逢端午节，便用箬竹叶把糯米饭包起来，做成菱角形的尖角粽子，划着龙舟到汨罗江，投到江里祭祀屈原。这就是端午节吃粽子、划龙舟的来历。

师：端午节的习俗还有很多，如插艾叶、挂香囊、饮雄黄酒等。端午节是我国的传统节日之一，它给我们展示了多姿多彩的民族文化，显示了我国劳动人民的勤劳与智慧。我们要热爱祖国的传统文化，继承和发扬传统文化。

分析：教师从节日的民俗着手，通过视频直观地让学生了解端午节的习俗，激发学生的学习兴趣，再通过讲述爱国诗人屈原的故事，了解其生平，感受其热爱祖国以及忧国忧民、与祖国共存亡的伟大精神，从而使学生了解节日背后的意义，引导学生了解、热爱中华传统文化，并对传统文化继承与发扬。

二年级上册品德教育案例

《玲玲的画》

《玲玲的画》是部编版小学语文二年级上册第三单元的一篇课文。课文讲的是玲玲非常满意的一幅画被弄脏了，原本伤心地哭，后来在爸爸的启发下，她在脏的地方画了一只小花狗，满意地笑了。课文对启发学生处理在生活中的类似事件有较强的指导意义。教师要让学生明白，好多事情并不像我们想象的那么糟，只要肯动脑筋，坏事有时也能变成好事。

师：故事的主人公玲玲正得意扬扬地欣赏自己的杰作，突然发生了什么事呢？

生1：她在收拾画笔时，不小心把水彩笔掉到纸上，把画弄脏了。

生2：水彩笔掉下来弄脏了画。

师：辛苦一晚上画出的得意之作变成这样，假如你是玲玲，此时此刻你的心情会怎样？

生1：我会很难过。

生2：我又难过又生气，自己怎么会这么不小心！

师：文中的玲玲面对此时的突发事件，会有什么反应呢？

生：她伤心地哭起来。

师：如果你在她身边，你会怎么安慰她？

生1：你别哭了，我们一起来想办法吧。

生2：你画得很好！谁都有不小心的时候，你别太难过了。肯定会有办法解决的。

师：最后谁帮助她解决问题呢？想出了什么好办法？

生：玲玲的爸爸想出了办法帮她解决问题，她的爸爸让她在弄脏的地方画点儿什么，掩盖那个污渍。

师：玲玲的爸爸想出的办法好吗？说说你的理由。

生1：我觉得玲玲的爸爸想出的办法很好，画改得比之前更好了。

生2：我也觉得玲玲的爸爸想出的办法好，画变得更好看了，而且时间上也来得及。

师：玲玲千辛万苦画好的画被弄脏了，原本是一件令人伤心的坏事，最后它怎么变成好事了呢？

生：这是因为玲玲的爸爸想到了办法，帮她解决问题，画变得比原来更好了，所以坏事变成了好事。

师：是啊，好多事情并不像我们想象的那么糟，只要肯动脑筋，坏事有时也能变成好事。这是玲玲的爸爸教育玲玲的话，同时也是教育我们的话。在生活中，我们会遇到很多困难，但是只要肯动脑筋，坏事有时也能变成好事。现在就请大家分组，动动脑筋，看能不能把下面的坏事变成好事。

> **PPT出示：**
>
> 1. 小女孩儿摔了一跤，裙子破了个小洞。
> 2. 在家玩耍，不小心把水洒了一地。

（学生分组讨论，教师巡视。）

师：哪个小组来说说你们讨论的结果呢？

生1：我们小组觉得，小女孩儿在裙子破洞的地方补上一朵小花，那样裙子会更好看，可以继续穿。

生2：我们小组说说第二件事，在家玩耍，把水洒了一地时正好可以拖地，把卫生搞干净啊，那不就是坏事变好事了吗？

师：同学们想出的办法都很妙。以后在生活中，遇到问题，我们要认真想想，找到解决问题的办法，做个善于思考的好孩子，要记住玲玲的爸爸说的话，好多事情并不像我们想象的那么糟，只要肯动脑筋，坏事有时也能变成好事。

分析：教师以玲玲从哭到笑的过程，引导学生理解玲玲的爸爸想出的办法好在哪里，提出两个生活中的例子，让学生在小组内讨论，尝试开动脑筋把坏事变成好事。学生讨论有了结果，尝试到成功的喜悦，会更加坚信，只要肯动脑筋，坏事有时也能变成好事。这对学生处理生活中的类似事件有很强的指导性。

《寒号鸟》

《寒号鸟》是部编版小学语文二年级上册第五单元的一篇课文。这是一篇运用对比手法的童话，叙述了喜鹊和寒号鸟对待做窝的不同态度和不同结果，说明了好逸恶劳、得过且过是没有好结果的。教师要借故事教育学生珍惜时间、勤奋学习，不要懈怠懒惰，得过且过。

师：今天我们要学习《寒号鸟》这篇课文。同学们，你们见过寒号鸟吗？

生齐答：没有。

师：请看大屏幕（大屏幕出示寒号鸟图片），这就是寒号鸟。大家看了一定觉得很奇怪吧，它没有鸟的羽毛，也没有鸟的翅膀，为什么叫它"寒号鸟"呢？其实寒号鸟是一种哺乳动物，叫复齿鼯鼠。它前后肢间生有飞膜，可以借之滑翔，因此古人认为它是鸟类。又因为在寒冷的冬天夜里，它会发出"哆啰啰，哆啰啰"的叫声，所以人们叫它"寒号鸟"。

师：请大家齐读这个句子（大屏幕出示"几阵秋风，秋叶落尽，冬天快要到了"），说明此时还是秋天，秋风送爽，冬天还没有到。秋天带给你们的是什么感觉呢？

生1：秋天来了，天气会慢慢变凉，没有夏天那么热，也不会有冬天那么冷。

生2：秋天非常凉爽，在这个时候干活不会像夏天那样满头大汗，也不会像冬天那样冷得不想动，会比较舒服。

师：对啊，秋天天气晴朗，非常凉爽。很多小动物都会趁着这大好时光提前做窝，准备过冬。喜鹊就是其中一个，我们看看喜鹊是怎么准备的？

生：喜鹊一早就飞出去，东寻西找，衔回来一些枯草准备做窝。

师："东寻西找"是什么意思呢？

生1：就是说喜鹊飞到东边去找，又飞到西边去找。

生2：喜鹊到处飞来飞去的，找遍每个角落，为了做窝非常辛苦。

生3：对，喜鹊还一早就飞出去找枯草准备做窝，很勤劳。

师：那寒号鸟呢？

生：寒号鸟非常懒惰，它只知道出去玩，累了就回来睡觉。

师：喜鹊有劝寒号鸟做窝吗？

生齐答：有。

师：喜鹊是怎么劝寒号鸟的？把它们之间的对话找出来，同桌之间分角色读一读。

（学生同桌间分角色朗读，教师巡视。）

师：对于喜鹊的好心劝说，寒号鸟有没有听呢？

生1：寒号鸟没有听喜鹊的劝说，还说喜鹊是傻喜鹊。

生2：寒号鸟不听劝说，还叫喜鹊不要吵，别啰唆。

师：寒号鸟对于喜鹊的好心劝说，不仅不听，还嫌别人吵，嫌别人啰唆，这样的做法真不可取。我们可千万不能像寒号鸟这样，对于别人的劝说，我们一定要认真思考，只要别人说得对，我们就要去做，像寒号鸟这样"得过且过"可不行。你们知道"得过且过"的意思吗？

生1：就是一天又一天地过。

生2：我觉得是不做改变，能过一天算一天。

生3：那就是自己不努力，一天天混日子吧。

师：你们说得都不错，"得过且过"的意思是只要勉强过得去，就这样过下去，没有长远打算。寒号鸟就是这样"得过且过"地过日子，没有做窝，没有为自己做长远打算，所以最后在夜里冻死了。

师：读到这儿，你们明白为什么喜鹊能住在温暖的窝里，寒号鸟却被冻死了吗?

生1：因为喜鹊很勤劳，看得长远。冬天快到的时候，它就已经在给自己做窝。所以冬天来了，喜鹊能住在温暖的窝里。

生2：寒号鸟却很懒惰，还不听劝告，得过且过，最后只能被冻死。

师：你在生活中见过像喜鹊或寒号鸟这样的人吗?

生1：我看到我们班有些同学一到学校就认真读书，不会跑出去玩。我觉得他们就是像喜鹊那样的人。

生2：有些同学知道老师明天要讲的是哪一篇课文，他们会提前预习。我觉得他们也是像喜鹊那样的人。

生3：有些同学边写字边玩，课堂上的生字练习等到下课都写不完。我觉得他们就是像寒号鸟那样的人。

生4：有些人总是把东西随手一放，没有把东西分类放好，等到想找的时候找不到。我觉得他们就是像寒号鸟那样的人。

师：同学们说的例子都很好，说明大家都认真观察了身边的人和事。希望大家以后能多向喜鹊学习，珍惜时间，勤奋努力，不要像寒号鸟那样懈怠懒惰，得过且过。我们要知道，美好生活需要靠辛勤劳动来创造，懒惰散漫什么也得不到。

分析：教师通过分析喜鹊和寒号鸟过冬前做窝的不同态度，引导学生找出喜鹊劝寒号鸟的对话同桌间分角色朗读，让学生明白寒号鸟得过且过的生活方式最终只能被冻死，没有好结果。教师通过让学生谈身边像喜鹊或寒号鸟这样的人，引导学生观察生活中的人和事，给学生树立正面的榜样，使学生深刻明白只有勤奋努力，才能有所收获。

二年级下册品德教育案例

《雷锋叔叔，你在哪里》

　　《雷锋叔叔，你在哪里》是部编版小学语文二年级下册第二单元的一篇课文。这是一首儿童诗，以问答的形式带领我们沿着"长长的小溪"和"弯弯的小路""乘着温暖的春风"，去寻找雷锋的足迹，了解雷锋的先进事迹。教师要引导学生学习雷锋关爱他人、乐于奉献的精神。

　　师：（播放《学习雷锋好榜样》歌曲）你们听过这首歌吗？听过雷锋叔叔的故事吗？我们为什么要向他学习呢？这节课，我们一起来揭开谜底。

　　师：请同学们自由朗读课文，找一找雷锋叔叔在哪里做了什么事情。

　　生1：他在小溪边把迷路的孩子送回家。

　　生2：他在小路边背着年迈的大娘回家。

　　师：当时下着蒙蒙细雨，雷锋叔叔为什么不去躲雨而去抱迷路的孩子呢？

　　生1：这点儿蒙蒙细雨对雷锋叔叔来说可能算不上什么，可是孩子迷路了，找不到家，他肯定会很着急，而且小孩子找不到家一直在外面淋雨的话，会生病的。

　　生2：雷锋叔叔乐于助人，他一心想帮助别人，没有为自己想太多。

　　师：是的，雷锋叔叔帮助别人是不求回报的，他只想用自己最大的力量去帮助别人，却从不为自己着想，我们来看看这幅图。（大屏幕出示荆棘小路图片）这条路长满了荆棘，看到这样一条路，你们有什么感受？

　　生1：这样的路怎么可能走得过去？

生2：如果要从这条路走过去，双腿不就受伤了吗？

师：对呀，这位老大娘和你们一样，见到这条铺满荆棘的小路，非常害怕。她想选择走别的路，可是又没有别的路可选，必须从这条布满荆棘的小路通过。你们觉得她会自言自语地说些什么呢？

生1：这小路上全是荆棘，我怎么过去啊？

生2：全是荆棘，走过去肯定会被刺到，真是要我的命啊。

生3：怎么办？没有人帮我，这条路我肯定是过不去了。

师：正当老大娘不知所措的时候，雷锋叔叔看见了，他会热情地对老大娘说些什么呢？

生1：大娘，我背你过去吧。

生2：大娘，别担心，我背你过去。

师：看着这个个子不高、瘦弱的雷锋叔叔，大娘会连忙说——

生1：不不不，不用了，怎么好意思麻烦你呢。

生2：这条路，一个人都很难走过去，更不用说背一个人走了。

生3：小伙子，这条路全是荆棘，我们是不可能过去的。

师：在雷锋叔叔的坚持下，老大娘终于同意了。雷锋叔叔在老大娘面前蹲下身子。他背着老大娘，小心翼翼地走在布满荆棘的小路上。你们觉得他可能会怎样？

生1：荆棘把雷锋叔叔的裤子划破了。

生2：雷锋叔叔的手被荆棘刺破流血了。

生3：雷锋叔叔累得气喘吁吁，满头大汗。

师：是啊，荆棘可能划破了他的裤腿，他的手也受伤了，累得汗珠都滴落到花瓣上。原来背老大娘走过这条路那么辛苦，自己还会受伤。你们觉得雷锋叔叔会后悔吗？他会半路把老大娘放下吗？

生1：他是主动去帮助老大娘的，他不会后悔，也肯定不会半路把老大娘放下。

生2：他是个热心肠的人，只想帮助别人，不会计较这些的。我还听说过"雷锋出差一千里，好事做了一火车"的故事呢！

师：雷锋就是这么一个默默无闻、全心全意帮助别人的好同志。雷锋精神代代相传，你们能找到身边的"雷锋"吗？把他的故事和大家说一说。

生1：有一次，上体育课时，我不小心摔伤了，小东立刻跑过来，送我去校医室，回到教室后，还帮我打水。我想对小东说："谢谢你，你真是个活雷锋！"

生2：有一次在放学回家的路上，我看见一个老奶奶拄着拐杖走着。她可能没留意到脚下的石头，被石头一绊，差点儿要摔跤的时候，一个阿姨马上跑过来扶住了她。我觉得那个阿姨是一个活雷锋。

师：世界充满爱，只要我们细心观察，就会发现身边有很多活雷锋。希望同学们能把雷锋精神继续传承下去，做个乐于助人的好孩子。

分析：教师通过引导学生想象雷锋和老大娘之间的对话，将课文简洁的诗句语言描绘成了一幅生动的画面，在孩子们想象的这幅画面里，他们感受着雷锋全心全意为他人的乐于助人的奉献精神，即使受伤了，即使很累很辛苦，也不后悔。教师通过让学生找身边的"雷锋"，让雷锋精神深深地感动着学生，也鼓舞、激励着学生行动起来，向雷锋叔叔学习。

《雷雨》

《雷雨》是部编版小学语文二年级下册第六单元的一篇课文，向学生展示了美丽神奇的自然景象。课文用精练、自然质朴的语言，为我们描绘了雷雨前、雷雨中、雷雨后的不同自然景象，表达了作者热爱大自然的情感。教师可以以学习本文为契机，引导学生走进大自然、观察大自然、感受大自然的神奇，培养学生热爱大自然的情感。

师：同学们，你们见过雷雨吗？

生齐答：见过。

师：那你们观察过雷雨来临前的样子吗？

生1：没有留意过，不过我知道下雨前，天会变得很黑。

生2：我记得下大雨前，还会刮好大的风。

师：课文的第1—3自然段描写了雷雨前的景象，你们自己读一读，看看课文中所写的和你们记忆中的景象一样吗？

（学生自由朗读，教师巡视。）

师："压下来"是什么意思？（教师做"压"的动作）像这样重重地往下就是压下来。（大屏幕出示乌云图片）雷雨来临前，满天的乌云黑沉沉地压下来。假如这时你一个人在家，打开窗户看到这样的乌云，你有什么感受？

生1：我会感到很害怕，觉得很恐怖。

生2：我会赶快关上窗户，不敢往外看。

师：雷雨来临前，除了有满天的乌云压下来，还有树上的叶子一动不动，蝉一声也不出。这说明一点儿风也没有，天气炎热，这是雷雨形成的重要原因。

师：后来忽然一阵大风，吹得树枝乱摆，一只蜘蛛从网上垂下来，逃走了。为什么蜘蛛要逃走啊？

生1：雷雨就要来了，蜘蛛要赶快逃走避雨。

生2：大风大雨会把蜘蛛网弄破，也会把它吹飞，所以它要逃走。

师：你们看，（大屏幕播放闪电打雷视频）闪电越来越亮，雷声越来越响。雷雨真的要来了，真的太可怕了。谁可以用自己的朗读告诉我你的心情。

生1：满天的乌云……

生2：满天的乌云……

师：从你们的朗读中，我感受到了你们的害怕。你们还特别注意读好了"越来越"这个词，仿佛闪电和雷声就在眼前。快下雨了，又是闪电，又是打雷，蝉不叫了，蜘蛛也逃走了。小朋友们都到哪里去了呢？

生：大家都跑回家里躲雨了。

师：他们躲在家里，往窗外望去，能看见什么？

生：雨越下越大，往窗外望去，树啊，房子啊，都看不清了。

师：我感觉现在下的是小雨，谁可以读得让这雨再大一点儿？

生：雨越下越大，往窗外望去，树啊，房子啊，都看不清了。

师：小雨变中雨了，谁还可以读得让这雨再大一点儿？

生：雨越下越大，往窗外望去，树啊，房子啊，都看不清了。

师：雨真大啊，什么都看不清了。我们一起把雨读得再大一些。

生齐读：雨越下越大，往窗外望去，树啊，房子啊，都看不清了。

师：这么大的雨我们要好好在家躲着，外面太危险了，不能跑到外面去玩。可是你们知道吗？遇到雷雨天气，就算是在屋子里躲着也存在一定的危险。请看大屏幕出示的图片，这些行为都是危险的，你们看清楚了吗？

生：我知道了，在雷电交加时，不要洗澡。

师：你说得对，在雷电交加时，不要洗澡。家里如果用的是太阳能热水器和电热水器，要更加注意。因为雷电击中建筑物时，电流能通过管道传导，这时候如果人在洗澡就可能会被电到。

生1：老师，我还知道要尽量远离金属门窗、有电源插座的地方，不要站在阳台上。

生2：老师，我看到图上的人拔掉了电视机插头。这是告诉我们，雷雨天气的时候，不能看电视，还要把电视机插头拔掉。

师：这些安全知识很重要，大家一定要记住哟！雷雨过后，天亮起来了，又是一番什么景象呢？

生：雨停了。太阳出来了。一条彩虹挂在天空。蝉叫了。蜘蛛又坐在网上。池塘里水满了，青蛙也叫起来了。

师：你读书的声音真好听，我仿佛真的看到了彩虹。同学们，如果你们看到彩虹，心情会怎么样？

生1：我会特别开心。

生2：彩虹好美啊，如果我能看到，我会感到很幸福。

师：让我们带着这种高兴、幸福的心情，读一读最后一段吧。

生齐读：雨停了。太阳出来了。一条彩虹挂在天空。蝉叫了。蜘蛛又坐在网上。池塘里水满了，青蛙也叫起来了。

师：你们看，这雷雨天前后的变化大不大？一下子乌云密布，一下子雨停了又是晴天，彩虹高高挂。

生1：雷雨天前后的变化真大，大自然真神奇，真有趣！

生2：原来雷雨天后会出现彩虹，我以后也要去看彩虹。

师：同学们，大自然是一个五彩缤纷的世界，到处都藏着无穷的奥秘。让我们一起走进大自然，去留心观察它吧！

分析：教师通过引导学生品读课本中对雷雨天前后的描写，让学生体会大自然的神奇和美妙，激发学生对大自然的热爱。在分析雷雨中段时，教师借助图画融合了雷雨天气在室内的注意事项，对学生进行安全教育，学生很受益。

三年级上册品德教育案例

《大青树下的小学》

《大青树下的小学》是部编版小学语文三年级上册第一单元的一篇课文。文章描写的是一所边疆小学，来自不同民族的小学生，在祖国的大家庭里，在鲜艳的五星红旗下共同学习、生活的欢乐祥和场景，体现了我国各民族学生之间的团结友爱，共同进步。教师要在学生已有知识经验上搭建一座汉族学生和少数民族学生之间的心灵桥梁，引导学生理解我国各族人民之间要团结友爱。

师：这所学校与我们学校相比，有什么特别的地方？

生1：这所学校的学生与我们不同。

生2：这里的学生有汉族的，有傣族的，有景颇族的，还有阿昌族和德昂族的。

生3：这里的学生来自不同的民族，他们的穿戴也不同。

师：虽然这所学校的学生有那么多不同之处，但是他们的共同点也不少，你们能找出来吗？

生1：他们来到学校，都成了好朋友。

生2：大青树下的小学的学生们都爱校园，爱老师，爱祖国，还有礼貌，有教养。

生3：是的，因为同学们向在校园里欢唱的小鸟打招呼，向敬爱的老师问好，向高高飘扬的国旗敬礼。

师：他们成了好朋友，你们从哪里能看出来？

生1：他们一起朗读课文，声音很好听。说明他们用了统一的语言，都会讲普通话，他们的交流没有困难，所以可以成为好朋友。

生2：下课了，他们在大青树下跳孔雀舞、摔跤、做游戏，也说明他们成了好朋友。

生3：我知道孔雀舞是傣族的舞蹈，不同民族的小学生会在一起跳孔雀舞，说明他们成了好朋友。

生4：我在电视上看过蒙古族的人摔跤。他们待人很热情，很容易和其他学生成为朋友。

师：是的，我们的祖国是个多民族国家，你们知道我国有多少个民族吗？

生1：我们中国一共有56个民族，其中有55个少数民族。

生2：我知道课文中的傣族、景颇族，还有阿昌族和德昂族，都是少数民族。

师：除了课文中这几个，你们还知道别的少数民族吗？

生1：我还知道苗族、白族、彝族。

生2：我知道蒙古族、维吾尔族。

师：老师课前布置你们分组回家查阅关于我国少数民族的资料，现在就来汇报合作学习的结果吧。少数民族风俗习惯组、少数民族饮食文化组、少数民族建筑特点组，哪个组先来汇报？

生1：我知道蒙古族"那达慕"大会上有赛马、摔跤、射箭等特色表演。

生2：我也查到傣族、阿昌族和德昂族每年农历三月过泼水节，在节日期间，大家用纯净的清水相互泼洒，祈求洗去过去一年的不顺。

师：合作、查阅资料这种方式让你们学到了很多课外知识。少数民族的饮食文化和建筑特点又有哪些呢？

生1：我们知道了回族人喜欢吃牛、羊、鸡、鸭肉和带鳞的鱼类，爱吃蔬菜。但不吃马、驴、骡、狗的肉，尤其忌食猪肉。藏族牧民吃的奶制品有酥油、酸奶、奶酪等，我也很喜欢吃，我还吃过，特别好吃。

生2：我们查阅资料后知道，回族有很多清真寺建筑。我还去看过内蒙古大草原，草原上的蒙古包是最适合游牧民族的。

师：我国有56个民族，56个民族组成了一个大家庭，各自有不同的风俗习惯、饮食文化和不同的民族建筑。各个民族的同学们一起来到大青树下的小学学习和生活，应该怎样相处呢？

生1：大家要和谐生活，相互关心，相互帮助。

生2：不管是哪个民族的人，我们都是中国人，我们都要团结友爱，要共同进步。

分析：教师立足于教材，在小组合作汇报民族资料时将品德教育融入其中，带领学生了解了中国各民族的特点和风俗习惯，以及少数民族的饮食文化和建筑特点，向学生传达爱国主义精神和民族团结的友好关系，增强其中国文化自信。分享活动让学生可以有更多畅所欲言的机会，充分表达自己对少数民族习俗的认知，帮助学生有效拓宽知识面，学会尊重他人的民族习惯，建立民族自豪感。

《灰雀》

《灰雀》是部编版小学语文三年级上册第八单元的一篇课文。这篇课文写的是列宁发现公园灰雀的失踪与男孩有关，但他不直接批评，而是通过交谈，让男孩意识到自己的错误，主动放鸟归林。课文采用了明线和暗线相结合的写法，列宁喜爱灰雀——寻找灰雀——再见到灰雀，这是一条明线；文章还有暗线：灰雀不见了——怀疑可能是男孩抓走了——诱导他承认错误并改正错误。这体现了列宁的善解人意、尊重与呵护男孩，以及男孩的诚实和天真。

师：文中的灰雀你们喜欢吗？为什么？

生1：喜欢。树上有三只灰雀：两只胸脯是粉红的，一只胸脯是深红的。

生2：我也喜欢，它们在树枝间来回跳动，婉转地歌唱，非常惹人喜爱。

师：不仅你们喜欢这三只灰雀，列宁也喜欢得不得了，每次都会站在白桦树下仰望它们，还给它们带来面包渣和谷粒。那小男孩喜欢灰雀吗？

生：喜欢。

师：你们怎么知道的？

生1：一天，列宁发现那只胸脯深红的灰雀不见了，他觉得是被小男孩抓走了。

生2：我同意，因为他很喜欢灰雀，所以把灰雀据为己有了。

生3：当列宁发现那只胸脯深红的灰雀不见后，他在树林中寻找灰雀的过程中看见了一个小男孩，列宁问小男孩："孩子，你看见过一只深红色胸脯的灰雀吗？"小男孩吞吞吐吐地说："没……我没看见。"小男孩说话吞吞吐吐是心虚的表现，可以看出就是他抓走了灰雀。

师：我们都能看出来灰雀是被小男孩捉走的，那列宁肯定也知道，他是怎么做的？

生1：列宁说出自己对灰雀的担心，让小男孩意识到自己的错误。

生2：是的，列宁说："一定是飞走了或者是冻死了。天气严寒，它怕冷。"

生3：还自言自语地说："多好的灰雀呀，可惜再也飞不回来了。"其实他是说给小男孩听的，暗示小男孩将灰雀放回树林。

师：你真会读书，读出了列宁的言外之意，可是列宁为什么有话不直接说呢？

生1：列宁不想直接批评小男孩，既然同是爱灰雀的人，他不想让小男孩太难堪。

生2：列宁爱灰雀，也爱小男孩，他想保护小男孩的自尊心。

生3：列宁知道小男孩也爱灰雀，肯定会听劝的，让他自己主动放灰雀回来比要求他放回来效果更好。

师：那列宁的言外之意小男孩听懂了吗？

生1：小男孩听懂了，列宁成功感化了小男孩，让他认识到自己的错误。

生2：因为小男孩说："会飞回来的，一定会飞回来的。它还活着。"

师：这时候小男孩在想什么呢？

生1：原来，不只是我喜欢灰雀，别人也很喜欢灰雀。

生2：别人爱灰雀是给它自由，我爱灰雀就把它捉回去，让它失去了自由。

生3：灰雀被我关在笼子里，没有了同伴，肯定比不上在树林里快乐，我一定要把灰雀带回树林。

师：第二天，那只灰雀真的回到了树林，这个故事就这样结束了。你们有什么收获？

生1：我们不能像小男孩那样，喜欢什么就据为己有，不考虑实际情况，也不考虑别人的感受。

生2：是啊，喜欢一样东西，有时候可以占有，就像我喜欢漂亮的裙子，可以让父母给我买。可是有时候，喜欢的东西是不能据为己有的，就像别人的新手表、公园里的花等。

生3：小男孩把灰雀捉走不对，但是他知错能改，讲诚信，这是值得我们学习的。

生4：我们也要做个诚实的孩子，我也要学习他的做法，以后遇到不会做的题目就主动请教老师和同学，弄通弄懂，不再抄答案。

生5：我们也要做个知错能改的孩子，不能因为害怕责罚就不承认错误，那样只会酿成更大的错。而且有错不承认也是不诚实的表现，我们不应该这样。

师：同学们的认识真深刻，收获也很丰富，希望大家以后都能做个诚实守信、知错能改的好孩子。

分析：教师处理好课文暗线的理解，把学生的疑团打开，学生的积极性调动起来了，大家纷纷发表自己的意见。也许有学生还没真正读懂这篇文章，还把思维停留在文字的表面。但许多学生能够找到答案并有依据，思维的火花与情感的渲染发生了碰撞，真正为男孩知错能改和讲诚信的精神所折服，从而明白自己也要做个知错能改、讲诚信的孩子。

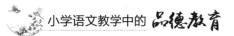

三年级下册品德教育案例

《纸的发明》

《纸的发明》是部编版小学语文三年级下册第三单元的一篇课文。课文叙述了没有纸之前，人们用文字记录事件的不便以及纸的发明过程，说明中国的造纸术极大地促进了人类社会的进步和文化的发展，是中国对世界文明的伟大贡献之一，赞扬了中国人民的智慧与才干。教师要通过教学激发学生的民族自豪感和爱国之情，让学生为中华优秀传统文化而骄傲。

师：在发明纸的过程中，古人做了哪些尝试？

生1：古时候要记录一件事情，就用刀把文字刻在龟甲和兽骨上，或者把文字铸刻在青铜器上。

生2：后来，人们又把文字刻在竹片和木片上。

生3：再后来，有了蚕丝织成的帛，就可以在帛上写字了。

师：这些记录的方法好吗？

生1：把文字刻在竹片和木片上，不但很笨重，而且不方便。

生2：在帛上写字，只有少数人能用，不能普及。

师：古人有想到更好的方法吗？

生1：古人采用薄布、麻来造纸。

生2：在篾席残留的薄片上和麻纸上写字。

师：这种方法适合吗？

生：不适合，因为麻纸比较粗糙，不好书写。

师：想了那么多的方法还是不行，这些"纸"不是贵就是重，不是少就是粗糙，怎么办呢？谁把这个问题解决了？

生：蔡伦改进了造纸术，他造出来的纸既轻便又好用。

师：请看大屏幕出示的蔡伦简介。蔡伦，字敬仲，因有功于太后而升为中常侍，又以位尊九卿之身兼任尚方令。蔡伦总结以往人们的造纸经验，革新造纸工艺，终于制成了"蔡侯纸"。元兴元年（公元105年）奏报朝廷，汉和帝下令推广他的造纸法。这是人们根据蔡伦改进的造纸术造纸的过程（大屏幕播放造纸过程视频）。

（学生在观看过程中惊叹不已。）

师：为什么只有蔡伦改进的造纸术传承下来了？

生：因为只有蔡伦改进的纸轻便好用，原料也容易得到，可以大量制造，价格又便宜，能满足多数人的需要。

师：造纸术的发明，对世界产生了怎样的影响？都传播到了哪些地方？

生1：造纸术的发明极大地促进了人类社会的进步和文化的发展，影响了全世界。

生2：我国的造纸术首先传到了邻近的朝鲜半岛和日本，后来又传到了阿拉伯和欧洲。

师：同学们，蔡伦的造纸术被列为中国古代"四大发明"之一，对人类文化的传播和世界文明的进步做出了杰出的贡献。四大发明是古代中华民族劳动人民的重要创造，你们知道四大发明指的是哪些发明吗？

生：我知道，四大发明指的是造纸术、指南针、火药及印刷术。

师：造纸术的发明为人类提供了经济、便利的书写材料，掀起一场人类文字载体革命；雕版印刷术的发明大大促进了文化的传播；指南针的发明为欧洲航海家的航海活动提供了重要条件；火药武器的发明和火药武器的使用，改变了作战方式，帮助欧洲资产阶级摧毁了封建堡垒，加速了欧洲的历史进程。

师：我国的四大发明有那么大的影响力，作为一个中国人，你们有什么感觉？

生1：我感到作为一个中国人非常自豪。

生2：我感受到中华民族的祖先是非常有智慧的。

生3：在纸的发明创造中，我感受到中国古代人们的聪明才智，为自己身为中国人而感到骄傲。

师：同学们，在浩瀚的历史长河中，中华民族五千多年历史，书写着永不停息的对美好幸福的追求，展示着永不磨灭的对民主富强的探寻。绵延的历史、灿烂的文明，从来就没有中断过。作为新中国的学生，我们应该怎样做呢？

生1：我们应该为祖国悠久灿烂的历史而感到骄傲与自豪，将优秀的传统文化传承下去。

生2：我们应该努力学习，学好科学文化知识，将来为人类社会的进步做出贡献。

分析：教师通过视频直观地让学生了解到蔡伦造纸的过程，再由造纸术引入我国古代的四大发明，用我国古代四大发明的影响力让学生折服于中国古人的智慧与才干之下，使学生浸润在中华优秀传统文化之中，为身为一个中国人而感到骄傲和自豪，激起学生强烈的爱国之情。

《我们奇妙的世界》

《我们奇妙的世界》是部编版小学语文三年级下册第七单元的一篇课文。这是一篇优美的文章，作者从极普通的事物中发现了大自然的奇妙，并分别从天空、大地两方面向读者展示了世界的奇妙，表达了作者对这奇妙的世界的喜爱，也启发我们要拥有一双善于发现美的眼睛。

师：作者眼中的世界是怎样的？

生：作者眼中的世界是奇妙的，一切看上去都是有生命的。

师：是的，世界上存在的奇妙事物是无穷的，需要我们用心去寻找。

师：请你们用自己喜欢的方式读课文，找一找，课文从哪些方面介绍了世界的奇妙？

生：课文从天空和大地两个方面介绍了世界的奇妙。

师：课文写了天空和大地的珍藏，天空中的哪些景物让你感受到了大自然的奇妙？

生1："清晨，太阳升起，带来新的一天。开始，天空呈粉红色，慢慢地变成了蔚蓝色，太阳就像一个大火球一样升起来了。"天空珍藏了太阳，奇妙之处是太阳像一个大火球。这里运用了比喻的修辞手法，生动形象地描写了太阳。

生2："有时，云彩在蓝色的天空中飞行，如同经过雕饰一样，呈现出各种奇妙的形状，告诉我们许多奇妙的故事……"这里写出了云彩变幻莫测。

生3："当云彩变得又黑又重时，雨点就会噼噼啪啪地降落到大地上。雨后，我们会看到地上有许多水洼，就像有趣的镜子，映射着我们的脸。"这里写出了雨点声音很奇妙，还把水洼比作镜子。

生4："一天结束了，落日的余晖不时变幻着颜色，好像有谁在天空涂上了金色、红色和紫色。"这让我知道了原来落日的颜色很奇妙。

生5："黑夜降临了，我们看见夜空中群星闪烁，就像千千万万支极小的蜡烛在发光。"星星就像蜡烛在发光，夜空非常奇妙。

师：再找找大地上有哪些景物让你感受到了大自然的奇妙？

生1：在春天，"我们能看到植物生长的奇迹——极小的一粒种子种到地里，生根、发芽，不久就开花了，花很漂亮"，我感受到这个世界太神奇了，一粒小小的种子竟能发生如此奇妙的变化。

生2："夏日，在大树下乘凉，我们会感叹，大树带来这么多绿荫"，给人的是一种静态之美。而写秋天里，我们能看到各种水果诱人的颜色，蝴蝶展翅、翩翩起舞，鸟儿衔泥、振翅飞翔，领略秋风的劲吹——树枝颤动、树叶飘落，给我的感觉则是一种动态之美。

师：原来天空和大地有如此多的珍藏，要怎么做才能发现它们的美呢？

生1：作者就是从极普通的事物中找到了美，找到了奇妙。我们只要留心观察，善于发现，就一定会有更多的收获。

生2：我们只要仔细地观察、寻找，就能从极普通的事物中找到美，这告诉我们要做生活的有心人。

师：你从哪些寻常事物中发现世界是有生命的，是美好、奇妙的？

生1：我们周围的一切都是有生命的：山中流动的小溪，空中飞翔的鸟儿，夏日鸣叫的蝉，地上奔跑的狮虎，水中游动的鱼儿，甚至是那些枝叶交错的大树，随风摇摆的花草，沉默无言的山石。

生2：时钟上不断跳动的秒针，被压在路面上的铺路石，被风吹动的风车，甚至是我们平时用的五颜六色的笔、各种芬芳的橡皮和造型各异的卷笔刀都是奇妙的、有生命的。

分析：教师通过引导学生找出天空和大地的珍藏，感受世界的奇妙，让学生明白了在一个热爱大自然、热爱生命的人眼中，一切都有着自己独特的生命，千姿百态地展现着生命的美丽。教师与学生就在欣赏世间一切奇妙的事物中，学会了寻找和发现美。

四年级上册品德教育案例

《观潮》

《观潮》是部编版小学语文四年级上册第一单元的一篇课文。作者耳闻目睹钱塘江大潮在潮来前、潮来时、潮退后的景象，写出大潮这一壮丽的"天下奇观"，让我们看到了大潮的奇特、雄伟、壮观，更让我们领略了大自然的魅力，体会大自然那种魔术般的神奇。教师要引导学生通过阅读感受钱塘潮之"奇"，激发学生热爱大自然、热爱祖国大好河山的情感。

师：同学们，上节课我们知道了《观潮》这篇课文，分别从潮来前、潮来时、潮来后介绍了钱塘江大潮这一"天下奇观"。请同学们自由朗读课文第2自然段，圈画关键语句，边读边想象画面，选择自己印象最深的地方和同学交流。

生1：潮来前，我的眼前出现了这样的画面：很多人站在堤岸上，抬着脚，仰着头向东望去，都在等着潮来。

生2：这时候江面上一点儿风都没有，很平静，江面很宽，一眼望不到边。

师：潮来之前，江面平静。等待的人翘首东望。大潮马上就要来了。请大家用自己喜欢的方式朗读第3、4自然段，根据学习提示，自由圈画句子。

PPT出示：

学习提示：

读了 ＿＿＿＿＿＿＿＿＿＿＿＿＿＿＿＿＿＿＿＿＿＿＿＿＿，

我仿佛看到了 ＿＿＿＿＿＿＿＿＿＿＿＿＿＿＿＿＿＿＿＿＿，

我来为大家读一读＿＿＿＿＿＿＿＿＿＿＿＿＿＿＿＿＿＿＿。

生1：读了"午后一点左右，从远处传来隆隆的响声，好像闷雷滚动"，我仿佛听到了隆隆的响声、闷雷滚动，这是暗示潮水来势凶猛。

生2：读了"过了一会儿，响声越来越大，只见东边水天相接的地方出现了一条白线，人群又沸腾起来"，从这句话中我听到了"响声越来越大"，看到"出现了一条白线"。

师：那条白线发生了怎样的变化？

生1：那条白线逐渐拉长、变粗，横贯江面。

生2：白浪翻滚，形成一堵两丈多高的水墙。

师："一丈"约等于3.33米，"两丈"大约为6.66米，两丈多高的水墙比两层楼还高。从"两丈多高"的白浪你们体会到了什么？

生1：我体会到浪潮很高很大，冲击力很强。

生2：我觉得这浪潮的气势太强大了。

师：这堵墙不断移动、排山倒海而来。浪潮越来越近了，这时候的大潮是什么样子的呢？

生：犹如千万匹白色战马齐头并进，浩浩荡荡地飞奔而来。

师：大潮"犹如千万匹白色战马"，想一想"战马"是什么样子的，一排"白色"战马又是什么样子的？千万匹白色战马飞奔而来是什么感受？

生1："千万匹白色战马"这个比喻太精彩了，我的眼前好像出现了万马奔腾的场景，感觉特别壮观。

生2：万马奔腾，浩浩荡荡。这钱塘江大潮真可谓"天下奇观"啊！

师：是的，钱塘江大潮的样子壮观，声势浩大。请大家读句子。（大屏幕出示：那声音如同山崩地裂，好像大地都被震得颤动起来。）

师：这句话中有一个四字词语写出了大潮的声势浩大，是哪个词语呢？

生：山崩地裂。

师：生活中你听到过哪些巨大的声响可以用"山崩地裂"来描述？

生1：下大雨前的打雷声。

生2：回乡下过年时，大家一起燃放的爆竹声。

师：作者从潮水来时的样子和潮水奔腾的声音描写了潮来时的壮观景象，让我们仿佛置身其中。谁可以试着读一读第4自然段，把大家带到钱塘江大潮前？

生：那条白线很快地向我们移来……

师：我感受到白线变粗了。谁再来试试？

生：那条白线很快地向我们移来……

师：我已经看到了一堵两丈多高的水墙，谁还想来试试？

生：那条白线很快地向我们移来……

师：看到了，看到了，我看到了，潮水浩浩荡荡地朝我飞奔而来。谢谢你的朗读，让我有了这么好的体验。大家一起来读一读吧。

生齐读：那条白线很快地向我们移来……

师：大自然就是如此壮美、奇特。让我们再来领略一番钱塘江大潮的壮观。

（大屏幕播放钱塘江大潮视频，学生欣赏。）

生1：钱塘江大潮真是天下奇观，我好想去看看。

生2：钱塘江大潮不仅吸引着我们，还吸引了很多外国游客呢，可见我国的钱塘江大潮真是壮观。

师：钱塘江大潮是大自然对我们的恩赐。而我们的祖国疆域辽阔，还有许多的大好河山和风景名胜区，如杭州西湖、桂林漓江、安徽黄山等。

（大屏幕展示图片，学生领略风景区的美景。）

师：这些祖国的大好河山都值得我们好好欣赏，大家有机会可以和家人去看看，感受大自然的鬼斧神工。

分析：教师通过引导学生朗读和想象画面，感受钱塘江大潮的雄伟壮观，让学生尽情沉醉在钱塘江大潮的壮美中。接着教师向学生介绍其他著名风景区，激发学生对大自然、对祖国山河的热爱之情。

《爬天都峰》

　　《爬天都峰》是部编版小学语文四年级上册第五单元的一篇课文，描写了在假日里，"我"和老爷爷互相鼓励，克服山高路陡的困难，终于爬上了天都峰的事情。教师要教育学生在日常生活中，善于和同学互相学习互相鼓励，共同进步，在困难面前，要有战胜困难的勇气和信心，要善于从别人身上汲取力量。

　　师："五岳归来不看山，黄山归来不看岳"，讲的就是著名的黄山，而黄山的三大主峰之一——天都峰，更是以险峻著称。

　　（大屏幕出示图片和文字介绍。）

PPT出示：

　　天都峰位于黄山东南，西对莲花峰，东连钵盂峰，与光明顶、莲花峰并称三大黄山主峰，为36大峰之一，海拔1810米。古称"群仙所都"，意为天上都会，故取名"天都峰"。鲫鱼背在天都峰上，以奇险著称。从天都峰脚，手扶铁索栏杆，沿"天梯"攀登1564级台阶，即至海拔1770米处的石矼，这里是登峰顶的必经之处。此石矼长10余米，宽仅1米，两侧是千仞悬崖，深邃莫测，其形颇似出没于波涛之中的鲫鱼之背，故名鲫鱼背。

　　师：从资料介绍中，我们知道天都峰险峻笔陡，爬上去非常艰难。小作者却成功登顶了，他是如何克服困难爬上去的呢？今天，让我们跟随小作者一起去爬一爬天都峰。

　　师：请同学们默读课文，抓住关键词句梳理课文内容。思考：课文写了一件什么事，是按照什么顺序写的？

生：这篇课文按照爬山前、爬山中、爬上峰顶后的顺序，写了假日里"我"和爸爸爬天都峰的事。

师：作者爬天都峰的过程顺利吗？找找相关的句子。

生1：我站在天都峰脚下抬头望：啊，峰顶这么高，在云彩上面哩！我爬得上去吗？

生2：再看看笔陡的石级，石级边上的铁链，似乎是从天上挂下来的，真叫人发颤！

师：是啊，"我"在爬山前感到很害怕，不敢往上爬，是谁给了"我"力量？

生：是一位老爷爷给了"我"力量。

师：爬天都峰可不是件容易的事，请同学们找一找"我"爬山的句子，再读一读，边读边想象"我"爬山的艰难。

生1：我奋力向峰顶爬去，一会儿攀着铁链上，一会儿手脚并用向上爬，像小猴子一样……

生2：……

师：这一老一少终于爬上了天都峰顶。他们都相互感谢对方，为什么呢？

生1：老爷爷是因为看到"我"一个小孩子不怕困难也来爬天都峰，他受到我的勇气鼓舞，最终爬到了天都峰顶。

生2："我"是看老爷爷年纪那么大了也要爬天都峰，才有勇气向上爬的。他们互相鼓励，最后都爬到了天都峰顶。

师：是啊，正是他们善于从别人身上汲取力量，才使他们克服了重重困难，爬上了天都峰顶。在生活中，我们也要像这一老一少，善于从他人身上汲取力量，以激励自己成长。谁来说说自己从哪些人或者哪些事身上获得了力量？

生1：我的爸爸值得我学习。有一次爷爷突然受伤了要去医院，我们都手忙脚乱，很担心，只有爸爸镇定地把东西收拾好，送爷爷去了医院。从爸爸身上，我知道了遇到事情要冷静。

生2：有一次妈妈载我和弟弟去打针，一看到针头，我就害怕得大哭起来，而我的弟弟勇敢地和医生说他先打。我从弟弟身上学会了勇敢。

师：同学们，生活处处是学问，每个人每件事都有值得我们学习的地方。我们善于向他人学习，就会获得更多力量，让自己更容易走向成功。

分析：学习这篇课文时，教师重在引导学生学会向他人学习，汲取正能量，在学习中提升自己。这种力量会成为学生的精神源泉，激励学生不断成长。

四年级下册品德教育案例

《母鸡》

《母鸡》是部编版小学语文四年级下册第三单元的一篇课文。课文以作者的情感变化为线索，首先写作者对母鸡的讨厌，然后在对母鸡保护、精心照料小鸡雏的细致传神的描写中，情感也发生了彻底的变化，由"讨厌"到"不敢再讨厌"，前后形成了鲜明的对比，塑造了一位"伟大的鸡母亲"形象，写出了对母鸡的尊敬，赞美了母爱的无私与伟大。教师要通过引导学生体会"我"对母鸡态度前后变化的原因，让学生感受母鸡对鸡雏的爱，引导学生联系生活实际，回忆在生活中母亲对自己的爱，感恩母亲。

教师采取小组合作的形式，将学生分为两大组，首先让学生在文中画出"我"对母鸡态度前后变化的句子。分工不同的学生围绕"我一向讨厌母鸡"和"我不敢再讨厌母鸡了"两种不同的态度，找出文中的相应句子，让学生初步感受作者对母鸡态度前后的变化之大。接着，教师让学生分析原因，引导学生从作者举的一个个具体的生活事例中体会母鸡的负责、慈爱、勇敢和辛苦。

师：哪些地方可以看出母鸡是"负责、慈爱、勇敢、辛苦"的鸡母亲？

生：第5自然段可以看出母鸡很勇敢。"挺着脖儿""挺着身儿预备作战"，这样的姿势是拼尽全力保护小鸡的表现，为了自己的孩子，它觉得世界上没有可怕的东西。

师：说得真好。还有哪里能看出母鸡很勇敢吗？

生：没有小鸡时，母鸡"永远不反抗公鸡"，现在，"连大公鸡也怕它三分"，这里也能看出母鸡很勇敢。

师：是啊，成为母亲后，母鸡在保护孩子时变得勇敢和有责任感。

师：母鸡为了照顾鸡雏们，十分辛苦。请你们在文中找找看。

生1：有一点儿可吃的东西，母鸡马上给它的儿女吃，每一只小鸡的肚子都吃得饱饱的，而母鸡却消瘦了许多。这真是只慈爱又辛苦的母鸡啊！

生2：母鸡在教小鸡雏们时也很辛苦，有耐心，一天不知要教多少次，任由小鸡们挤它，啄它，爬到它的身上。

师：你们的妈妈平时教你们也是这么辛苦又有耐心吗？

生1：是的，我的妈妈每天下班回家，虽然自己很累了，但还要来辅导我做作业。很多时候我都劝她多休息，但她还是要看我完成作业了才放心。

生2：妈妈给弟弟读绘本，就算读了很多遍，我在一旁都听得滚瓜烂熟了，她还是会绘声绘色地给弟弟读。

生3：我记得小时候学骑自行车，妈妈弯着腰扶着我，不厌其烦地陪我练习，我终于学会了骑自行车。

生4：周末原本是妈妈的休息日，可是为了送我去学舞蹈，无论刮风下雨，妈妈都会把我安全送达，牺牲了自己的休息时间。

师：你们的妈妈和母鸡一样，为了孩子不辞劳苦，真是值得敬佩，我们要对妈妈心存感恩。白天，母鸡忙着照顾鸡雏们，到了夜晚，鸡雏们睡着了，母鸡是不是可以好好地休息了呢？

生1：不是。母鸡还要随时留意夜间的动静，一有什么动静，它便放声啼叫。

生2：我的妈妈也是这样，白天上班很累了，夜晚也不能好好睡觉，她要照顾弟弟，半夜起来给他冲奶粉或者换纸尿裤。

生3：有一次，我发烧了，我的妈妈整夜陪着我，时不时为我测量体温，也没有好好睡觉。

师：是啊，天下的妈妈都是一样的。所以作者说，它伟大因为它是——

生：鸡母亲。

师：作者说，一个母亲必定就是——

生：一位英雄。

师：作者说，他不敢再——

生：讨厌母鸡了。

师：此时作者仅仅是不讨厌母鸡吗？

生：还有赞扬，他要赞扬母鸡的负责、慈爱、勇敢和辛苦。

师：母鸡是值得赞扬的，它对鸡雏们是无私奉献的。我们的母亲也是值得赞扬的，我们除了对母亲有一份感恩之情，还能为她做点儿什么呢？

生1：我要更加勤奋学习，提高学习成绩，让妈妈少操心。

生2：我想为妈妈分担点儿家务活，让她多休息。

生3：我可以自己上学，放学自己回家，不用妈妈接送了。

生4：自己能做的事情自己做，不用妈妈总是帮我叠衣服、收拾书包等。

师：同学们说得都很好，我们应该用实际行动去感恩母亲，而不能只是挂在嘴边。除了母亲，我们家里的其他人也为我们的健康成长付出了很多，所以，我们也要感激家里的其他人，帮他们做点儿家务活，为他们捶捶背、倒杯茶等。

分析：学生通过交流分享，明白了动物的母爱是这样的伟大无私，而我们自己的母亲也是这样爱我们的。最后，教师通过播放音乐和家人照顾孩子的图片，勾起学生对家人在日常生活中对自己无微不至的照顾的回忆，学生沉浸在音乐和图片爱的温暖和感动中，感恩之情溢满怀。

《"诺曼底号"遇难记》

《"诺曼底号"遇难记》是部编版小学语文四年级下册第七单元的一篇课文。课文按照事情的发展顺序，讲述了哈尔威船长在"诺曼底号"客轮遭到猛烈撞击即将沉没之际，镇定自若地指挥乘客和船员有秩序地乘救生艇脱险，自己却随着客轮一起沉入大海的感人故事。哈尔威船长在危难之时，忠于职守、舍己为人、沉着机智的崇高形象永远留在了人们的心里。教师要通过对哈尔威船长人物形象的分析，让学生对哈尔威船长产生敬意，还要借哈尔威船长在生死关头的抉择，对学生进行生命教育。

师：请大家自由朗读课文第2自然段，找一找"诺曼底号"客轮是一艘怎样的船。

生1："诺曼底号"是一艘大轮船，在英伦海峡也许可以算得上是最漂亮的邮轮之一了。

生2：海员们都说它很"年轻"，因为它才7岁，是1863年造的。

师：这么大、这么新的一艘轮船，应该航行起来很平稳很安全吧，当它遇到了"玛丽号"的撞击，船身上剖开一个大窟窿时，船上的人有什么反应呢？

生1：男人、女人、小孩，所有的人都奔到甲板上，人们奔跑着，尖叫着，哭泣着。

生2：人们惊恐万状，船上一片混乱。

师：船长的反应呢？

生：船长站在指挥台上大声吼喝，很镇定地指挥着工作。他要把六十个人全部救出去。

师：可实际上，这艘船上一共有六十一个人，他把自己给忘了。他把生的机会留给了别人，可是大家都想赶快到救生艇上，乱得不可开交。于是在黑暗中，人们听到了一段简短有力的对话。（大屏幕出示对话）请同学们看着大屏幕上的对话，同桌间分角色朗读。

（学生同桌间分角色朗读，教师巡视。）

师：哪对同桌来读一读，给大家听？

（两个学生分角色朗读。）

师：为什么你们要读得那么急促呢？

生1：当时情况紧急，他们不可能慢慢地讲。

生2：这样读有命令的口吻，大家才会听。

师：你们真会读书，谢谢你们的朗读，让我看到了一位果敢的船长。请大家也一起来读一读。

（全体学生齐读对话。）

师：二十分钟到了，轮船沉没了。此时，哈尔威船长，他屹立在舰桥上，一个手势也没有做，一句话也没有说，犹如铁铸，纹丝不动，随着轮船一起沉入了深渊。（大屏幕出示船长站在船头图片）请大家看这幅图，谈谈你们的感受。

生1：我从图片中能感受到哈尔威船长的决心。这时候船已经在下沉了，他却一点儿都不害怕，一动也不动。

生2：他知道自己已经来不及等到救生艇了，作为船长，他要和他的邮船在一起。

生3：他已经完成了他的使命，他早就做好了与"诺曼底号"共存亡的准备。

生4：他真是一位尽职尽责的好船长。

师：是啊，对于获救的人们来说，哈尔威船长是尽职尽责的。此刻岸上得救的人们会对哈尔威船长说些什么呢？

生1：哈尔威船长，你挽救了我们所有人的性命，你是伟大的船长。

生2：你是让人敬佩的船长，你是英雄。

生3：哈尔威船长，我们永远都不会忘了你。

师：我们都知道，生命只有一次。和"诺曼底号"一起下沉的船长诠释了生命的意义。哈尔威船长的英雄壮举让你们对生命有了怎样的体会？

生1：人的生命只有一次，我们要爱惜自己的生命。

生2：生命只有一次，我们要让自己的生命充满价值。哈尔威船长的生命就充满了价值。

生3：船长虽然失去了生命，他的举动挽救了很多人的生命，这是有意义的。

生4：在危险关头，哈尔威船长心中装的是60个人的生命，唯独忘了自己。面对死亡，他用实际行动体现了一位船长应尽的责任和义务。

生5：哈尔威船长的生命是短暂的，但他舍己为人、勇于献身的无私精神，将在人们心中永存。他虽然牺牲了，却永远地活在人们心中。

师：哈尔威船长用生命为自己的崇高信念画上了一个圆满的句号，成为永恒。我们应该珍惜生命的每一寸光阴，但是在危难面前，在生死抉择时刻，我们要有担当精神和勇于挺身而出的凛然正气!

  分析:教师通过对船长人物形象的分析,对学生进行生命教育,除了让学生明白生命只有一次,生命不可重来,教育学生要珍爱生命,还要让学生明白求生是人的本能,生命固然是珍贵的,我们要珍惜生命,但我们不能贪生怕死,在危难面前,我们不能只顾自己不管别人。

五年级上册品德教育案例

《太阳》

　　《太阳》是部编版五年级上册第五单元的一篇课文。这篇科普说明文介绍了太阳的特点：远、大、热，还讲了太阳与人类的密切关系，激发了学生学科学、爱科学和用科学的热情。教师要通过学习，培养学生严谨的科学态度，让学生学习太阳无私奉献的精神。

　　师：课文从哪些方面介绍了太阳？

　　生1：课文介绍了太阳离地球很远，太阳的体积很大。

　　生2：课文还介绍了太阳温度非常高。

　　师：总结起来，就是介绍了太阳的三个特点。

　　生1：远、大、热的特点。

　　生2：最后还讲道，"没有太阳，就没有我们这个美丽可爱的世界。"

　　师：是的，因为太阳与我们人类——

　　生：关系非常密切。

　　师：这是一篇说明文，作者在说明太阳的特点时运用了多种不同的方法。圈画出描写太阳远、大、热的句子，说说作者介绍太阳这些特点时都运用了什么说明方法？

　　生："其实，太阳离我们约有一亿五千万千米远。到太阳上去，如果步行，日夜不停，差不多要走三千五百年；就是坐飞机，也要飞二十几年。"这两句话写了很多数字。

师：这种方法叫列数字。能不能直接改成：太阳离我们非常远，到太阳上去，如果步行，日夜不停地走，要走很多很多年；就是坐飞机，也要飞很多年。

生：不能，因为具体的数字能够更准确地反映事物的情况，有较强的说服力。很远、很多年都是比较笼统随便的说法，不够科学，我从"一亿五千万千米"这个具体数字中感受到太阳距离地球的远。

师：这些数字可不可以随便写一个？

生：当然不能，列数字的好处是把事物的特点讲得更清楚明白，不能随便用。我们在平时生活中说话也要注意严谨性，有依有据，不能随便乱说。

师：你说得太好了。课文又是怎样说明太阳"大"和"热"的特点的呢？

生1："事实上它大得很，一百三十万个地球才能抵得上一个太阳。"这句话运用了列数字的说明方法，还把太阳与地球作比较，更直观地突出了太阳的"大"。

生2："太阳温度很高，表面温度有六千多摄氏度，就是钢铁碰到它，也会变成气体。"这里也用了列数字和作比较的方法。

师：这句话能不能直接改成太阳温度很高？

生：这样改不好，不够科学严谨，让人没办法想象温度很高究竟有多高，如果没有与钢铁的对比，也不能鲜明地突出太阳温度高的特点。

师：你还知道做事、说话要科学严谨，真棒！请大家自由朗读第4—8自然段，思考：为什么太阳与人类的关系非常密切？

生1：有了太阳，植物才能发芽、长叶、开花、结果；动物才能生存、繁殖；我们人类生活离不开太阳，有了太阳，地球上的矿产资源才能形成。

生2：水在太阳的作用下形成云、雨、雪。太阳影响风的形成。

生3：太阳光能杀菌。

师：太阳的作用真多，能结合你的生活举例子吗？

生1：在春季和夏季，阳光充足的地区经常可以看到郁郁葱葱的花草树木。而在气候寒冷的冬季，阳光不足，植物的生长周期通常会被延长，树木还会掉光树叶。

生2：医生建议我多晒太阳，说阳光能帮助合成维生素D，能够促进人体钙质的吸收，维持骨骼健康。心理老师也说适度晒太阳还能起到改善心情、缓解疲劳、提高免疫力的作用。

生3：太阳能热水器、太阳能电池板都需要太阳，太阳为人类创造了更加环保和可持续的生活方式。

生4：我妈说在太阳底下晒被子能消毒杀菌，阴天晾的衣服好久都不干，就算干了也有一股霉味。

师："一句话，没有太阳，就没有我们这个美丽可爱的世界。"对此，你们有什么想说的？

生1：太阳无私奉献的精神值得我学习，我以后要主动帮助老师整理教室、擦黑板、发放课本、捡起地上的垃圾。下次再组织义卖活动，我会将自己更多的玩具、书籍、手工作品等捐献出来售卖，把筹集所得善款捐赠给需要帮助的人或动物。

生2：我知道了太阳的能量是取之不尽用之不竭的，我现在要好好学习，长大后用科学文化知识让太阳为人类造福。我迫不及待地想了解更多关于太阳的知识，探索太阳及宇宙的奥秘了。

分析：教师充分挖掘这篇科学说明文的德育素材，引导学生找出体现说明方法的句子，在分析说明方法时让学生体会说明文表达的严谨性，引领孩子学科学、爱科学，做一个对自然界和科学技术感兴趣的人，做一个像太阳般无私奉献的人。

《忆读书》

《忆读书》是部编版小学语文五年级上册第八单元的一篇课文。这是一篇叙事散文，全文以"忆"为线索，记叙了自己快乐的读书生活，介绍了自己多年的读书经验，介绍了读书的好处和选书的标准以及读书的方法，抒发了自己热爱读书、以读书为快乐的情感，深刻地告诉学生"读书好，多读书，读好书"。教师要引导学生多读书，选择健康向上的书籍，丰富自己的精神世界。

师：请大家自由朗读课文，找出作者读书的各个年龄段，作者在每个阶段读了什么书？

生1：七岁时开始自己读"话说天下大势，分久必合，合久必分……"的《三国演义》。

生2：因为看《三国演义》引起了"我"对章回小说的兴趣，对于那部述说"官迫民反"的《水浒传》尤为欣赏。

生3：虽然因为作者要凑成三十六天罡七十二地煞，勉勉强强地凑满了一百零八人的数目，但"我"觉得比没有人物个性的《荡寇志》要强多了。

生4："我"十二三岁时读《红楼梦》，中年以后再读《红楼梦》，1986年后读了《西游记》《封神榜》和现代文艺作品。

师：你们在梳理刚才那些信息时，用了什么方法？

生1：我借助圈画法，用不同的符号圈画出时间、署名，以及作者的感受等关键词。

生2：我用了归纳法，把信息归纳成几句话，批注在相应的段落旁。

生3：我用的是列时间轴的方法，将作者的经历串成清晰的一条线索。

师：作者那么喜欢看书，她认为什么样的书才是好书呢？

生1：作者选择的好书是精彩的，人物栩栩如生的，满带着真情实感、十分质朴浅显的。

生2：作者对《三国演义》的态度还有"无限期待"，因此可以得知好书还能引发"无限期待"。

生3：现代文艺作品中那些满带着真情实感、质朴浅显的篇章，哪怕只有几百上千字，也使作者心动神移，不能自己！

师：根据冰心奶奶文中所说的读书方法和读书态度，你们觉得怎样才能读好书？

生1：文中说道："比如说看了精彩的《西游记》就会丢下烦琐的《封神榜》，看了人物栩栩如生的《水浒传》就不会看索然无味的《荡寇志》，等等。"物怕比，人怕比，书也怕比，读书选书时要善于比较。

生2：作者说："我咬牙拿起一本《三国演义》来，自己一知半解地读了下去，居然越看越慢。"所以我认为读书要有毅力，坚持读。

生3：作者在十二三岁时看《红楼梦》，兴趣不大，还是到了中年以后再拿起这部书看时，才尝到"满纸荒唐言，一把辛酸泪"所包含的一个朝代和家庭兴亡盛衰的滋味，从这里我觉得读书要反复读。

生4：1986年以后，读那些满带真情实感、十分质朴浅显的篇章，使"我"心旷神怡，这里启发我读书要先学会挑选。

师：真棒，你们都从中学到了方法。你们自己还有哪些读书的方法？

生1：我最喜欢读《西游记》，已经反复读过三遍了，越读越有意思。

生2：放假的时候，爸爸带我到书店，我会挑选自己喜欢的书看。

生3：妈妈说读书不能一知半解，所以读书时，我总是要弄清楚每一句的意思。

生4：我读书时还会把好词好句摘抄下来。

师：你们平时已经养成了好的读书习惯，老师感到欣慰。结合你们的读书感受，谈谈为什么作者说"我永远感到读书是我生命中最大的快乐"。

生：因为从读书中我懂得了为人处世要独立思考的大道理。

师：原来读书可以有那么多的收获，你们能结合有关读书的名言警句，说出自己的感悟吗？

生1：莎士比亚说"书籍是全世界的营养品"，没有营养品人就不能存活和成长，所以说"读书好"。

生2：有个名人说："一个爱书的人，他必定不致缺少一个忠实的朋友，一个良好的老师，一个可爱的伴侣，一个优婉的安慰者。"不读书就会成为闭塞孤独的人，所以说"读书好"。

生3："熟读唐诗三百首，不会作诗也会吟。"所以说要"多读书"，才能写好作文。

生4：苏轼说："旧书不厌百回读，熟读深思子自知。""多读书"不仅指读很多本书，也指对一些好书要多读，读透。

分析：教师抓住"读书好，多读书，读好书"，引导学生感受作者读书的快乐，鼓励学生多读书，培养学生养成读书的好习惯。教师教育学生要选择内容积极健康，具有正能量的书籍进行阅读，保证学生从书本获取的营养都是对自己有利的，不至于被一些低俗、消极思想所影响，为学生的健康成长保驾护航。

五年级下册品德教育案例

《刷子李》

《刷子李》是部编版小学语文五年级下册第五单元的一篇课文。这篇课文以刷子李技艺高超为话题，借一件小事以生动有趣的语言、一波三折地体现了人物的大本领、大智慧，表达了作者对刷子李这个奇人由衷的赞叹和肯定。教师要引导学生学习刷子李刻苦钻研，坚持不懈练手艺的精神。

师：读了课文题目，你们有什么疑问吗？

生1：刷子李是指什么人？

生2：为什么叫刷子李？

师：《刷子李》选自著名作家冯骥才创作的小说集《俗世奇人》，一个刷墙的师傅，因为他姓李，而他刷墙技艺无人能及，是刷墙这方面的专家，因而得名。《俗世奇人》里还有很多这样的奇人，大家以后有机会可以找来看看。

师：请同学们自由朗读课文，找出刷子李这个奇人的"奇"体现在哪里呢？

生：在我们的生活中，别人刷墙都不会穿黑衣服，因为弄脏了很容易看出来。可刷子李刷浆时必穿一身黑。他还自信地给自己立下一个规矩，只要身上有白点，白刷不要钱。他的规矩真奇怪。

师：那就是说，他的"奇"体现在规矩奇。他还有其他奇怪的规矩吗？

生：他每刷完一面墙，必得在凳子上坐一会儿，抽一袋烟，喝一碗茶，再刷下一面墙。

师：除了规矩奇，他的奇还体现在哪里呢？

生1："他要是给您刷好一间屋子，屋里什么都不用放，单坐着，就如同神仙一般快活。"我觉得从这句话可以看出他刷墙的效果非常好，算是效果奇。

生2：他有特别厉害的手艺，他"一举刷子，就像没有蘸浆。但刷子划过屋顶，立时匀匀实实一道白，白得透亮，白得清爽"。这说明刷到墙上的浆非常均匀，而且让我们看到它透亮的样子，这也能说明效果奇。

生3："啪啪声里，一道道浆，衔接得天衣无缝，刷过去的墙面，真好比平平整整打开一面雪白的屏障。"这说明刷子李刷过的墙壁一点儿瑕疵都没有，"天衣无缝"这个词更是说明了效果奇。

师：同学们还有别的发现吗？

生：我觉得他刷墙的动作也挺奇怪的，文中说道："只见师傅的手臂悠然摆来，悠然摆去，如同伴着鼓点，和着琴音，每一摆刷，那长长的带浆的毛刷便在墙面啪地清脆一响，极是好听。"这哪是在刷墙啊，应该是在跳舞吧，真是太神奇了！

师：同学们总结得很好，课文就是从规矩奇、效果奇和动作奇三个方面直接说明了刷子李的技艺高超，这是对人物的正面描写。同时，文中从他的徒弟的表现衬托出他的技艺高超，这是侧面描写。我们找出相关的句子读一读吧。

生1："他真觉得这身黑色的衣服有种神圣不可侵犯的威严。"这句话写的是曹小三看到师傅穿着一身黑色的衣服，刷完墙壁后，"居然连一个芝麻大小的粉点也没发现"时的内心感受。

生2：曹小三亲眼见到师傅真有如此高超的技艺，感到惊愕，内心受到震撼，虽是事实，但他不敢相信这是事实，可又不得不承认这是事实。这身黑衣服上无一个粉点，就是师傅高超技艺的见证。因而，他觉得那件"黑衣服"具有一种威慑力量。

生3：文章的最后一句话说："曹小三学徒的头一天，见到听到学到的，恐怕别人一辈子也不一定明白呢。"这说明"刷子李"确有绝活，这一绝活，他若没有目睹，怎么也不会相信是真的，侧面说明"刷子李"技艺高超。"刷子李"有此绝活是其自我挑战、不断磨炼的结果。"刷子李"的所言所行深深震撼了曹小三，曹小三感触很深，获益甚多。

师："曹小三学徒的头一天，见到听到学到的，恐怕别人一辈子也不一定能明白呢。"你怎么理解这句话?

生1:要想赢得别人的赞誉,必须下苦功夫练习技术。

生2:"刷子李"对徒弟说的这句意味深长的话是在告诉徒弟曹小三——不要以为别人的名气都是虚的,那可是名副其实的,教育曹小三——手艺人必须有真本事,真本事是精益求精、勤学苦练出来的,有了本事才能有尊严。

生3:我知道了想要练得一身绝活,就要自我挑战、不断磨炼。

生4:我跟妈妈去过市场买肉,看见市场上卖肉的师傅切肉特别准,你要多少,他就能切得不多不少,这应该就是常年苦练的结果。

分析:俗话说:"台上一分钟,台下十年功。"教师通过让学生找出课文对刷子李技艺高超的正面描写和徒弟曹小三心理变化的侧面描写,让学生感悟出刷子李高超的技艺和过硬的本领,是多年艰苦磨炼的结果,教育学生想有一技之长,就必须勤学苦练、坚持不懈,我们的学习也一样。

《跳水》

《跳水》是部编版小学语文五年级下册第六单元的一篇课文。这是托尔斯泰的一篇短篇小说,按照起因、经过、结果,讲述了水手们逗猴子取乐、猴子拿走了孩子的帽子、孩子为了追回帽子爬上桅杆,情况十分危险,船长急中生智,逼儿子跳水,使儿子转危为安的故事,表现了船长的沉着、果断和机智的处事方式。教师要借故事教育学生遇到事情要冷静,才能想出办法。

师:故事的起因是什么?经过发生了什么?结果怎样?

生1:故事的起因是水手们拿猴子取乐。

生2:我知道故事的经过,是猴子抢走了船长儿子的帽子,爬上了桅杆,并做出各种怪样逗孩子生气,在水手们笑声的助推之下,孩子为了把帽子抢回来,竟不顾一切地爬上桅杆,走上最高的横木,陷入了极端危险的境地。

生3:故事的结果是船长看到了这一危险情况,马上用枪逼孩子跳入大海,使孩子脱离了险境。

师：同学们，船长的儿子原本和大家一起站在甲板上，为什么后来走上了最高的横木呢？

生1：因为猴子摘下孩子的帽子，戴在自己的头上，很快地爬上了桅杆。他想把帽子拿回来。

生2：猴子还摘下帽子用牙齿咬，用爪子撕，好像故意惹孩子生气。

师：这个孩子是船长的儿子，他应该知道爬上桅杆是很危险的，为什么他还要爬上去呢？

生：如果是平时，孩子肯定不会爬上桅杆的，那实在太高了，如果摔下来真的会没命的。可是现在孩子被猴子激怒了，他一心想拿回他的帽子，已经顾不得那么多了。

师：人在情绪失控的时候做出的决定，往往是错误的。如果当时孩子能够冷静下来想一想，他肯定不会爬到那么高的桅杆上去。除了猴子激怒孩子，导致他不顾危险爬上高高的桅杆，还有别的原因吗？

生：我觉得水手们的笑也刺激了孩子。

师：是吗？我们一起看看水手们笑了几次，他们的笑有没有刺激到孩子？

生1：水手们一共笑了三次，第一次是大家都在甲板上，猴子把大家逗得哈哈大笑，孩子也和水手们一起笑，这次没有刺激到孩子。

生2：当猴子摘下了孩子的帽子，戴到自己的头上，爬上了桅杆，水手们第二次笑了。此时孩子哭笑不得，他只是觉得很无奈，水手们的笑还没有刺激到他。不过猴子开始撕咬他的帽子，他有点儿生气了。

生3：在这样的情况下，孩子原本以为吓唬一下猴子，猴子就会把帽子还给他。没想到猴子没有理会孩子，反而撕得更凶了。孩子气得满脸通红，水手们却笑得更欢了，这是水手们的第三次笑。在孩子看来，这笑有嘲笑的味道，深深地刺激了他。

师：面对猴子的挑衅和水手们的嘲笑，孩子失控了，爬上了高高的桅杆。生活中，我们在和同学玩耍时，也会遇到有人故意挑衅你的情况，当你遇到这样的事情时，你该怎么做呢？

生1：应该保持冷静，不要被他们的行为惊扰，理智地评估情况，不要被情绪影响，否则会失去自己的斗志和判断力。

生2：如果情况需要解决，我们应该寻找适当的解决办法，可以向老师或班主任寻求帮助，让他们来调解矛盾。如果没有必要，就尽量避开冲突，找到自己在生活中的快乐和乐趣。

生3：如果有可能，我们可以尝试与故意挑衅的同学进行沟通，了解他们的动机和意图，或许他们只是想引起你的注意或吸引你，我们可以与他们探讨如何改善关系并消除误解。

师：同学们的办法真不错。现在，我们把目光放到孩子身上。此时，孩子在高高的桅杆上摇摇欲坠，谁救下他了呢？

生：船长救了他，船长用枪逼孩子跳水，孩子得救了。

师：船长是怎么逼孩子跳水的呢？找出句子来读一读。

生：船长喊道："向海里跳！快！不跳我就开枪了！""向海里跳！不然我就开枪了！一！二！"

师：从你的朗读，我看到了一位沉着果断的船长。在那个危急时刻，船长是怎么想到这个办法的呢？

生1：船长可能会想："我儿子站在桅杆顶端的横木上，太危险了，如果他从横木上走回去，有跌下来的危险，摔到甲板上必然会粉身碎骨。只有跳到海里能救他，可是我直接叫他跳，他因为害怕是不会跳的，我要用枪逼他跳水才行。"

生2：船长可能会想："我逼儿子跳入水中，既不会伤害到他的身体，又有水性好的水手们能迅速地打捞他，而且现在海面风平浪静，利于打捞，这样可以使他脱离危险。"

师：这真是一位临危不惧、当机立断、急中生智的父亲啊。我们以后遇到紧急的事情，千万不要像孩子那样，受到挑衅就失去理智，把自己置于危险之中，而是要像船长那样沉着冷静地思考，才能找到解决问题的办法。

分析：教师通过引导学生分析孩子受刺激的原因和揣摩船长的思维过程，从中得到了智慧的启迪，明白遇到问题要冷静处理。教师还让学生谈在日常生活中如何面对别人的挑衅，对日后学生正确处理类似事情有很好的指引作用。

六年级上册品德教育案例

《灯光》

《灯光》是部编版小学语文六年级上册第二单元的一篇课文，主要写解放战争时期的郝副营长为了照亮后续部队前进的路而点燃了手中的书，暴露了自己，壮烈牺牲的故事，歌颂了革命先烈的奉献精神。教师要教育学生感悟今天的幸福生活来之不易，激励学生要珍惜并建设好前辈用鲜血和生命开创的新中国。

师：请同学们快速默读课文，思考：为什么作者在天安门广场上看到千万盏灯静静地照耀着周围的宏伟建筑，感到心头既光明又温暖？

生1：灯光让他想起了往事。

生2：他深深地怀念郝副营长。

师：作者沉入了深深的回忆，他回忆起哪些事？

生1：郝副营长战前借着火柴的微光看书的事。

生2：还有郝副营长在战斗中点燃手中的书本为部队找突破口做出贡献，自己壮烈牺牲的事。

师："多好啊！"这句话在课文中出现了三次。请同学们找出相应的段落读一读，谈谈你的理解。

生1：第一次是清明节前的一个晚上，"我"漫步在天安门广场上，忽然背后传来一声赞叹："多好啊！"说这话的人也许是第一次来北京，也许是时过境迁又来北京，看到北京的美丽，看到人民的幸福生活，"多好啊"是发自内心的由衷赞美。

生2：第二次是战斗打响前，郝副营长借着火柴的亮光在看一本书，书上的插图画的是一个孩子在电灯下读书。"多好啊"是郝副营长看插图时的自言自语。此时，他也许想到胜利以后，人民过上幸福生活，也许触景生情，暗暗下决心，为了战斗的胜利，为了下一代能过上美好生活，要勇往直前，不怕困难。

生3：第三次是郝副营长在和"我"交谈时说的话，"多好啊"是他对未来幸福生活的憧憬和向往。

师：后来，郝副营长过上他憧憬的幸福生活了吗？

生：没有，他牺牲了。

师：课文哪些句子描写了他的牺牲？

生："在这千钧一发的时刻，是郝副营长划着了火柴，点燃了那本书，举得高高的，为后续部队照亮了前进的路。可是，火光暴露了他自己，他被敌人的机枪打中了。"

师：这千钧一发的时刻，是怎样的时刻？当时的战况如何？

生：后续部队遭到敌人炮火的猛烈阻击，在黑暗里找不到突破口，和突击连失去了联系。

师：当郝副营长决定划着火柴的时候，他肯定清楚自己会有怎样的结果。可他还是点燃了那本书，举得高高的，使黑暗里出现了一星火光，为后续部队照亮了前进的路。其实这"一星火光"就是特殊的"灯光"，这特殊的"灯光"对战友意味着什么？

生：生的希望，战斗的胜利。

师：这特殊的"灯光"对人们又意味着什么？

生：未来的幸福生活，正如郝副营长憧憬的那样。

师：学到这儿，你们知道课文为什么以"灯光"为题了吗？

生1：灯光给人带来光明和温暖，这也是郝副营长对未来美好的憧憬。

生2：课文题目的"灯光"更是指郝副营长用生命为大家点燃的特殊的"灯光"。

师：为了全国解放，为了让后代过上安宁生活而奋斗，无数个和郝副营长一样的人，用自己的鲜血和生命换来了我们的幸福和安乐，让我们满怀敬意来读这特殊的"灯光"。

（大屏幕出示第10自然段，学生齐读。）

师：再看"灯光"和"火光"，你们知道它们之间有什么联系吗？和题目又有什么联系呢？

生1：它是"理想——奋斗——现实"的关系。

生2："灯光"是全文的主线，是新时代幸福生活的象征。

师：今天，我们来到了埋葬郝副营长的沙柳丛里。站在英雄的墓前，回忆他生前的梦想，你们想说些什么呢？

生1：我们今天的幸福生活，是众多像你一样的英雄用鲜血和生命换来的。

生2：我们今天能在明亮的灯光下读书学习，是无数像你一样的英雄在黑暗中奋斗出来的。

生3：我们一定不辜负你们的殷切希望，为了祖国更美好的未来努力学习，立志成才。

师：这"灯光"会熄灭吗？请发表你们的看法。

生1：这"灯光"其实象征着英雄不怕牺牲、无私奉献的伟大精神，象征着新时代的幸福生活，因此它不会熄灭，也必将永远闪耀在人们心中。

生2：这"灯光"不会熄灭，会永远闪耀在我们心中。

师：在那个战火纷飞的年代，涌现出无数像郝副营长这样的英雄人物。你们知道他们的故事吗？同学们可以利用网络查阅英雄们的故事读一读。无论过去多少时间，生活在幸福中的我们都不要忘记为今天的美好生活而牺牲的先烈，要珍惜今天这来之不易的幸福生活，为建设美好的祖国而努力。

分析：教师引导学生理解特殊的"灯光"，抓住三个"多好啊"让学生在品读文章中体会郝副营长无私奉献的精神，创设情境让学生缅怀郝副营长，激发学生对革命先烈牺牲的感激之情，更激发了学生从小立志保家卫国的爱国之情。

《桥》

　　《桥》是统编版小学语文六年级上册第四单元的一篇课文。《桥》这个短篇小说展示了一位普通的老共产党员的光辉形象，面对狂奔而来的洪水，他以自己的威信、沉稳、高风亮节和果断的指挥，将村民们送上跨越死亡的生命桥。他把生的希望让给群众，把死的危险留给自己，用自己的血肉之躯筑起了一座不朽的桥梁。教师要挖掘老支书身上所闪现的党性光辉，对学生进行党史学习教育、爱国主义教育。

　　师：请同学们默读课文，想一想，课文写了一件什么事？

　　生：黎明时，山村山洪暴发，老支书冒着生命危险指挥村民有秩序地过桥，最后自己和儿子却被洪水卷走了的事。

　　师：请大家自由读1—6自然段，从课文中找出描写洪水的句子，说说你们的感受。

　　生1："黎明的时候，雨突然大了，像泼、像倒。"暴雨导致了山洪的到来，不过这个时候人们还在睡梦中，不知道山洪要来了。

　　生2："山洪咆哮着，像一群受惊的野马，从山谷疯狂奔来，势不可当。"山洪暴发了，来势凶猛，无法阻挡。

　　生3："近一米高的洪水已经在路面上跳舞了。"人们醒来了，纷纷想逃出去，可是洪水已经有一米高了，洪水拦住了人们的去路，大家只能发疯般地折回来。

　　师：无路可走啊，人们要往哪里逃呢？

　　生：木桥。

　　师：这是一座怎样的桥？

　　生：这是一座很窄的桥。

　　师：你是怎么知道的呢？

生：我从老支书的话中知道的。他沙哑地喊话："桥窄！排成一队，不要挤！党员排在后边！"

师：为什么他要说党员排在后面？有党员质疑他吗？

生1：有党员质疑他，喊了一声："党员也是人。"

生2：我听爸爸讲过，共产党员是为人民群众服务的，不能排在前面。

生3：是的，我也听爷爷讲过，共产党员有艰苦奋斗的精神，总是把困难留给自己，把方便留给别人。所以，党员要排在后面。

师：你们了解得可真多，面对党员的质疑，老支书是怎么回答的呢？

生：老汉冷冷地说："可以退党，到我这儿报名。"

师：听了老汉的话，没有人再喊，一百多人很快排成队，可后来老汉为什么要从队伍里揪出一个小伙子呢？

生：那个小伙子是党员，他没有排到后面。"老汉突然冲上前，从队伍里揪出一个小伙子，吼道：'你还算是个党员吗？排到后面去！'老汉凶得像只豹子。"

师：小伙子被揪出来后，还瞪了老汉一眼，才回到后面。为什么小伙子敢这样对老汉，还敢挤到前面去呢？

生：因为小伙子是他的儿子，他以为他的父亲会徇私情，会帮他。

师：课文没有写老支书和小伙子的关系，你是怎么知道小伙子是他的儿子的呢？

生：课文最后写了一个老太太来祭奠两个人，分别是她的丈夫和她的儿子。当时被洪水卷走的就是老支书和小伙子，所以我猜测老支书和小伙子是父子关系。

师：你可真会联系上下文读书，分析得很对。大家都安全过桥后，最后剩下了老支书和小伙子。此时小伙子推了老汉一把，说："你先走。"老汉吼道："少废话，快走。"他用力把小伙子推上木桥。从刚才的"揪"和现在的"推"，你们读懂了什么？

生1：前面的"揪"是老汉在群众和儿子之间做出选择，他选择的是群众。因为他和儿子都是党员，他们要保护群众。

生2：后面的"推"是在只有他们两个人的时候，老汉在自己和儿子之间进行选择，他选择的是儿子。因为他是一位好父亲。

师：最后，桥塌了，老汉的形象却留在了我们心中。如果一年以后在曾经的废墟上建了一座崭新的大桥，它巍然耸立，横跨大河两岸，人们再次相聚于此。作为曾经的亲历者、见证者、幸存者，他们想给这座桥取个名字，你们觉得取个什么名字好呢？

生1：我会取生命桥，纪念老支书和小伙子用自己的生命换来幸存者的生命。虽然老汉去世了，但是他舍己为人的形象会一直铭记在人们心中，永远不会被忘却。

生2：我会取希望桥。因为在洪水来临的时候，这座桥是人们唯一的希望，也是唯一的逃生路径，如果没有这座桥，人们都逃不出去。

师：是的，那座桥已经倒掉了，为什么你还要以希望命名呢？

生：虽然建了新桥，但他们都在这里经历了生死，老汉和小伙子永远沉睡在这里，永远铭记在人们心里，是他们给了灾难当中的人们以希望。

师：好名字，生命桥、希望桥。还有吗？

生1：奉献桥。因为小伙子和老汉无私奉献出了自己的生命，让许多幸存者重新回到了自己的故乡。

生2：还可以取爱之桥，因为我觉得可以把这份爱继续传承下去，这座桥上有老支书对乡亲们的爱，也有父亲对儿子的爱。

师：站在这座桥前，就仿佛看到在洪水中牺牲的那一对父子，是他们用那平凡而伟大的精神拯救了全村的人。因为他们是党员，这也是党性的光辉。

分析：教师抓住老支书这个人物的动作、语言、神态等细节描写，引导学生感悟出老支书是一位大公无私、舍己为人、甘于奉献的优秀共产党员，让学生感受党性的光辉，对学生进行党史学习教育、爱国主义教育。

六年级下册品德教育案例

《北京的春节》

《北京的春节》是统编版小学语文六年级下册第一单元的一篇课文。本篇文章以时间为经线，以人们的活动为纬线，讲述全文。作者先介绍北京的春节从腊月初旬就开始了：人们熬腊八粥、泡腊八蒜、购买年货、过小年……做好过春节的充分准备。紧接着，详细描述过春节的三次高潮：除夕夜家家灯火通明，鞭炮声日夜不绝，吃团圆饭、守岁；初一男人们外出拜年，女人们在家接待客人，小孩逛庙会；元宵节观花灯、放鞭炮、吃元宵。最后写正月十九春节结束，反映出老北京人热爱生活、追求美好生活的心愿。春节是中国传统节日中最重大的节日，教师要引导学生关注春节的由来、习俗，激发学生对中国传统节日和传统文化的喜爱之情。

师：请同学们用自己喜欢的方式读课文，梳理出春节期间人们的活动，填写学习单，如表1所示。

表1　《北京的春节》学习单

时间	活动
腊八	熬腊八粥、泡腊八蒜
腊月初九——腊月二十二	所有人为过年做准备
腊月二十三	祭灶王、吃糖
腊月二十四——腊月二十九	贴春联、扫房、预备年货
除夕	吃团圆饭、穿新衣、放鞭炮、祭祖、守岁

续 表

时间	活动
初一	拜年、逛庙会
正月初六	铺户开张、放鞭炮
元宵节	赏灯、吃元宵
正月十九	春节结束

（学生自读课文，填写学习单，然后教师在大屏幕出示学习单答案。）

师：老舍先生为我们展示了许多北京人过春节的习俗，你们对哪个习俗最感兴趣？

生1：我对熬腊八粥这个习俗最感兴趣。作者说这不是粥，而是小型的农业产品展览会。这么一说，的确像是那么回事，真有趣。

生2：我对买年货这个习俗最感兴趣，其实我们过春节也有买年货这个习俗，可是他们买的东西和我们不一样。他们买的杂拌儿，我们没有。他们还会买风筝、空竹、口琴等这些玩意儿，我们过年都是买吃的，不会买玩具。

生3：我觉得他们过元宵节才有趣呢！除了吃元宵，他们还处处悬灯结彩，整条大街像是办喜事。他们的家里也有灯：走马灯、宫灯、各形各色的纸灯，还有纱灯，里面有小铃，到时候就叮叮地响。真是太有趣了！

师：百里不同风，千里不同俗。你们喜欢过春节吗？谁来说说自己家是怎样过春节的？

生1：每年春节前几天，我们就回到老家，和爷爷奶奶、叔叔们一起过春节。大家聚在一起，非常热闹。我最期待过春节了。

生2：我们家过年的时候会去酒店吃年夜饭，菜式琳琅满目，馋得我口水直流。妈妈还会带我去买年货，回家后一起贴春联、挂彩灯，把家里布置得非常喜庆。

生3：春节前奶奶会做寿桃粄，有甜的和咸的，每到这时候，我都会主动来帮忙，有时候是学着做粄，有时候是帮忙点红，有时候是贴上菠萝树叶子。大家一起忙，又热闹又欢乐。

师：从大家的分享中，我感受到了过春节的热闹、喜洋洋的气氛。春节是传统节日中最重要、最盛大的节日。请大家看大屏幕中我们的中华春节符号，看到了什么字?

（大屏幕出示中华春节符号图。）

生1：我看到"福"字。

生2：我看到"春"字。

师：同学们找到的都对，不过中华春节符号里可不只有这两个字。中华春节符号的设计理念是将汉字"春""年""节""寿""福"依托中国结的编织元素结合在一起，中轴线上点缀三个圆点，象征春节时处于同一直线上的太阳、月亮和地球。设计理念是依托中国传统元素的图形，将中国的天文历法科学与传统的人文精神诉求结合，在渲染节日气氛的同时，传递中华文化和精神。

生：原来中华春节符号里有那么多的学问啊!

师：春节是中国最具文化内涵和传统魅力的节日，也是最有凝聚力的一个节日。无论身在何方，到了除夕这天晚上，大家都会从各地回到家里，和家人团聚在一起。这也是中华传统文化影响力的体现，对中华传统文化感兴趣的同学，课后可以继续搜集相关的资料了解并和同学、家人交流分享。

分析：教师通过让学生填写学习单的形式，把春节的时间和风俗习惯一目了然地呈现在学生的眼前，引导学生谈最感兴趣的北京春节习俗，让学生在品味中感受老北京人民欢欢喜喜过春节的心情；引导学生联系生活实际和阅读体验，感受不同时代、不同地域的春节习俗，激发学生对传统文化的认同感和自豪感。中华春节符号的展示更是激起了学生对传统文化的浓厚兴趣，为中华传统文化的传承打下基础。

《鲁滨逊漂流记》

《鲁滨逊漂流记》是部编版小学语文六年级下册第二单元的一篇课文。课文内容由小说梗概和小说节选组成。第一部分是小说梗概，概括地介绍了《鲁滨逊漂流记》这部小说的主要内容。小说梗概按照鲁滨逊历险的时间顺序，通过代表性的事件记录了鲁滨逊"流落荒岛""建房定居""驯养培育""救'星期五'",最终"回到英国"的故事。第二部分是小说节选。教材选取了小说中讲述鲁滨逊初到荒岛的部分,描写了鲁滨逊刚刚流落到岛上时的生活状态和面对现实的思考。教师要通过让学生理解鲁滨逊在荒岛中战胜困难、谋求生存的非凡经历,体会鲁滨逊顽强生存、积极向上的人生态度,让学生在逆境中学会宽慰自己,乐观面对困难。

师:同学们,今天我们要走进世界名著《鲁滨逊漂流记》,谁能给大家介绍一下这本书呢?

生:这本书主要写的是一个叫鲁滨逊的英国人,在一次航海中遇难漂流到一座荒无人烟的小岛上,历尽磨难,战胜种种困难,以顽强的意志在荒岛生活了二十八年,最终获救回到英国的事。

师:请同学们默读梗概,想想这部小说写了鲁滨逊流落荒岛的哪些事,用小标题的方式列出来。

生:"流落荒岛""建房定居""驯养培育""救'星期五'"和"回到英国"。

师:你概括得真准确。你们发现了吗?这篇课文的内容由小说梗概和小说节选组成。刚才我们通过默读梗概了解了这部小说写了五件事情。而小说节选描写了鲁滨逊刚刚流落到岛上时的生活状态和面对现实的思考。请同学们默读节选部分,找出鲁滨逊最初流落荒岛遇到了哪些困难?他是怎么克服这些困难的?

生1:鲁滨逊由于没有本子、笔和墨水,没法儿估算日子,他就用刀子刻在大木杆上记录时间。

生2:鲁滨逊因缺乏物资,就到船上去收罗了很多东西。

生3:鲁滨逊没有住的地方也没有工具,他花了一年的时间才完全布置好用栅栏围起来的小小的住所。

师:在那么艰苦的环境下,他凭一己之力克服了那么多困难,他的心态有发生变化吗?

生:他的心态有变化,刚开始他很沮丧,他觉得自己处在一个令人忧伤的、没有言语交流的生活场景中。后来,他的理智逐渐控制了他的沮丧心情,他开始尽可能地安慰自己。

师：从最初的忧伤、失望、无奈到理智应对，最后变得心平气和、积极乐观，这是鲁滨逊能在荒岛上生存下来的原因。鲁滨逊的乐观积极还体现在他所列的好处与坏处表。请同学们朗读相关片段，说说自己的感想。

生1：我从鲁滨逊的记录表中知道了每件事都有好和坏两方面。

生2：当遇到困难时，我们不要灰心丧气，要学会从积极的角度看问题和解决问题。

师：是的，事物都有两面性，要学会全面地看待并解决问题。鲁滨逊也用自己的经历告诉了大家（教师手指向大屏幕）。

> **PPT出示：**
>
> 在困境中，我们可以把好处和坏处对照起来看，并且从中找到一些东西来宽慰自己。

（学生看向大屏幕，齐读。）

师：鲁滨逊给你们留下了怎样的印象呢?

生1：我觉得鲁滨逊是一个不怕困难的人。

生2：我觉得鲁滨逊是一个聪明能干的人。

生3：我觉得鲁滨逊是一个积极乐观的人。

师：的确，鲁滨逊是一个不怕困难、聪明能干又积极乐观的人。遇到困境，他还教给我们一个列坏处和好处表的方法来宽慰自己。现在老师来考考你们，请你们像鲁滨逊一样把下面两个情境中的坏处和好处列出来，然后和同桌交流，想一想，我们遇到情景中的情况应该怎么办?

> **PPT出示：**
>
> 情景1：爸爸每天早上都让我去跑步，可我最不喜欢跑步了，还要早早起床，不能睡懒觉。
>
> 情景2：这次英语考试，我的成绩一落千丈。我觉得自己的英语学习很糟糕，对自己失去了信心。

表2　情景对比表

情景	坏处	好处
情景1		
情景2		

（学生根据情景填写表格，然后同桌间交流，教师巡视。）

师：大家通过填写表格和同桌交流，都知道该怎么做了吧，谁愿意和大家分享一下自己的想法呢？

生1：虽然早上起来跑步会导致我们没有充足的睡眠时间，可是只要我们早睡，还是可以保证睡眠时间的。而且，早起跑步可以锻炼身体。我觉得早起跑步对我们还是有好处的，不过我建议在周末的早上去跑步更好，每天都去的话，会影响上学时间。

生2：在情景2中我分析出，坏处是英语成绩下降严重，对自己失去了信心；好处是知道自己英语学习在哪方面存在不足。我认为一次的考试成绩不能代表一个人的整体能力，既然知道自己英语学习在哪方面存在不足，那就应该加强这方面的学习，做到各个击破，把成绩提高。

师：非常感谢你们的分享，有的同学还给大家提出了更好的建议，说明你们都是爱动脑筋的好孩子。同学们，我们未来的路还很长，在生活和学习中还会遇到各种各样的困难，如果我们在困难面前能多多想想这件事的好处和坏处，能够学会积极乐观面对，事情就会朝着好的方向发展，我们也就能够战胜困难。这是一把金钥匙，请同学们好好保存。

分析：教师抓住鲁滨逊这个人物的形象和事迹向学生传递战胜困难、顽强生存的积极生活态度，遇事以积极的心态应对，学会乐观，这是学生在生活和学习中异常宝贵的财富。